Virtualisation des systèmes d'information avec VMware

Architecture, projet, sécurité et retours d'expérience

ISBN : 978-2-7460-5006-8
Imprimé en France

Editions ENI

ZAC du Moulin Neuf
Rue Benjamin Franklin
44800 St HERBLAIN

Tél. 02.51.80.15.15
Fax 02.51.80.15.16

e-mail : editions@ediENI.com
http://www.editions-eni.com

Auteur : Philippe GILLET
Collection **Expert IT** dirigée par Joëlle MUSSET

Les exemples cités tout au long de cet ouvrage sont téléchargeables
à l'adresse suivante : **http://www.editions-eni.fr**.
Saisissez la référence ENI de l'ouvrage **EIVIRVM** dans la zone de recherche et validez.
Cliquez sur le titre du livre puis sur le lien de téléchargement.

Chapitre 1
Virtualisation des systèmes d'information

Chapitre 2
Le projet de virtualisation

Chapitre 3
Construction d'une infrastructure virtuelle

Chapitre 4

Ressources et virtualisation

Chapitre 5
Sécurité et virtualisation

Chapitre 6
Virtualisation et environnements critiques

Chapitre 7
Virtualisation et PRA

Chapitre 8
Sauvegarde et restauration

Chapitre 9

Futurs challenges et évolutions de la virtualisation

Avant-propos

1. Introduction

La virtualisation est sûrement un des termes les plus employés dans nos entreprises actuellement. Ceci pour de nombreuses raisons, la principale étant les économies qu'il devient possible de réaliser.

La virtualisation semble en effet être la seule solution viable aujourd'hui pour réduire réellement les coûts liés au système d'information.

La virtualisation impacte de nombreux domaines : Système - Applications - Stockage - Réseaux et Sécurité. Il est donc très important pour aborder un projet de virtualisation, de connaître parfaitement les acteurs du marché et d'identifier l'écosystème de partenaires.

La question de virtualiser ou non ne se posera plus dans quelques années. Les experts s'accordent tous sur le sujet : la virtualisation est un passage obligatoire pour toutes les entreprises à plus ou moins long terme.

Ce livre repose sur VMware, leader incontestable sur le marché de la virtualisation. Il a pour but de vous guider au mieux dans chacune des étapes de vos projets de virtualisation et se veut de plus parfaitement objectif. Au-delà de l'aspect purement technique des produits de VMware, ce livre étudie l'impact organisationnel de la virtualisation et les avantages/inconvénients découverts au cours des nombreux déploiements et missions de conseil effectués par l'auteur.

Vous l'aurez compris, ce livre regroupe de nombreux retours d'expérience, avec des situations, des besoins et des environnements n'ayant aucun point commun afin vous offrir un véritable panorama de toutes les problématiques existantes.

L'aspect sécurité est particulièrement étudié car la virtualisation a longtemps souffert d'un manque de communication sur ce sujet.

En dernier lieu, ce livre donne un aperçu de ce qui devrait arriver à plus ou moins long terme : nouveaux acteurs du marché, cloud Computing, greenIT, évolutions fonctionnelles, etc.

Ce livre est donc particulièrement adapté aux architectes ou aux responsables des systèmes d'information.

2. Remerciements

Je voudrais remercier de nombreuses personnes à travers ce livre. Ma fiancée, Raphaelle, qui m'a soutenu tout au long de l'écriture. Mes parents et sœurs qui m'ont encouragé dans les moments de détresse. Mes amis et collaborateurs, enfin, qui m'ont aidé à finaliser ce projet. Je remercie particulièrement Franck, Virginie, Vanessa, Edouard, Jacques, Yasser, Daniel, Fabrice, Philippe et bien d'autres. Merci également à Sylvain Sioux de VMware pour son aimable relecture.

Je remercie par avance tous les lecteurs qui me feront part de leurs commentaires. N'hésitez pas à m'envoyer un mail à pgillet@virtuali.fr

Chapitre 1
Virtualisation des systèmes d'information

1. Les différents domaines d'application de la virtualisation

1.1 La virtualisation des serveurs

La virtualisation est aujourd'hui un des termes les plus employés dans nos entreprises. Pourtant, peu de personnes savent que cette technologie n'est absolument pas nouvelle. Elle date des années 1980 grâce aux premiers travaux d'IBM en la matière.

La virtualisation n'a commencé à intéresser tous les acteurs du marché qu'à partir des années 2000, deux ans après le lancement de la société VMware et un an après la sortie de son premier produit : VMware Workstation 1.0. Le coup de force de VMware a été finalement de mettre la virtualisation à la portée de tous !

Ainsi, VMware devient associé à la virtualisation comme Microsoft est associé à OS (*Operating System*). Pour bien appréhender la virtualisation des serveurs, il faut essayer d'en comprendre toutes les subtilités et la vision de VMware en la matière.

La virtualisation est, selon Wikipédia : « L'ensemble des techniques matérielles et/ou logicielles qui permettent de faire fonctionner sur une seule machine plusieurs systèmes d'exploitation et/ou plusieurs applications, séparément les uns des autres, comme s'ils fonctionnaient sur des machines physiques distinctes ». Cet ensemble de techniques est assez vaste actuellement et cela prête beaucoup à la confusion.

Les serveurs sont les premiers concernés par cette technologie pour plusieurs raisons :

- Jusqu'à présent, ils n'étaient pour la plupart, utilisés qu'à 10 à 15 % maximum en moyenne. Le gâchis est considérable, certes, mais nécessaire pour assurer la sécurité et le bon fonctionnement des applicatifs (principe classique de : « 1 application pour 1 serveur »).
- Ils sont monosystèmes. Impossible de faire tourner deux systèmes d'exploitation en parallèle. Un système doit donc gérer entièrement les ressources physiques totales (ce qui est loin d'être le cas).
- Leur multiplication est trop rapide. Aujourd'hui, la consommation d'espace et d'électricité pour les Datacenter est plus que critique (voir : http://www.journaldunet.com/solutions/systemes-reseaux/analyse/data-center-ameliorer-l-existant-ou-passer-au-green.shtml)
- Les serveurs sont de plus en plus puissants (multicœur, capacité RAM, etc.).

Le principe de la virtualisation des serveurs est simple. On considère le serveur comme un ensemble de ressources (CPU – RAM – DISQUES – RESEAUX). Ces ressources sont allouées de manière statique ou dynamique à des serveurs virtuels. Ces serveurs virtuels ne voient que les ressources qui leur sont allouées et sont donc isolés les uns des autres. Un utilisateur, d'un point de vue réseau, ne verra donc absolument aucune différence entre un serveur physique et un serveur virtuel. Plusieurs systèmes d'exploitation peuvent donc coexister à l'intérieur d'un même serveur de cette manière.

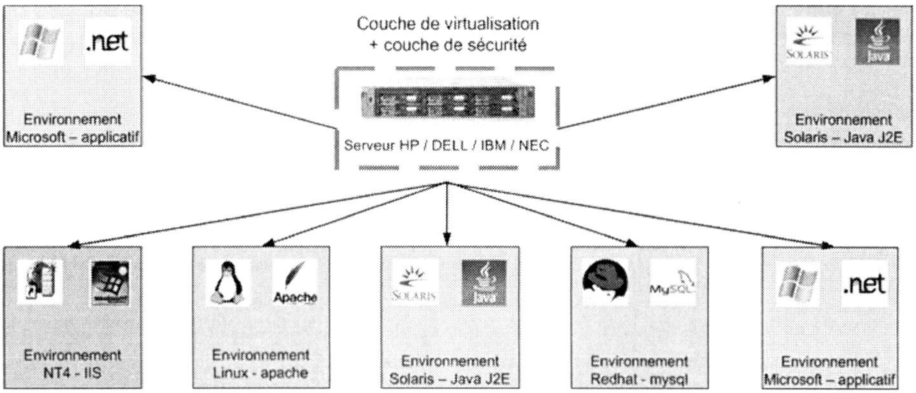

Virtualiser des serveurs n'est pas si simple d'un point de vue technique. Il faut comprendre que les systèmes d'exploitation n'ont pas été conçus à l'origine pour être virtualisés (ce qui semble logique puisque la virtualisation est un phénomène récent). Les systèmes d'exploitation ont pour habitude de communiquer au plus bas niveau avec le matériel (ce qui garantit les meilleures performances).

La virtualisation existe depuis longtemps sous une forme quelque peu différente grâce notamment aux mainframes (VM/CMS par exemple).

Dans l'approche de la virtualisation des serveurs X86, c'est la couche de virtualisation qui doit communiquer avec le matériel (donc au plus bas niveau). Cela pose donc un problème évident : comment le système d'exploitation virtualisé va-t-il pouvoir communiquer au plus bas niveau puisqu'il n'y a désormais plus accès ?

Plusieurs approches sont possibles :

- Faire croire au système d'exploitation virtualisé qu'il tourne au plus bas niveau (il faudra donc intercepter toutes les communications pour les modifier à la volée).
- Modifier le système d'exploitation virtualisé afin qu'il n'ait pas besoin de communiquer au plus bas niveau (fonctionne correctement, mais quid du support éditeur ?).

- Laisser le système d'exploitation virtualisé communiquer parfois directement, parfois indirectement suivant ce que permettent le matériel et la couche de virtualisation (cela implique une connaissance du système virtualisé et une utilisation de fonctionnalités de virtualisation native au niveau matériel).

Ces approches ont toutes leurs avantages et inconvénients. La dernière semble logiquement prendre le dessus étant donné que les constructeurs de matériels veulent investir le marché de la virtualisation également. Récemment, Intel a sorti des processeurs ayant une option dite VT (*Virtualization Technology*). AMD s'y est engagé aussi avec AMD-V (*AMD Virtualization*).

Les avantages de la virtualisation des serveurs sont très nombreux :
- La maintenance matérielle, la consommation électrique, le besoin d'espace et le besoin de climatisation sont divisés de manière drastique.
- Le rachat de matériel n'est plus un impératif pour chaque déploiement.
- L'obsolescence matérielle n'est plus qu'un mauvais souvenir.
- La sécurité n'est plus dispersée de manière aléatoire.
- L'achat de composants réseau est réduit (le dialogue peut se faire intra machine virtuelle).
- Les erreurs ne sont plus fatales (possibilité de retour arrière).
- La sauvegarde est moins complexe (les machines virtuelles ne sont plus que de simples fichiers).
- Les problématiques de déploiement sont quasiment éliminées.
- Il est possible de créer des architectures hautement disponibles.
- La gestion du changement est facilitée.
- La supervision en temps réel est rendue beaucoup plus simple.

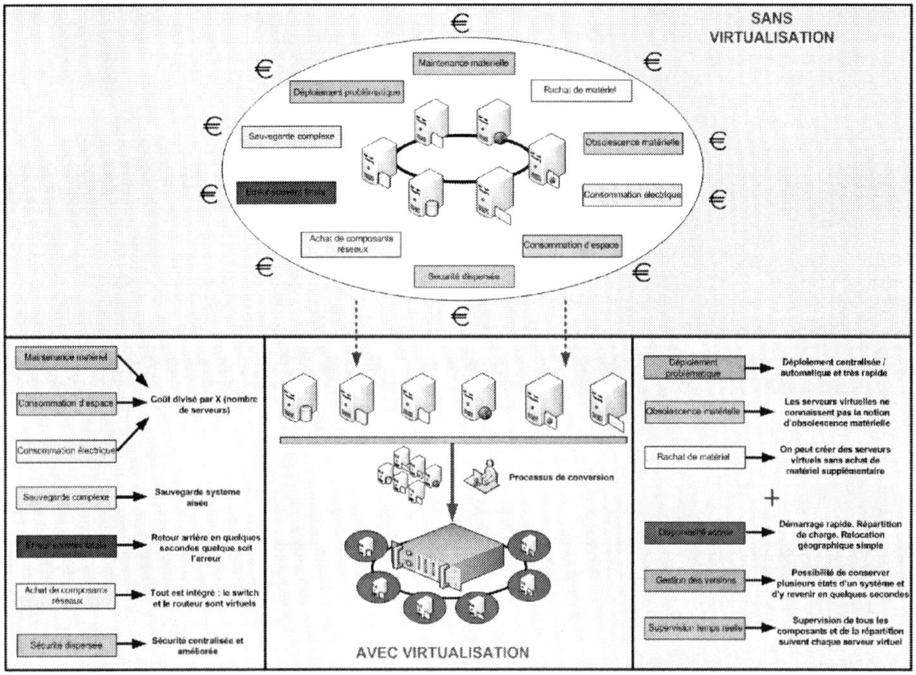

Ce livre sera principalement axé sur la virtualisation des serveurs puisque c'est l'étape la plus importante dans tout projet de virtualisation d'infrastructure et c'est également celle qui est actuellement la plus développée.

1.2 La virtualisation du stockage

La virtualisation du stockage est un domaine de la virtualisation qui reste très controversé. Les acteurs du marché ont des approches très différentes. Chacun y met du sien, ce qui rend l'ensemble incompréhensible pour le commun des mortels.

Voici la définition qui semble la mieux appropriée pour le moment :

La virtualisation du stockage consiste à s'abstraire du stockage physique en décomposant le stockage de façon logique. La virtualisation du stockage permet d'être indépendant de la localisation physique des données en créant un espace logique de stockage.

Bien que cela paraisse impressionnant, c'est une opération courante dans tout système d'exploitation. Windows possède son LDM (*Logical Disk Manager*) et Linux/UNIX son LVM (*Logical Volume Manager*). La virtualisation ici consiste simplement à utiliser une couche software permettant d'intercepter les E/S et à faire croire au système d'exploitation à peu près n'importe quoi.

La virtualisation du stockage touche aussi les éléments de stockage dédié, comme les NAS ou SAN. Les acteurs du stockage ont bien compris les enjeux de la virtualisation également. Ainsi, chacun a développé sa propre technologie logicielle afin de pouvoir créer des espaces logiques de données.

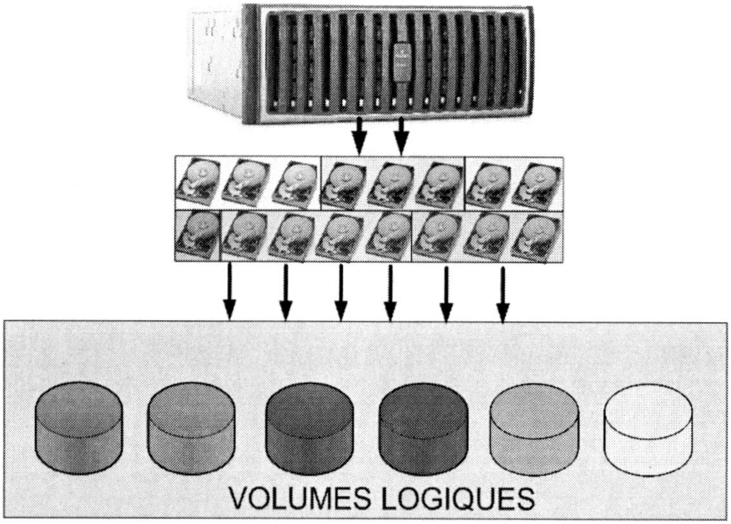

La combinaison de plusieurs éléments de stockage peut ainsi donner un espace logique de données (ou LUN : *Logical Unit Number*) ayant une capacité évolutive (l'ajout d'éléments de stockage se fait de façon transparente dans l'espace logique et augmente la capacité totale). Les constructeurs intégrent de mieux en mieux cette couche de virtualisation. Cela permet de mieux gérer au jour le jour l'espace de stockage et la répartition des E/S. De plus, cela permet de résoudre les problématiques liées aux évolutions. La capacité de stockage ne dépend plus de la capacité physique d'un élément, elle dépend désormais uniquement de la contrainte budgétaire.

De plus, n'étant plus dépendant de la notion physique, il devient possible d'imaginer des espaces logiques de stockage architecturés autour de constructeurs différents. Ainsi, il va devenir courant de voir des logiciels dédiés à la gestion des espaces de stockage logiques et à leur cycle de vie.

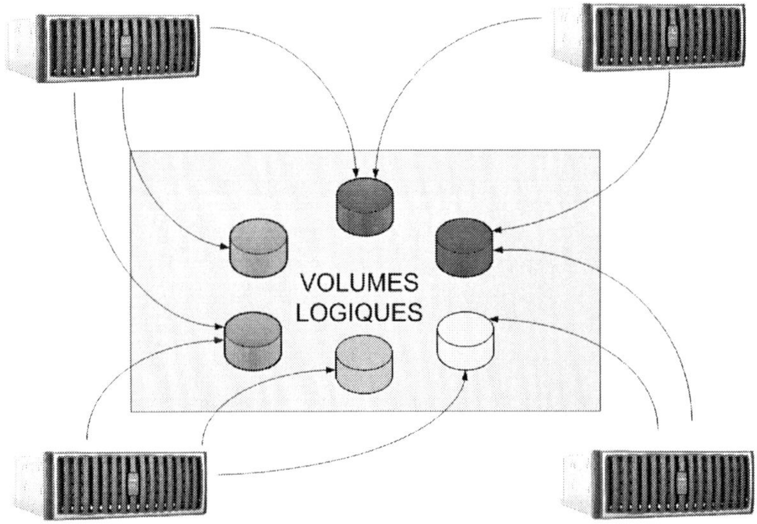

Les avantages de la virtualisation du stockage sont aussi très nombreux :
- Les contraintes matérielles n'existent plus. Il n'y a plus à se soucier du constructeur et de son interopérabilité.
- L'évolution se fait de manière transparente pour les systèmes et utilisateurs.

- Il devient plus simple d'effectuer des opérations de réplication ou de synchronisation.
- La granularité est beaucoup plus poussée (possibilité d'optimiser de manière plus fine).
- Les contraintes budgétaires peuvent être adaptées suivant la performance souhaitée (stockage pur, archivage, BDD, etc.).

1.3 La virtualisation des applications

La virtualisation des applications existe elle aussi depuis un moment grâce à un pionnier du marché : CITRIX (qui a depuis racheté XEN). Cependant, la virtualisation des applications n'en est qu'à ses premiers balbutiements. C'est pourquoi plusieurs solutions coexistent actuellement et fonctionnent de manière différente.

- La virtualisation des applications peut consister à publier une application installée sur un serveur vers un poste client. Pour ce dernier, l'application n'est en fait qu'un raccourci vers l'application installée sur le serveur. Tout est alors exécuté côté serveur plutôt que côté client. L'affichage des résultats ou de l'interface se fera côté utilisateur. Les avantages sont évidents :
  - Les clients sont déchargés de tous les calculs lourds.
  - Les problèmes de compatibilité sont évités.
  - Les mauvaises installations sont impossibles (rien n'est installé localement).
  - Les mises à jour sont centralisées et ne nécessitent pas de faire des modifications côté clients.
  - La charge réseau reste légère.

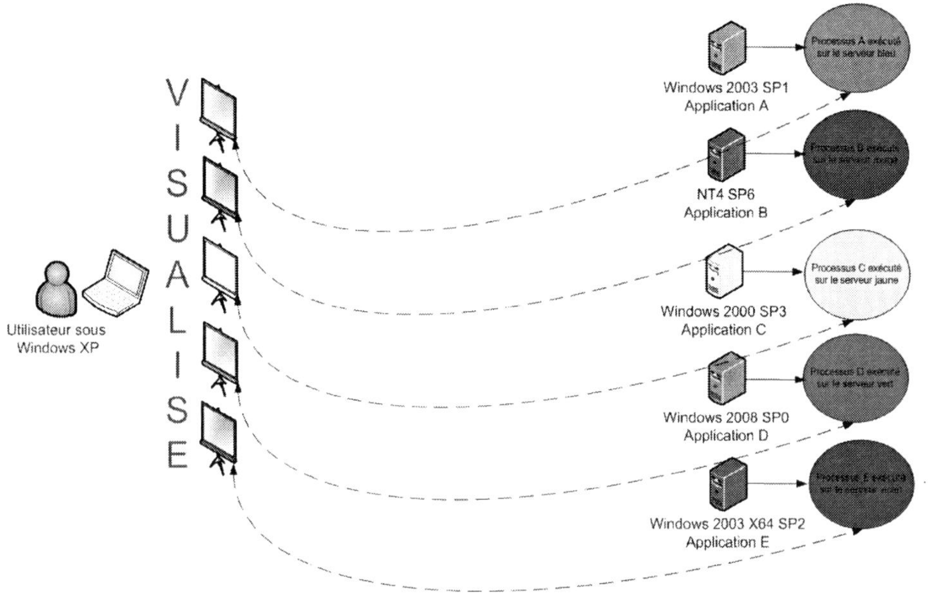

- La virtualisation des applications peut aussi consister en l'exécution de logiciels dans un contexte particulier. Par exemple, on peut très bien imaginer lancer une application graphique sous Windows XP comme si elle tournait sous Windows NT4. Cette approche est mise en avant par VMware via leur produit ThinApp. Les avantages sont les suivants :
  - Il n'y a plus de conflits systèmes, dll, etc. Les packages créés sont plus ou moins autonomes suivant le besoin et font appel à leur propre contexte.
  - Les applications anciennes peuvent tout à fait être lancées depuis des machines récentes en bénéficiant des performances de la machine qui les exécute.
  - Les applications bénéficient d'une sécurité accrue puisqu'elles s'exécutent dans un contexte restreint (principe du sandbox).
  - Il y a peu d'impact réseau.
  - Les mises à jour sont également centralisées.

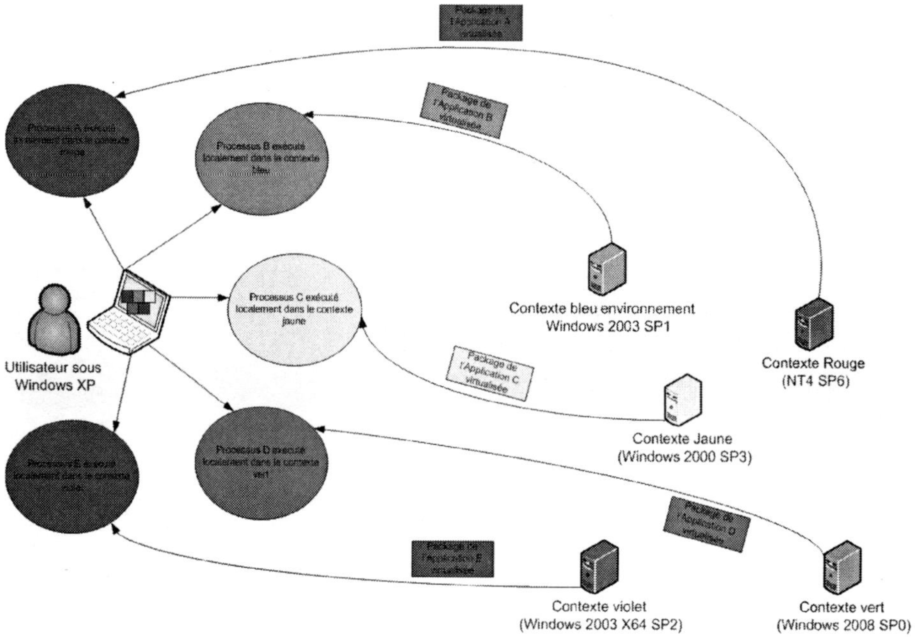

■ Remarque

XenAPP propose également ce mode depuis peu (bien que des différences subsistent).

1.4 La virtualisation des postes de travail

La virtualisation des postes de travail est l'évolution logique de la virtualisation des serveurs. Puisque les serveurs sont puissants, qu'ils sont capables de faire tourner des environnements isolés (Machines Virtuelles) les uns des autres et qu'il est très facile d'en créer rapidement, pourquoi ne pas déployer les postes de travail sur les serveurs et visualiser ce qui se passe dans une machine virtuelle grâce à de simples terminaux légers ?

Les avantages sont aussi évidents :

- Rien n'est fait en local. La charge est répartie sur les serveurs (puissance assurée).

- Les postes de travail ne sont plus dépendants du matériel (finis les réparations, les changements de PC, les mises à jour hardware, etc.).
- Le risque de fuite d'informations est mieux maîtrisé (aucune donnée n'est stockée en local).
- Il est possible d'éviter le vandalisme ou le vol (le terminal ne fait que se connecter). Seul, il ne sert à rien et ne vaut pas très cher.
- La consommation électrique est réduite.
- Il n'est pas nécessaire de racheter ou de faire évoluer le matériel.

2. Pourquoi passer à la virtualisation ?

2.1 Réduction des coûts CAPEX/OPEX

La réduction des coûts est un sujet extrêmement sensible, surtout en période de récession... La virtualisation est une technologie permettant de réaliser des économies substantielles, mais il convient de savoir si ces dernières sont visibles à plus ou moins long terme.

Les entreprises distinguent souvent deux types de coûts :
- CAPEX (*Capital Expenditure*) : correspond aux dépenses liées aux investissements et immobilisations (exemples : matériel, logiciels, etc.).
- OPEX (*Operational Expenditure*) : correspond aux dépenses liées au fonctionnement de l'entreprise (exemples : expertise, prestation, conseils, gestion de projets, etc.).

Voici quelques retours d'expériences sur les projets de virtualisation menés dans divers environnements et qui ont permis de réduire les dépenses (les noms des clients ne seront pas cités) :

2.1.1 L'achat de matériels type serveur

Au cours des projets de virtualisation, la principale économie visible immédiatement est assurément celle concernant l'achat de serveurs. Cette économie est exprimée en facteur (par exemple : facteur 6 signifie qu'une machine hôte abritera 6 machines virtuelles). Dans ce cas, les économies peuvent être facilement calculées. Les coûts matériels sont divisés par 6.

Cette vision est très simpliste et ne considère pas la façon dont est gérée la virtualisation au jour le jour. Il faut considérer également la boulimie engendrée par la virtualisation. Auparavant, un serveur physique pouvait tenir plusieurs rôles (ce qui d'un point de vue sécurité a toujours été très mal perçu). Avec la virtualisation, chaque machine virtuelle tient un rôle unique (en tout cas, il faut espérer que ce sera le cas...). Le facteur 6 est donc faussé dans notre exemple et il vaut mieux tabler sur un facteur inférieur.

Par ailleurs, il faut aussi considérer la notion de licences logicielles. La multiplication de machines virtuelles multiplie également le besoin de licences, ce qui augmente considérablement le prix total. Cela réduit également le facteur 6 dans notre exemple.

En résumé, l'achat de matériel est certes largement réduit (certains projets nous ont amenés à tabler sur des facteurs 20), mais il faut bien évidemment intégrer toutes les notions sous-jacentes.

2.1.2 Achat de matériel type réseau

L'achat de composants réseau est lui aussi largement réduit grâce à la virtualisation. Étant donné que les machines virtuelles sont capables de communiquer au sein d'un même hôte physique, nul besoin de matériel réseau (switch ou routeur). De plus, les machines virtuelles étant souvent présentes sur une même carte réseau ou regroupées sur une même interface, cela permet d'économiser l'achat de composants réseaux supplémentaires.

2.1.3 Consommation électrique

À l'heure où l'écologie devient une des priorités, la réalisation d'économie d'énergie est une manière de se démarquer de ses concurrents (surtout dans le secteur automobile). La vague verte a aussi touché le secteur des systèmes d'information. Les constructeurs annoncent des réductions de consommation, des serveurs sans métaux lourds (normes RoHS), etc.

La virtualisation est une technologie permettant de réduire la consommation électrique de manière drastique. Avec l'exemple pris auparavant, la consommation électrique est réduite par 6. Ici aussi, le calcul est trop simpliste. Les serveurs intégrent actuellement des technologies embarquées, dans les processeurs par exemple, permettant de réguler la consommation électrique suivant la charge. Or, la virtualisation augmentant largement la charge des serveurs, rend donc caduques ces technologies.

Le facteur 6 de l'exemple est donc aussi à prendre avec précaution.

2.1.4 Besoin en climatisation

Le besoin en climatisation est relatif à la consommation énergétique. Si la consommation baisse grâce à la virtualisation, il en est donc de même pour le besoin en climatisation. Cependant, un phénomène a rapidement été constaté. Un Datacenter abritant des infrastructures virtuelles a une charge dite dynamique et mobile. Dynamique parce que la concentration de plusieurs machines virtuelles sur un hôte physique augmente l'aléa concernant la charge. Mobile car la charge peut bouger d'une plate-forme à l'autre (grâce à la répartition des charges).

Le besoin en climatisation doit donc s'adapter à cette contrainte, ce qui est loin d'être simple. Cela nécessite une climatisation adaptable à la charge, mais également capable de refroidir localement suivant la consommation énergétique.

2.1.5 Consommation d'espace

La consommation d'espace est devenue une contrainte majeure dans les Datacenter car ces derniers ne sont pas extensibles à l'infini, et ils coûtent extrêmement cher à entretenir. C'est aussi le cas dans les PME, car les places sont réservées aux employés en priorité, et l'informatique se retrouve du coup bien souvent mal logée.

Le besoin en espace est largement réduit également grâce à la virtualisation car le besoin en matériel est largement inférieur à ce qui était nécessaire auparavant.

Attention cependant, car de nombreuses entreprises, ayant compris qu'elles pouvaient tout intégrer dans un espace réduit, ont logiquement décidé de tout concentrer, au risque de tout perdre en cas de problème majeur (en effet, la virtualisation augmente la criticité des serveurs). Cette notion sera vue plus amplement dans le chapitre dédié à la sécurité.

2.1.6 Erreur fatale

Bien que l'erreur soit permise, il convient de l'éviter autant que possible, surtout dans les environnements critiques. C'est pourquoi la sauvegarde existe depuis que l'informatique est apparue.

Malheureusement, la sauvegarde pêche par sa lourdeur. Il faut parfois 48 h pour restaurer un simple fichier et une semaine pour restaurer un système (lorsque c'est possible...). Qui n'a jamais eu peur de lancer une commande à effet aléatoire en tant que « root » ? Qui ne tremble pas lors de la migration d'un Active Directory ? Les produits sont, selon les vendeurs, tous plus miraculeux que les autres. Certes... mais il faut rester réaliste. Les opérationnels sont constamment sous pression et ne peuvent pas connaître tous les tenants et aboutissants d'une commande ou d'une requête !

Les opérationnels en ont souvent rêvé : pouvoir revenir en arrière à tout moment et rapidement de façon sûre ! La virtualisation peut enfin exaucer leurs vœux.

En effet, grâce à la virtualisation, il devient possible de revenir à T (T étant le moment présent) -X (X étant un point précis dans le temps). Cette manipulation est simple et très rapide. Elle fait penser au célèbre [Ctrl] **Z** de Windows permettant de revenir en arrière.

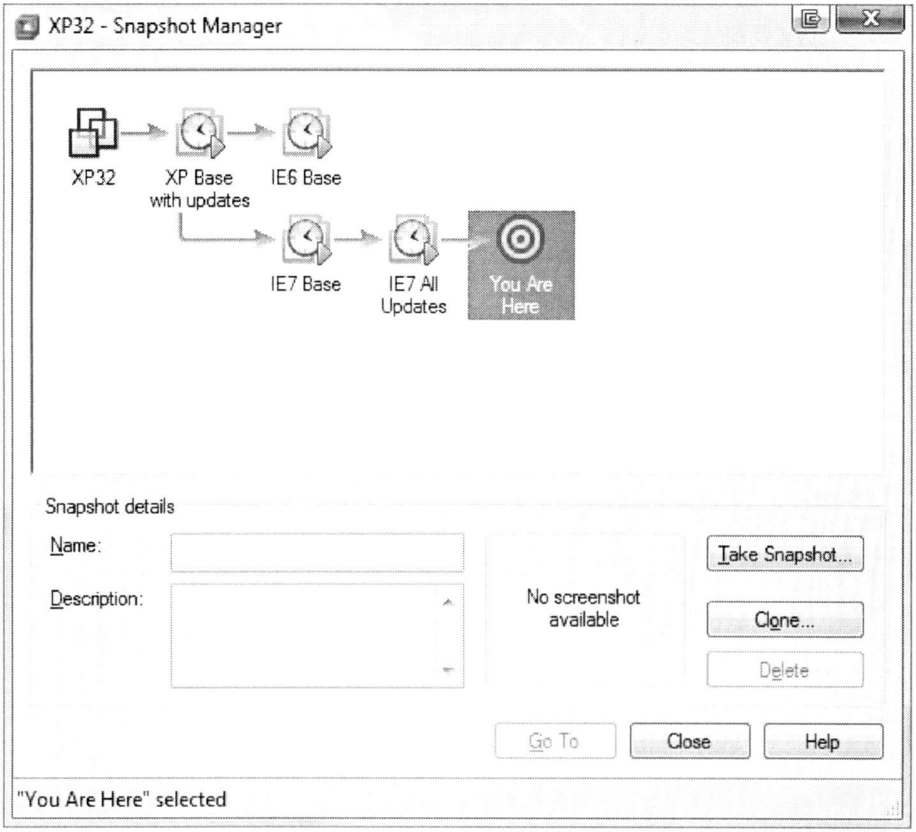

Bien que cette technologie soit fantastique, elle comporte également des conséquences. Une personne peut très bien avoir envie de revenir en arrière sur les modifications systèmes effectuées mais pas forcément sur les données stockées. Or, lorsqu'un système est restauré à un instant T – X, les données stockées avec le système sont également restaurées à cet instant précis. Pour une base de données, cela peut engendrer des conséquences rapidement catastrophiques.

Il s'agit donc d'une technologie extrêmement pratique qu'il conviendra de maîtriser parfaitement avant de croire que le miracle peut être accompli impunément...

2.1.7 La sauvegarde

La sauvegarde est souvent considérée par les experts comme un projet complexe dépendant fortement de l'environnement et de l'outil de sauvegarde sélectionné. Il est vrai que cette dernière dépend fortement des systèmes d'exploitation présents et des applications installées. Les commerciaux ont vite compris qu'il était possible de vendre des licences supplémentaires adaptées aux applications. L'outil de sauvegarde ayant été sélectionné, il devient difficile de faire marche arrière. Ainsi, le client est contraint de reprendre des licences pour pouvoir utiliser, par exemple, les agents Exchange, MSSQL, Oracle, Sharepoint, etc.

Cela a contribué à rendre les projets de sauvegarde impopulaires, à juste titre puisque ces derniers sont très consommateurs d'un point de vue financier, et il est difficile d'en justifier tous les coûts pour le commun des mortels (décideurs et financiers par exemple).

La virtualisation simplifie le processus de sauvegarde pour la raison suivante : les systèmes sont vus comme de simples fichiers. Ainsi, la sauvegarde d'un système d'exploitation type Microsoft, par exemple, sera faite comme une sauvegarde de fichier classique. Plus de licences supplémentaires, de contraintes systèmes ou de mise à jour d'agents (sauf pour la couche de virtualisation... mais elle ne change pas très souvent). L'opération est aussi simple qu'un copié-collé.

La solution semble parfaite. Cependant, après plusieurs retours d'expérience clients, le constat était quelque peu en retrait par rapport à ce qui était annoncé initialement. Plusieurs raisons à cela :

- Les machines virtuelles étant vues comme de simples fichiers, il est impossible de distinguer au sein d'une machine virtuelle les données du système (sauf en créant les machines virtuelles de manière intelligente...).
- Les applications de type transactionnel ou générant beaucoup d'entrées/sorties nécessitent toujours un agent au sein de la machine virtuelle afin de ne perdre aucune donnée (ce sont d'ailleurs les préconisations des éditeurs dans le domaine de la virtualisation).
- La sauvegarde peut générer un impact au niveau des serveurs. Ces derniers étant beaucoup plus chargés, ils peuvent atteindre leur limite pendant le laps de temps consacré à la sauvegarde.

- La sauvegarde de machines virtuelles offre peu de granularité. Il est difficile de restaurer un simple fichier dans une machine virtuelle. La tendance est donc de laisser finalement un agent dans les machines virtuelles pour la sauvegarde des données uniquement.

En conclusion :

Grâce à la virtualisation, la sauvegarde est rendue plus sûre puisque les systèmes sont sauvegardés facilement. Cependant, cela complexifie les projets de sauvegarde. Les éditeurs travaillent dans le domaine afin de simplifier la sauvegarde des environnements virtuels et c'est aussi la raison pour laquelle des petites sociétés ont pu se constituer en se démarquant des éditeurs traditionnels : VizionCore, Veeam, etc.

Il ne fait nul doute que ces sociétés recevront rapidement des propositions de rachat... En attendant, il est vivement conseillé d'aller tester leurs solutions !

2.1.8 L'aspect sécurité

La sécurité est bien plus qu'un simple projet. L'actualité en France permet d'affirmer que cette dernière est primordiale pour la vie de l'entreprise.

Grâce à la virtualisation, il est possible de renforcer la sécurité (ou au contraire de la détruire... c'est à double tranchant).

Un chapitre est entièrement dédié à la sécurité et la virtualisation.

2.2 La facilité de déploiement et d'administration

Le déploiement de nouveaux serveurs ou de nouvelles applications est souvent problématique dans les moyennes et grandes structures. Les différents acteurs contribuent (sans le vouloir) à ralentir le processus d'intégration.

Voici un petit schéma résumant de manière (quelque peu) exagérée un processus d'intégration classique :

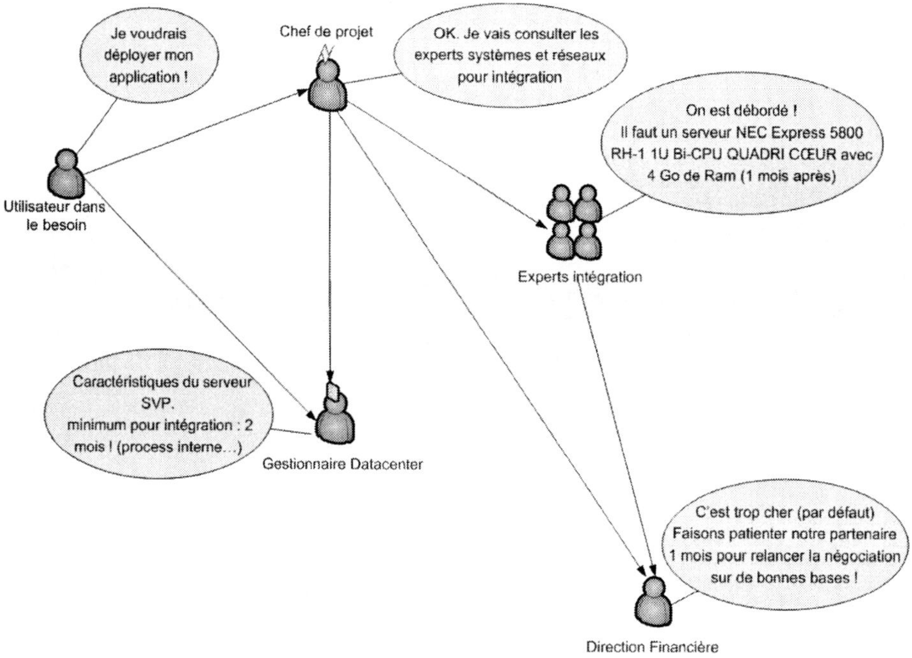

La virtualisation permet de faciliter largement ce processus. D'une part, le matériel n'a pas à être acheté puisqu'il suffit de créer une nouvelle machine virtuelle. D'autre part, ceci peut être fait rapidement de manière automatisée. Auparavant l'intégration pouvait prendre plusieurs mois. Désormais quelques heures suffisent...

Cependant, il ne faut pas croire que le coût d'un déploiement soit nul. Cela nécessite toujours des licences et des ressources. La direction financière est donc un acteur important avant tout déploiement ! Or, autant il était facile pour cette même direction de quantifier les dépenses nécessaires avec du matériel physique, autant il devient difficile de quantifier le prix de ressources virtuelles...

Travailler de concert avec les directions financières est une priorité afin qu'elles puissent se construire des métriques valables dans un contexte techniquement avancé.

L'administration des environnements virtuels est aussi un avantage certain. Il devient possible de superviser toutes les machines virtuelles afin de savoir ce qu'elles consomment et de comprendre leurs modes de fonctionnements (voir le chapitre Virtualisation et environnements critiques).

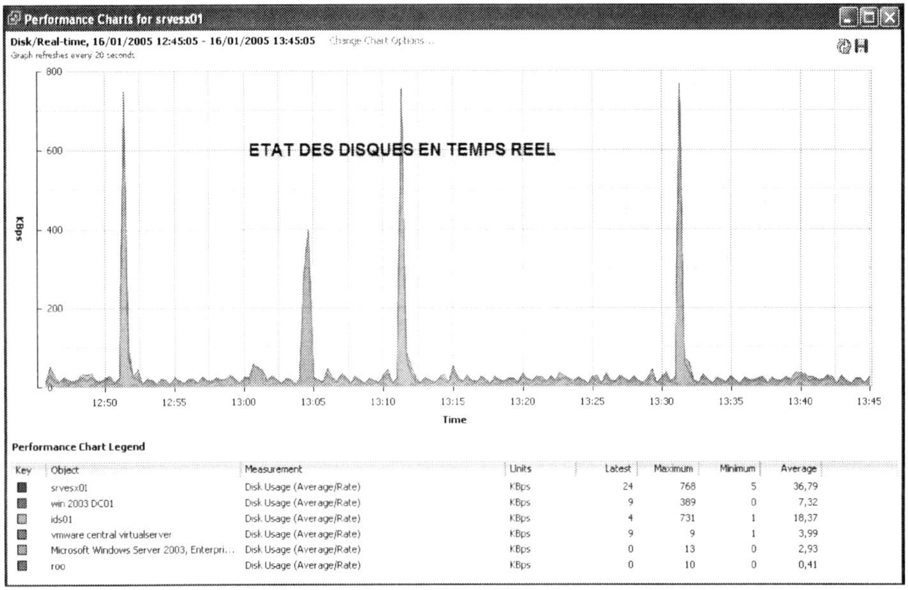

2.3 L'obsolescence matérielle et la gestion du changement

Selon Wikipédia, l'obsolescence est le fait pour un produit d'être périmé, et donc de perdre toute valeur, du simple fait de l'évolution technique ou de la mode, même si le produit est en parfait état de fonctionnement.

Cette notion revient très souvent dans le secteur des systèmes d'information. Toute entreprise a déjà été confrontée au cycle de vie du matériel et des applications. Prenons un exemple concret. De nombreuses entreprises possèdent encore des applications fonctionnant sous Windows NT4 ou Windows 2000. Si leurs serveurs tombent en panne, aucun matériel récent ne sera capable de supporter aujourd'hui ces systèmes. Pour peu que ces applications soient critiques, les personnes en charge doivent prier chaque jour pour que les serveurs tiennent le choc.

La migration de ces applications dans des environnements virtuels peut résoudre cette problématique. Le matériel supportant les anciens systèmes virtualisés est récent. Bien que les systèmes ne soient plus supportés par l'éditeur, les systèmes restent stables sur du matériel supporté. Cela ne permet pas de résoudre les problématiques de mises à jour, de support éditeurs, etc. mais contribue à donner un sursis aux entreprises afin de ne pas se précipiter dans un redéveloppement massif de leurs applications qui coûterait une fortune.

L'obsolescence matérielle est de plus réduite puisque les machines virtuelles sont indépendantes de l'aspect matériel. Ainsi, la migration d'un serveur « obsolescent » à un serveur plus récent ne posera aucun problème et se fera de façon totalement transparente.

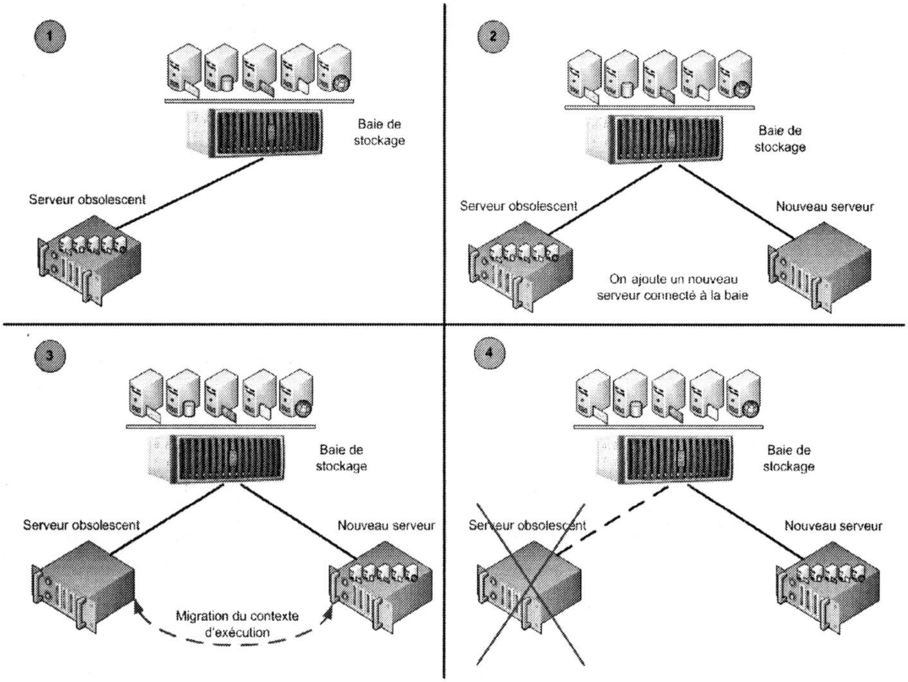

Cependant, il faut imaginer l'évolution des infrastructures virtuelles dans les années à venir. Les machines virtuelles ne seront pas forcément interopérables entre les différents éditeurs et il n'est pas garanti (même si cela serait un non-sens d'un point de vue commercial) que les machines virtuelles d'un même éditeur (VMware, XEN, Microsoft, etc.) soient compatibles d'une version à une autre.

Côté gestion du changement, la virtualisation apporte son lot d'innovations.

La gestion des changements est un des six processus de la partie "Soutien de service" des bonnes pratiques ITIL.

Un changement consiste à modifier, créer ou supprimer un des composants de l'infrastructure du système d'information (logiciel, application, équipement, matériel, configuration, documentation, procédure, etc.).

La virtualisation permet de mettre en place beaucoup plus facilement la gestion du changement. Le cycle de vie d'une machine virtuelle est beaucoup plus facilement contrôlable. De plus, il devient possible d'éliminer du matériel de manière transparente, ce qui contribue également à mieux gérer le cycle de vie du matériel.

Voici un retour d'expérience sur la gestion du changement dans un environnement virtualisé :

L'entreprise en question fait partie du secteur industriel. Elle a mis en place une infrastructure virtuelle comportant plusieurs milliers de serveurs physiques sous VMware ESX. L'entreprise compte environ 2000 personnes dédiées à la gestion du SI (Système d'Information). Les administrateurs profitent depuis plusieurs années des avantages de la virtualisation. Du coup, l'environnement compte presque 10000 machines virtuelles. Environ un tiers d'entre elles sont réellement utilisées. Il a donc été décidé de mettre en place une gestion du changement réelle. Le projet a été très instructif.

À partir d'un certain niveau, il devient nécessaire de mettre en place un véritable processus d'industrialisation de la virtualisation. Le projet a consisté à mettre en place une gestion du cycle de vie des machines virtuelles.

Une machine virtuelle devait par exemple obligatoirement :
- Avoir un coût fixe calculé selon divers critères.
- Passer par un processus de validation (au niveau financier & technique).
- Être créée par un opérateur formé.
- Être approuvée par les équipes en charge de la validation technique : sécurité, systèmes, réseaux, applications, etc.
- Être déployée avec comme attribut une EOL (*End Of Life*).
- Être archivée ou détruite suite à une demande ou l'atteinte de son EOL.

3. Le marché de la virtualisation

3.1 VMware (notre choix pour la suite du livre)

VMware, société rachetée par EMC en 2004, est aujourd'hui la société leader dans la virtualisation. Ce sont les premiers à avoir imaginé la virtualisation sur des machines classiques type X86. Nous leur devons les premières versions de VMware Workstation qui ont transformé notre façon de tester les applications et systèmes d'exploitation.

La société VMware en quelques chiffres :

Création : 1998, achat par EMC en 2004, introduction en bourse en août 2007 (NYSE:VMW)

Chiffre d'affaires : 1.33 milliard de dollars

Clients : 120 000, dont 100 % des sociétés du Fortune 100

Employés : plus de 6 300

Siège : Palo Alto, Californie, États-Unis

Bureaux : 36 bureaux dans le monde

Partenariats : 19 000

VMware est une société cherchant toujours à innover. Ils ont lancé la notion de haute disponibilité de machines virtuelles, la notion de répartition dynamique des charges, etc. VMware est une société cherchant à aller toujours plus loin. Ils ont eu également l'intelligence de créer une véritable communauté de passionnés. C'est d'ailleurs grâce à cela que VMware a pu réussir. Les utilisateurs sont des membres souvent actifs cherchant à partager leur expérience de la virtualisation.

De nombreuses initiatives ont été lancées :

VMTN : un forum constituant une base de données gigantesque pour tous ceux cherchant :
- à régler des problèmes techniques,
- un retour d'expérience utilisateur,
- à suggérer des améliorations sur les produits VMware.

VMMARK : un site dédié aux résultats de tests poussés sur la virtualisation. Le principe consiste à prendre des architectures représentatives et d'effectuer des tests de charges (http://www.vmmark.com).

VROOM : un des nombreux blogs de VMware dédié aux tests de performances (http://blogs.vmware.com/performance/)

VMware Security Blog : blog dédié à la sécurité des environnements virtuels (http://blogs.vmware.com/security/)

http://www.vmware.com/events : les évènements organisés par VMware.

Les livres blancs : http://www.vmware.com/fr/solutions/whitepapers.html

Les documents techniques :
http://www.vmware.com/resources/ techresources/

VMware a été choisie dans ce livre pour plusieurs raisons :
- C'est le seul système de virtualisation complet possédant suffisamment de retours clients actuellement.
- C'est le système de virtualisation le plus avancé technologiquement parlant et qui possède un historique non négligeable.
- VMware possède un support utilisateur et communautaire inégalé. L'engouement suscité à partir des années 2000 n'est jamais retombé et la communauté s'étend de jour en jour.

- Les produits dédiés production (ESX 3.5 et ESXi actuellement) sont les seules sur le marché à subir des tests de qualification et de validation très pointus (test de charge, validation matériel, etc.).
- L'entreprise est plus que rentable et il est improbable de les voir disparaître dans un avenir proche (bien que le contexte économique global actuel soit des plus défavorable...).
- VMware possède un nombre d'alliance et de partenaires immense, preuve de son savoir-faire marketing et commercial.
- D'un point de vue sécurité, VMware est la seule société à réellement communiquer sur le sujet. Des documents très précis d'un point de vue technique recensent les bonnes pratiques de sécurité pour les environnements virtualisés et les plates-formes hôtes (voir l'arrivée prochaine de l'API VMSAFE et VSHIELD).
- VMware possède une vision stratégique à long terme. Le groupe communique très peu sur le sujet, mais tout porte à croire qu'il développe actuellement pour 2009-2010 un écosystème de logiciels dédiés à la gestion des futures Datacenter (comme Cisco...). Ils pensent également lancer le phénomène du Cloud Computing.

3.2 Citrix – XEN

Xen est un hyperviseur de machines virtuelles, développé par la communauté Open Source, permettant de faire fonctionner plusieurs systèmes d'exploitation virtuels sur une même machine hôte. La société XenSource qui a contribué largement à Xen, a été rachetée par Citrix en 2007.

XenServer est un produit dit de*paravirtualisation*.

La paravirtualisation signifie que les machines virtuelles sont conscientes qu'elles ne s'exécutent pas sur une architecture matérielle classique. Il faut donc adapter les machines virtuelles pour qu'elles puissent s'exécuter correctement.

Contrairement à VMware, Xen n'émule pas une architecture matérielle complète pour chaque machine virtuelle. Seul l'accès aux ressources est virtualisé, ce qui permet d'augmenter théoriquement quelque peu les performances. Il faut savoir que Xen ne permet pas de faire tourner des machines virtuelles Windows sans le support de la virtualisation hardware Intel-VT et AMD-V. Ce problème n'en est plus vraiment un car tous les serveurs récents sont dotés de processeurs ayant ces capacités.

Citrix est depuis bien longtemps leader dans le domaine de la virtualisation des applications. Ils ont donc un modèle économique bien différent : Citrix doit devenir concurrentiel sur le secteur de la virtualisation des serveurs X86 (avec les produits Xen) alors qu'ils sont déjà maîtres de la virtualisation des applications (en tout cas via une certaine approche, qui apparaît de plus en plus lourde pour de nombreux experts).

Citrix va donc devoir travailler son offre de virtualisation de serveurs mais aussi certainement redévelopper son offre de virtualisation des applications. Le challenge est énorme mais pas impossible. Les développeurs chez CITRIX travaillent d'arrache-pied sur la virtualisation d'applications et ont rebaptisé leur nouvelle plate-forme XenApp (preuve que le rachat de Xen va aussi induire des changements dans leur produit de virtualisation des applications, anciennement CITRIX Presentation Server).

L'offre de virtualisation de serveurs : XenServer, est, elle aussi, bien lancée. De nombreux partenariats ont été établis, et Xen va ainsi bénéficier des commerciaux et équipes marketing de Citrix. De plus, Xen a été pendant longtemps un produit Open Source. Il a donc fédéré autour de lui de nombreux utilisateurs et développeurs passionnés. Cela n'a certes jamais atteint l'engouement suscité par VMware, mais le socle semble tout de même très solide.

3.3 Microsoft

Windows Server 2008 Hyper-V est le moteur de virtualisation (hyperviseur) fourni dans Windows Server 2008. Microsoft a malheureusement raté le coche technologique de la virtualisation. Les premières versions de leur logiciel de virtualisation Virtual Server 2005, n'ont absolument pas convaincu le public. Voici quelques raisons invoquées par les experts :

- Manque de communication sur le sujet. Microsoft n'a pas orienté sa stratégie sur la virtualisation mais a offert un produit dit de « wait for better days », c'est-à-dire un produit cherchant à démontrer que Microsoft travaille sur la virtualisation mais qu'il faudra attendre les futures versions avant de pouvoir mettre en production. Malheureusement, à ce moment-là, VMware possédait déjà des versions dédiées au monde de la production...
- Un grand nombre de « bugs » et des performances moindres.
- L'impossibilité de faire tourner des systèmes autres que Microsoft (en tout cas de façon supportée).
- La gestion des machines virtuelles (pas très pratique et controversée).

Pour autant, Microsoft veut revenir sur le devant de la scène et compte bien remporter cette victoire à défaut d'avoir gagné celle d'Internet (échec du rachat de Yahoo, etc.). La machine de guerre marketing de Microsoft est bien rodée et possède un impact largement supérieur dans les entreprises que celui des commerciaux concurrents. De plus, Microsoft possède des arguments non négligeables :

- La cohérence des environnements Microsoft ne peut être assurée... que par Microsoft (notion d'homogénéité recherchée par les DSI).
- Le prix des licences et l'intégration native dans Microsoft Windows Server 2008.
- Le support des machines virtuelles Microsoft sera forcément meilleur si l'outil de virtualisation est fourni... par Microsoft (problématique de support en environnement virtualisé).
- Les partenaires, intégrateurs et constructeurs supporteront beaucoup plus les initiatives de Microsoft, pour des raisons politico-technos financières.

Quoi qu'il en soit, Microsoft a de nombreux challenges à relever :

- La lourdeur de son hyperviseur (un Hyper-V compact type VMware ESXi est improbable pour le moment).
- La sécurité de l'hyperviseur (il sera forcément sensible aux vulnérabilités Microsoft).
- Le regain de confiance vis-à-vis des clients potentiels. Il est connu que les produits n'ont quasiment jamais une deuxième chance dans le monde des systèmes d'information...
- La gestion de son hyperviseur et de son évolution dans la gamme de produits Microsoft (politique de patching, redémarrage nécessaire, Service Pack, ajout de fonctionnalités, etc.).

3.4 Les challengers

Parmi les challengers, quelques sociétés ont réussi également à percer :

Virtuozzo (de Parallels). Dédié principalement aux hébergeurs, Parallels attire de plus en plus de sociétés grâce à des prix attractifs et une gestion administrative éprouvée.

KVM, véritable produit Open Source, intégré de façon native sur les systèmes Red-Hat. Historiquement parlant, Red-Hat intégrait XEN (avant que ce dernier ne soit racheté par Citrix). Cette décision commerciale a coûté cher à Red-Hat. Leurs clients ayant adopté Xen à l'époque se sont retrouvés, de fait, dans une position inconfortable.

OracleVM : depuis le rachat de Sun, il va falloir suivre de près Oracle pour comprendre sa stratégie en matière de virtualisation.

Chapitre 2
Le projet de virtualisation

1. Préambule à un projet de virtualisation

1.1 Définition du besoin

Lorsqu'un projet de virtualisation est à l'étude, la première question de tout décideur ou responsable informatique est la suivante : quel est l'investissement initial nécessaire et quand peut-on attendre un retour sur investissement ? Cette question est souvent redoutable car, depuis maintenant quelques années, l'informatique est considérée comme un centre de coût nécessitant constamment plus de ressources.

Par ailleurs, depuis plusieurs années, de nombreux projets de réduction des coûts ont été lancés, notamment grâce à la convergence (ToIP, VoIP) et à l'externalisation. Cependant, force est de constater que beaucoup d'entreprises n'ont pas eu les résultats escomptés suite à des surcoûts cachés ou des problèmes techniques trop importants.

« Chat échaudé craint l'eau froide » : telle est la formule qui pourrait résumer la situation actuelle. Les décideurs souhaitent des solutions éprouvées et des retours d'expérience concrets avant de se lancer dans telle ou telle solution miracle. Les éditeurs de logiciels et/ou de solutions l'ont bien compris, puisque de plus en plus de salons sont organisés chaque année, avec pour objectif principal de faire se rencontrer un maximum de clients.

Du côté de la virtualisation, ce phénomène est bien connu puisque les premières années ont été assez chaotiques. Il devient difficile de trouver des informations sur le sujet actuellement, mais il est désormais clair que la première phase de déploiement dans des entreprises pilotes n'a pas donné les résultats escomptés. C'est pourquoi, il a fallu réorienter la stratégie de communication et faire comprendre aux décideurs qu'un projet de virtualisation, comme tout autre projet, nécessite un cadre strict et une définition du besoin parfaitement limpide.

Ce qu'il est essentiel de bien comprendre, c'est qu'un projet de virtualisation possède bien souvent un périmètre complexe et dense qu'il est impératif de maîtriser au mieux avant de se lancer plus en avant. Le retour sur investissement est difficilement calculable car il contient de trop nombreuses variables. C'est pourquoi, il est vivement conseillé de réduire le périmètre des projets de virtualisation au minimum dans un premier temps. Cela réduit la complexité et permet ainsi de calculer un ROI (*Return On Investment*) avec une fiabilité accrue. Il est très tentant, pour un intégrateur, par exemple, de virtualiser au maximum l'infrastructure d'une entreprise. Cette méthode est dangereuse et ne devrait être utilisée que dans des cas où l'infrastructure globale est parfaitement maîtrisée de bout en bout.

Une fois le périmètre établi, il devient impératif de procéder à ce qu'il est commun d'appeler un audit préliminaire. Cet audit doit permettre de déterminer la faisabilité du projet sur le périmètre donné (cet audit est également appelé étude de faisabilité).

Dès lors que l'audit est terminé, il faut réunir tous les acteurs du projet et convenir d'un planning commun.

Parfois, notamment dans des grands comptes, le périmètre ne peut être choisi sans avoir procédé à une étude initiale. Cette étude permet de sélectionner un certain nombre de périmètres éligibles.

Vous devez absolument retenir qu'une entreprise est bien souvent dans l'incapacité de déterminer son propre besoin. Il faudra la guider en restant objectif et ne pas chercher à grossir le périmètre à tout prix au risque de ne pas tenir ses engagements en termes de ROI.

1.2 La notion de périmètre

Le périmètre d'un projet de virtualisation est l'élément le plus déterminant pour la suite des opérations. Son choix est absolument crucial, surtout lorsque l'entreprise n'a jamais été confrontée à des environnements virtuels.

En effet, si le périmètre est choisi de façon optimale, toutes les chances sont mises de votre côté afin de garantir le TCO/ROI promis initialement.

Au contraire, si la phase pilote échoue, l'entreprise aura l'impression, à juste titre, que la technologie reste encore peu maîtrisée ou peu fiable. La première impression étant souvent la bonne, elle en conclura que la phase pilote a échoué et qu'elle se reposera la question sur la virtualisation... dans quelques années.

Dans la suite, nous étudierons en détail les différents périmètres possibles et les avantages et inconvénients de chacun.

1.3 L'audit préliminaire

Comme nous l'avons vu précédemment, l'audit préliminaire ou étude de faisabilité est une phase très importante. Cette dernière est à la fois technique et organisationnelle.

Bien souvent, on trouve des sociétés de conseil proposant des packs logiciels permettant de déterminer si tel ou tel périmètre est éligible à la virtualisation. Cette approche manque singulièrement de pragmatisme. Prenons un exemple concret issu d'un retour d'expérience :

Une entreprise souhaite virtualiser ses bases de données ORACLE soutenant ses applications critiques. Un bref passage des outils dits d'éligibilité aboutira à la conclusion évidente que la plate-forme est virtualisable et qu'il sera obligatoire de prévoir N ressources.

Cependant, au niveau organisationnel, les obstacles rencontrés sont souvent les suivants :

- Il se trouve que l'applicatif métier est géré par une entité exigeant une très haute disponibilité et ayant contractualisé des SLA.

- Les DBA Oracle exigent un haut niveau de performance (ils y sont contraints vu les engagements pris...).
- L'équipe s'occupant du stockage ne sait pas comment gérer les changements qui vont s'avérer nécessaires afin d'accueillir la plate-forme virtuelle. Ces derniers ont besoin de temps afin d'envisager les investissements éventuels.
- La supervision des processus critiques doit également être intégrée dans la nouvelle architecture. Les équipes de supervision annoncent généralement un délai de 6 mois minimum pour traiter la demande.
- Une étude doit être lancée afin de déterminer les paramètres de configuration des machines virtuelles. Cette configuration devra permettre d'atteindre des niveaux de performances maximales.
- La direction sécurité est inquiète. Elle n'a jamais été confrontée aux problématiques de sécurité sur des environnements virtuels et demande donc une étude en interne afin de déterminer les risques (analyse de risques).
- La direction des achats se posent des questions sur le mode de licensing Oracle en environnement virtuel. Comment s'y prendre afin de réduire les coûts à ce niveau ?
- La politique d'Oracle sur son support en environnement virtualisé reste très floue.

Cette liste est loin d'être exhaustive mais permet de comprendre néanmoins que la tâche est loin d'être aisée.

■ Remarque

Certains pourront argumenter que c'est le cas pour tout grand projet d'infrastructure et que ce n'est pas l'apanage de la virtualisation. C'est certainement vrai, mais la virtualisation n'est pas vendue comme telle actuellement, d'où la mise en garde.

L'aspect organisationnel oblige à anticiper toutes les problématiques. Ne pas intégrer l'aspect organisationnel dès le début en réduisant la virtualisation à sa simple expression technique conduira inévitablement au désastre. Au mieux, le projet restera dans les cartons.

L'audit préliminaire doit permettre de synthétiser tout cela afin de présenter aux décideurs une vision globale des travaux à effectuer. C'est pourquoi il est vivement conseillé de faire appel à des entreprises spécialisées dans ce domaine. Les consultants mandatés ne doivent pas être de purs techniciens ou chefs de projet. Ils doivent être capables de maîtriser le projet de bout en bout et posséder un talent particulier pour la conciliation et la diplomatie (surtout lorsqu'il y a de nombreux acteurs en jeux répartis entre plusieurs services).

2. La définition du périmètre

Afin de clarifier la situation, nous allons passer en revue les avantages et inconvénients de chaque approche. Cela doit permettre de mieux vous orienter suivant la situation à laquelle vous devriez être confronté.

2.1 L'approche par métier

Cette approche consiste à virtualiser selon la structure hiérarchique de l'entreprise. Prenons par exemple une entreprise classique à l'organigramme suivant : comptabilité, gestion des ressources humaines, direction des opérations, et communication.

Une approche serait, par exemple, de prendre comme périmètre initial la structure s'occupant de la communication.

Les avantages sont les suivants :

- Il est facile de regrouper les acteurs puisque ces derniers sont uniquement ceux présents dans la structure concernée.
- Il est possible de choisir pour site pilote la structure la moins dépendante de l'outil informatique.

Remarque

Un conseil néanmoins, évitez le service s'occupant de la Paie...

- Une approche intelligente pourrait être de virtualiser application par application et ainsi obtenir immédiatement un rendu utilisateur (ralentissement éventuel, bug, changements constatés, etc.).

Voici maintenant les inconvénients :

- La première réaction du service impacté sera : « Pourquoi nous ? Pourquoi pas un autre service. Nous ne pouvons pas gérer de nouveaux problèmes ».
- Vous devrez impérativement obtenir la collaboration de la plupart des personnes du service concerné. Si des personnes antipathiques ou réfractaires sont présentes, il faudra malheureusement faire avec...
- Si le service est réparti d'une façon totalement disparate (par exemple entre plusieurs pays), il va être difficile de planifier l'ensemble du projet.

2.2 L'approche par entité logique

Pour simplifier, cette dernière peut être considérée comme l'approche la plus flexible, car vous pouvez prendre ce que vous souhaitez, tant que le périmètre formé est borné. Par exemple, il est possible de créer une entité logique de 10 serveurs, ou encore créer une entité logique comprenant une ou plusieurs salles informatiques.

Les avantages sont les suivants :

- Il est très facile de réduire le périmètre au minimum de façon à le maîtriser parfaitement.
- Il devient possible de s'adapter à n'importe quel type de structure.
- Il est intéressant de pouvoir introduire une logique dans la création du périmètre, dans des structures formées de manière illogique.

Voici maintenant les inconvénients :

- Il est commun de retrouver sous une entité logique à peu près tout et n'importe quoi. Garder cette même logique à long terme est souvent impossible.
- Le regroupement peut densifier la complexité dans certains cas, par exemple, dans le cas où plusieurs entités font partie du même regroupement logique.
- Il est difficile de créer une logique dans un environnement où il n'y en a pas forcément...

Ce qu'il faut retenir de cette approche est qu'elle est souvent utilisée pour monter des environnements de tests ou de développement afin de valider la technologie en soi. L'utiliser pour la production demande une étude beaucoup plus approfondie.

2.3 L'approche par structure physique

Cette approche est considérée comme la moins compliquée car elle repose sur une structure parfaitement établie : ce qui existe au niveau physique.

Les avantages sont les suivants :
- Le périmètre est très facile à déterminer.
- Le périmètre est borné de façon forte. Tout débordement n'est pas envisageable. Il n'y a donc pas de risques de débordements.
- C'est une approche appréciée par les décideurs car c'est celle qui parle le plus concrètement.

Voici les inconvénients :
- L'approche physique est évidemment contraignante puisqu'il est impossible de l'adapter facilement selon les besoins de chacun.
- Le périmètre peut être très complexe suivant la taille et l'hétérogénéité de la structure physique.
- Il est dommage de partir sur une structure physique alors qu'un objectif majeur de la virtualisation est de s'abstraire de cette notion physique.

2.4 Conclusion

Il est tout à fait envisageable et même recommandé pour les grosses structures, de composer le périmètre en utilisant en parallèle ces trois approches. Par exemple :

Vous décidez de choisir un Datacenter dans un pays (périmètre physique).

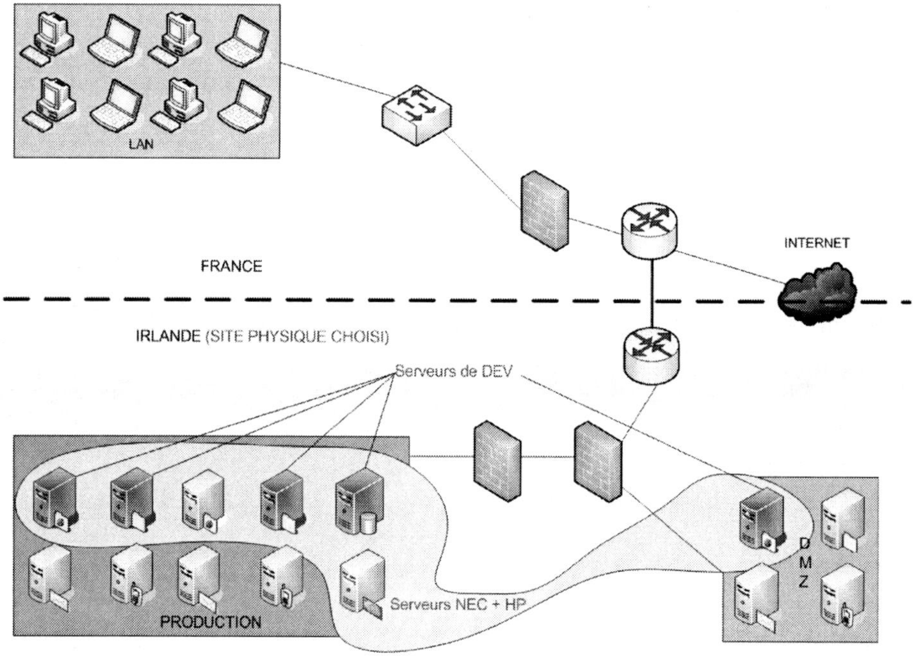

Dans ce Datacenter, vous pouvez choisir une entité logique, par exemple, tous les serveurs NEC & HP ayant été intégrés il y a plus de 4 ans.

Parmi ces serveurs, vous ne vous intéresserez uniquement qu'aux serveurs destinés au développement des applications internes (approche métier).

3. L'audit préliminaire et la prise en compte de l'historique

3.1 Audit technique

L'audit technique préliminaire sert à déterminer le périmètre de manière judicieuse. Il est en effet technique puisque l'auditeur doit, au cours de ses investigations, vérifier scrupuleusement tous les détails.

D'une façon non exhaustive, voici ce qui devrait être effectué :

- Profiling : change - fonctionnement nominal - ressources affectées, etc.
- Inventaire des éléments présents.
- Hétérogénéité du périmètre.
- Récupération d'informations sur les procédures, guides et processus utilisés dans l'entreprise afin de gérer les éléments.
- Repérage des éléments potentiellement perturbateurs : base de données, applications critiques, applications sensibles, applications surchargées, etc.

Il existe mille et une façons de faire l'inventaire d'un périmètre donné. La première étape consiste généralement à se rapprocher des équipes maîtrisant ce dernier. Puis il est nécessaire de faire une vérification soi-même (on n'est jamais trop prudent). Les outils réseau sont souvent utiles pour dégrossir le périmètre. Par la suite, il sera nécessaire de se tourner vers des outils beaucoup plus orientés systèmes afin de rentrer dans le cœur du périmètre.

Il convient de garder à l'esprit que plus le périmètre est hétérogène, plus il est difficile à virtualiser. Ainsi, une phase de l'audit consiste à déterminer les types d'éléments présents sur le périmètre. Généralement, vous retrouverez les catégories suivantes :

Systèmes d'exploitation : type : (Windows, Linux, Unix, Solaris, etc.), version (SP2, update 5, etc.) et configuration.

Serveurs physiques : fabricant (HP, IBM, DELL, SUN, Nec, etc.), modèle et caractéristiques techniques (processeurs, mémoire, disques, carte réseaux, carte RAID, etc.).

Le réseau : constructeur (Cisco, Juniper, Alcatel, 3Com, etc.), catégorie (Routeur, Switch, Hub, Firewall, etc.), modèle et configuration.

Le stockage : constructeur (EMC, NetAPP, HDS, HP, IBM, etc.), catégorie (Middle End, High-End, etc.), modèle et configuration.

Une fois le travail effectué, l'auditeur doit alors récupérer un maximum d'information sur le traitement opérationnel de ces éléments. Pour cela, il peut se fier aux procédures existantes au sein de l'entité gérant les éléments au jour le jour.

Pourquoi est-ce nécessaire ? Simplement parce que la virtualisation ne peut pas bouleverser l'ordre établi ! La virtualisation est aussi là pour améliorer la gestion des infrastructures. Bien qu'un certain nombre de concessions ait été effectué par les opérationnels dans tous les projets de virtualisation afin de s'adapter, il convient d'éviter ce principe au maximum. Cela engendre bien souvent un surcoût caché : procédures à réécrire totalement, formations supplémentaires, rachats d'outils, etc.

Un simple exemple. La virtualisation impacte souvent le département chargé de la sauvegarde (un chapitre y est d'ailleurs dédié). Si la virtualisation impose, par exemple, de changer l'outil de sauvegarde, tout ce qui a été capitalisé par l'entreprise sur cet outil jusqu'à maintenant sera perdu. Sur l'aspect sauvegarde en particulier, cela devient rapidement très coûteux.

Voici une liste non exhaustive de procédures qui sont souvent utilisées :
- Sauvegarde
- Recouvrement
- Supervision
- Démarrage et arrêt

Enfin, l'auditeur devra s'intéresser aux éléments perturbateurs. Cette dernière partie est la plus difficile car elle dépend uniquement de l'expérience de l'auditeur. Elle est donc extrêmement sujette à discussion.

Un élément est dit potentiellement perturbateur, s'il est reconnu comme difficilement virtualisable.

■ Remarque

Attention, cela ne signifie en aucun cas qu'il n'est pas virtualisable. Cela indique qu'il faudra apporter une attention toute particulière à cet élément dans sa configuration ou dans la configuration de la future machine virtuelle associée.

Afin de partager un certains nombre d'expériences sur le sujet, voici quelques exemples :

- Les bases de données : ces dernières sont très gourmandes en ressources et demandent d'excellentes performances en terme d'entrées/sorties (E/S).
- Les applications critiques : elles doivent absolument être disponibles et sont donc souvent installées sur des machines dites à tolérance de panne.
- Les applications sensibles : elles doivent absolument être isolées des autres machines car leur confidentialité est extrême.
- Les applications surchargées : ces dernières sont très sollicitées en terme de ressources et sont souvent réparties géographiquement afin d'homogénéiser la charge.
- Les applications spéciales : ce sont des applications qui ne rentrent pas dans les autres domaines. Par exemple, une application ayant besoin d'un matériel particulier pour fonctionner correctement (port firewire, Token propriétaire, etc.)
- Les systèmes hyper propriétaires : ce sont des systèmes n'ayant pas ou peu la vocation à être virtualisés car ils sont conçus pour un matériel spécifique : HP-UX, AS400, station alpha, Superdôme, etc.

Bien souvent, les outils du marché dit d'éligibilité seront utiles à l'auditeur en cas de doute ou afin d'obtenir une confirmation.

Use Sample Data | Download Excel File | Clear Current Data

Physical Server					Application										Prefs
Current Server		Processor					CPU Utilization (%)		RAM Usage (MB)		Disk (IOPS)		Network (MBps)		
Name	Model	Family	# of procs	Speed (MHz)	OS version	Desired VM Disk Size	Avg	Peak	Avg	Peak	Avg	Peak	Avg	Peak	SMP
devserver01	DL360	Pentium III	1	1000	Windows 2003	11	13	27	120	378	28	52	2	4	☐
devserver02	DL380	Xeon	1	800	Windows 2000	21	12	22	100	465	42	75	3	6	☐
devserver03	DL360	Xeon DP	2	600	Windows 2000	15	9	28	212	341	38	68	5	8	☐
devserver04	DL360	Pentium II	1	300	Red Hat Linux	33	12	23	111	150	58	88	3	6	☐
devserver05	DL380	Pentium III	2	800	Windows NT 4.0	15	13	33	313	456	44	87	5	7	☐
devserver06	DL360	Pentium Pro	1	700	Windows XP	3	11	24	102	584	42	80	6	8	☐
devserver07	DL360	Pentium Pro	1	400	Windows 2003	2	7	22	102	278	55	80	4	6	☐
devserver08	DL380	Xeon DP	2	500	Novell NetWare	8	15	23	102	120	41	85	3	6	☐
devserver09	DL360	Pentium III	1	400	Red Hat Linux	6	15	28	167	352	37	78	3	5	☐
devserver10	DL360	Opteron 800	2	800	SuSE Linux	7	15	32	220	355	41	74	4	7	☐
testserver01	DL380	Pentium Pro	1	500	Windows 2000	17	14	34	210	352	52	86	4	6	☐
testserver02	DL360	Pentium Pro	1	500	Windows NT 4.0	4	12	32	301	325	51	74	2	5	☐
testserver03	DL360	Pentium III	2	800	Windows XP	3	23	29	160	167	53	76	3	6	☐
testserver04	DL380	Pentium Pro	1	500	Windows XP	1	11	23	199	279	42	71	5	7	☐
testserver05	DL360	Pentium Pro	1	500	Windows NT 4.0	3	17	29	197	264	55	102	5	8	☐
testserver06	DL380	Xeon DP	2	1200	Windows 2000	6	11	18	174	324	47	96	3	6	☐
testserver07	DL360	Other	1	800	Windows 2003	2	3	22	193	251	28	65	4	7	☐
testserver08	DL380	Pentium Pro	1	400	Windows 2003	13	7	24	294	465	42	88	2	4	☐
testserver09	DL360	Opteron 800	2	400	Windows 2000	7	20	27	103	122	41	68	4	8	☐
testserver10	DL360	Pentium Pro	1	800	Red Hat Linux	2	10	28	109	150	44	66	3	8	☐
stageserver01	DL380	Pentium	1	300	Windows NT 4.0	9	30	34	234	356	70	89	3	7	☐
stageserver02	DL360	Opteron 800	2	600	Windows XP	4	25	35	196	203	49	83	3	6	☐
stageserver03	DL360	Pentium	1	300	Windows 2003	1.5	10	29	116	189	37	77	3	4	☐
stageserver04	DL380	Opteron 800	2	1200	Novell NetWare	2	10	28	312	665	51	78	3	7	☐
stageserver05	DL360	Opteron 800	2	1500	Red Hat Linux	5	9	27	283	345	48	85	2	5	☐

3.2 Audit organisationnel

L'audit organisationnel est certainement la partie la moins bien maîtrisée actuellement et celle qui demande une compréhension des enjeux au-delà de l'aspect purement virtualisation. Ce n'est pas un simple jugement de valeur mais plutôt une constatation faisant suite à l'empressement des éditeurs dans ce domaine à communiquer sur l'aspect install & deploy de la virtualisation.

Remarque

Pour vous en rendre compte, regardez du côté de http://tinyurl.com/6kfqx4

S'il est vrai que déployer une infrastructure rapidement et facilement est aujourd'hui possible, il reste néanmoins difficile d'évaluer les conséquences d'un projet de virtualisation d'un SI existant (surtout s'il est complexe).

De plus, force est de constater que le positionnement actuel des sociétés revendant de la virtualisation est beaucoup plus orienté solutions techniques avec bien souvent un listing des technologies de virtualisation maîtrisées. C'est logique ! Il est difficile de trouver des personnes ou équipes maîtrisant à la fois l'aspect technique de la virtualisation et l'audit organisationnel des SI. Les auditeurs (notamment en organisationnel) sont recherchés et prisés et se retrouvent donc rarement sur des projets de virtualisation.

Ainsi, afin de pallier le problème, les sociétés ont fait le choix de ne communiquer que sur l'aspect technique (et parfois également sur l'aspect gestion de projet car la tendance actuelle est de positionner n'importe qui en tant que chef de projet... mais c'est une autre histoire.).

Il est vivement conseillé de faire intervenir un auditeur certifié. Bien qu'il existe de nombreuses certifications, une seule sort actuellement du lot concernant l'audit des SI : le CISA (*Certified Information System Auditor*). Cette certification est délivrée par l'ISACA (*Information System Audit and Control Association*) bien connu dans le monde des auditeurs de SI.

Il est évidemment difficile de dicter une règle préétablie concernant la façon d'auditer le SI afin de pouvoir virtualiser le périmètre. Cependant, voici quelques éléments de réflexion :

- Quelle est la vision stratégique de l'entreprise à long terme (regroupement, externalisation, décentralisation, rattachement de filiales, etc.) ?
- Quel est le temps d'adaptation évalué des équipes opérationnelles sur le périmètre donné une fois que la virtualisation aura été mise en place ?
- Y a-t-il un budget prévu pour le recrutement éventuel de personnes supplémentaires ?
- La visibilité du projet est-elle perçue en haut lieu ?
- Y a-t-il eu communication de l'entité chargée du projet de virtualisation aux entités impactées potentiellement ?
- Quel sera le type de support des nouveaux partenaires/éditeurs ?
- Comment seront gérés les incidents ?
- Quelle est la garantie de rétablissement ?
- Y a-t-il des moyens de retour en arrière ?
- Y a-t-il un budget formation ?
- Quels sont les types d'engagement pris en cas de problème (engagement de moyens ou de résultats ?)
- Y a-t-il un SLA sur le périmètre choisi ?
- Le support des applications est-il toujours effectif en cas de virtualisation ?
- Quelles sont les conséquences d'un point de vue sécurité ?
- Y a-t-il une personne représentant la sécurité prévue dans les réunions dès le début du projet ?

Il existe évidemment un nombre incalculable d'autres éléments à approfondir. Cependant, ces quelques questions suffiront à donner matière à toute personne en charge d'un projet de virtualisation.

4. Les pré-requis et compétences requises

4.1 Un ROI/TCO validé au plus haut niveau hiérarchique

Avant toute chose, un projet de virtualisation devrait être validé au plus haut niveau. Cette constatation est issue de retours d'expérience et de l'analogie qui pourrait être faite avec les projets de sécurité des systèmes d'informations.

Les RSSI et autres acteurs du métier de la sécurité le savent bien, la sécurité doit être perçue et validée au plus haut niveau hiérarchique. Cela permet d'acquérir une légitimité certaine au niveau des actions menées.

La virtualisation fait partie de cette catégorie pour plusieurs raisons :
- C'est un projet structurant.
- C'est un projet impliquant de nombreuses modifications, notamment la façon de penser, d'appréhender et de construire de nouvelles architectures.
- C'est un projet pouvant entraîner de sérieuses complications sur la sécurité.
- C'est un projet lourd d'un point de vue financier. Il implique des achats ainsi que des prestations longues et variées. De plus, il impose une nouvelle structure de pensée aux directions chargées des achats.

La meilleure façon de d'agir consiste à impliquer les décideurs et leur montrer dès le début, ce qui va concrètement être amélioré. Un décideur est une personne soucieuse de la protection des actifs de la société et de la rentabilité de cette dernière. Il sera donc attentif aux notions de retour sur investissement (ROI : *Return On Investment*) ainsi que de coût total de possession TCO (*Total Cost of Ownership*) qui lui seront vendues.

Les éléments structurants d'un ROI/TCO pour un projet de virtualisation sont généralement :
- Les dépenses liées aux nouvelles machines nécessaires.
- Les achats nécessaires pour le stockage (SAN, NAS, etc.).
- Les licences de l'éditeur en virtualisation ainsi que les licences de l'écosystème s'y rapportant.

- Les prestations de conseils (MOA), étude (MOE), intégration et maintien en condition opérationnelle.
- Les formations pour le personnel qui prendra en charge la nouvelle infrastructure.
- Le ROI/TCO sera sensiblement différent d'une entreprise à une autre vu le nombre de paramètres présents dans l'équation.

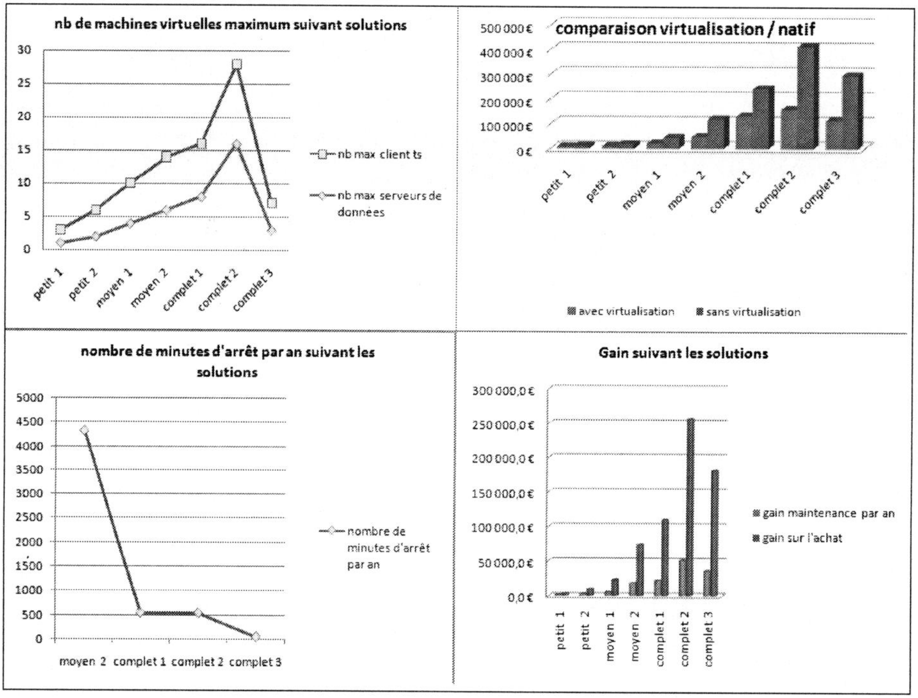

La meilleure façon de calculer le ROI/TCO est de respecter ce qui a été dit en préambule. Cela permet de délimiter le projet de façon optimale et d'en connaître la taille (du moins au niveau macroscopique).

Il suffit maintenant de déterminer la quantité de travail nécessaire à tous les acteurs du projet. Pour cela, la répartition en tâches ou jalons est monnaie courante et permet de chiffrer de manière précise. Il est difficile de donner des jalons ou tâches génériques car tous les projets de virtualisation sont différents. Le seul point commun reste le préambule.

Néanmoins, voici un exemple de projet se rapportant au secteur médical :

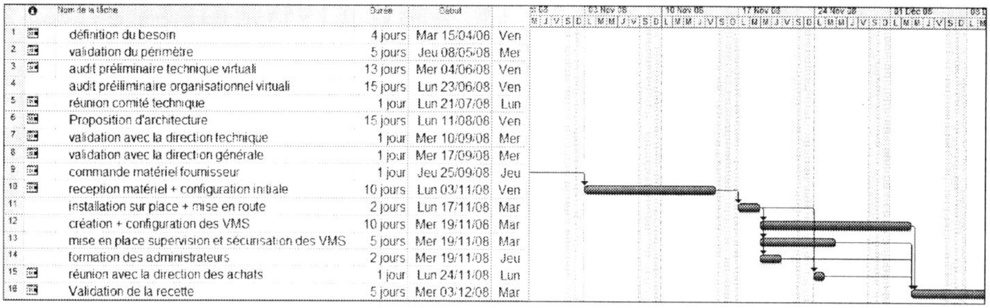

	Nom de la tâche	Durée	Début	
1	définition du besoin	4 jours	Mar 15/04/08	Ven
2	validation du périmètre	5 jours	Jeu 08/05/08	Mer
3	audit préliminaire technique virtuali	13 jours	Mer 04/06/08	Ven
4	audit préliminaire organisationnel virtuali	15 jours	Lun 23/06/08	Ven
5	réunion comité technique	1 jour	Lun 21/07/08	Lun
6	Proposition d'architecture	15 jours	Lun 11/08/08	Ven
7	validation avec la direction technique	1 jour	Mer 10/09/08	Mer
8	validation avec la direction générale	1 jour	Mer 17/09/08	Mer
9	commande matériel fournisseur	1 jour	Jeu 25/09/08	Jeu
10	reception matériel + configuration initiale	10 jours	Lun 03/11/08	Ven
11	installation sur place + mise en route	2 jours	Lun 17/11/08	Mar
12	création + configuration des VMS	10 jours	Mer 19/11/08	Mar
13	mise en place supervision et sécurisation des VMS	5 jours	Mer 19/11/08	Mar
14	formation des administrateurs	2 jours	Mer 19/11/08	Jeu
15	réunion avec la direction des achats	1 jour	Lun 24/11/08	Lun
16	Validation de la recette	5 jours	Mer 03/12/08	Mar

Ceci fait, il devient possible de calculer le TCO/ROI.

4.2 Une sensibilisation sur la gestion du changement

La gestion du changement est un aspect bien souvent sous-estimé dans le calcul d'un ROI/TCO. Les projets de virtualisation comportent tous une étape de transfert de compétences. Malheureusement, cette dernière est souvent insuffisante.

Voici un exemple concret :

Les administrateurs système devront s'habituer à manier des environnements virtuels (intégration de machines hôtes, management centralisé, allocation de ressources, etc.).

Les architectes devront intégrer cette notion de virtualisation afin de créer des plates-formes virtuelles optimisées.

Les responsables sécurité devront revoir la sécurité de bout en bout (du schéma directeur jusqu'aux procédures et guides de bonnes pratiques).

Les responsables PCA/PRA (Plan de Continuité d'Activité/Plan de Reprise d'Activités) devront revoir entièrement leur manière de faire...

Bien que les changements soient conséquents, la virtualisation, une fois arrivée à maturité, permettra de mettre en place une véritable gestion du changement dans les entreprises. En effet, le cycle de vie des systèmes et des applications était jusqu'à maintenant soumis au bon vouloir des constructeurs et éditeurs. La virtualisation va permettre de largement assouplir cette gestion du changement.

Dès lors qu'il n'y a plus de dépendances techniques liées au matériel (virtualisation des serveurs), on peut tout à fait imaginer qu'une machine virtuelle pourra vivre et évoluer selon les besoins métier uniquement.

De même, dès lors qu'il n'y a plus de dépendances techniques liées aux systèmes (virtualisation des applications), on peut également imaginer qu'une application pourra vivre et évoluer de manière identique.

L'inconnu reste le support des éditeurs et les responsabilités que devront prendre les décideurs lorsque le support n'est plus effectif...

4.3 Le choix technologique matériel

Bien que la virtualisation permette de se soustraire des contraintes matérielles, cela ne signifie pas pour autant que le choix du matériel soit secondaire, bien au contraire... En terme de virtualisation de serveurs et d'applications, le choix technologique est largement réduit vu le nombre d'acteurs présents sur le marché. Par contre, le choix n'est pas aussi limité quand il s'agit de choisir parmi les constructeurs de serveurs physiques, de terminaux ou de baies de stockage.

Le but de ce livre est de donner une vision objective du marché mais il doit aussi donner un avis sur ce qui a été testé et qualifié par les soins de sociétés spécialisées.

4.3.1 Constructeur de serveurs

NEC

Nec est une société japonaise finalement assez peu connue dans le domaine des serveurs en Europe. Pourtant, ils sont les leaders au Japon. Les serveurs NEC se sont révélés fiables et robustes lors des différents tests de virtualisation effectués. Ils conviennent parfaitement au monde de la production pour les infrastructures critiques ayant des besoins de haute disponibilité. En effet, les bugs sont rares, ce qui induit que les mises à jour sont relativement peu fréquentes.

D'un autre côté, il est vrai que les serveurs Nec sont souvent moins puissants que leurs concurrents puisque ces derniers n'hésitent pas à embarquer les nouvelles technologies dès que possible.

Nec possède à notre sens deux arguments de poids :

- Un serveur dit FT (*Fault Tolerant*). Chaque élément étant redondé, la haute disponibilité est assurée. Ce serveur est compatible VMware ESXi et ESX 3.0.2.

- Une offre hybride accueillant jusqu'à 6 lames dans un blade conjugué avec un NAS/SAN, le tout pour un prix modique. L'interface d'administration est unique en son genre et est extrêmement simple en comparaison avec ses concurrents.

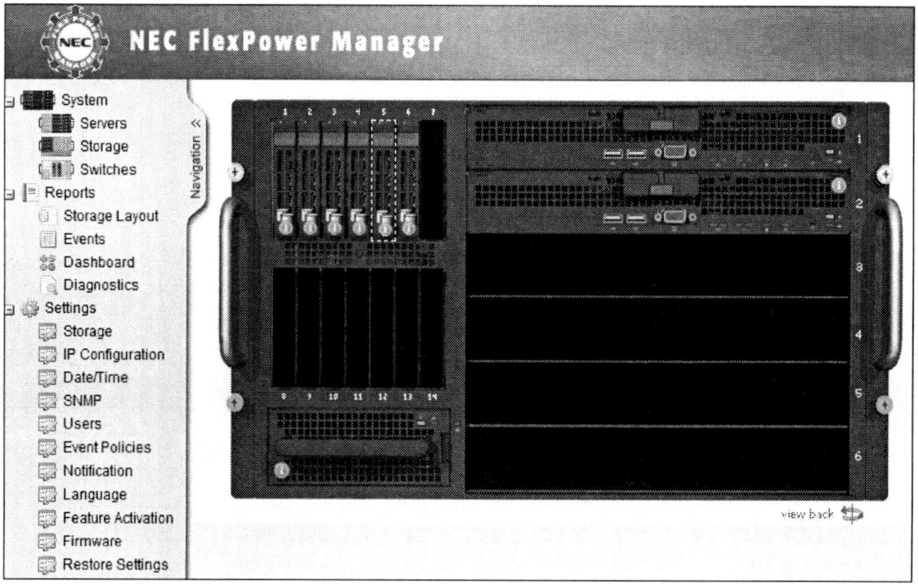

Nec est un challenger incontestable dans le domaine de la virtualisation de serveurs. Nec reste malheureusement, pour le moment, peu connu mais très compétitif en terme de prix et de fonctionnalités.

HP

Hewlett Packard est un des pionniers de la virtualisation de serveurs. Très tôt, HP s'est démarqué en testant les produits VMware sur leurs différentes plates-formes.

HP est souvent considéré comme le leader en terme de performance puisque très réactif par rapport au marché. Du fait de son historique et son ancienneté, HP possède une offre variée et modulable, ainsi qu'un support parmi les plus réactifs. Cette société est leader incontestée de la supervision via leur outil Hp OpenView, qui, malgré toutes les critiques émises, a été longtemps un des outils incontournables pour toute personne cherchant des métriques fiables afin de superviser son environnement.

HP met un point d'honneur à fournir une liste de compatibilité matérielle pour les environnements VMware. HP participe activement à l'initiative Vmmark. Cela prouve qu'ils sont très vigilants sur l'aspect performance de leurs plates-formes.

En dernier lieu, HP possède une base de connaissances immense, avec des forums spécialisés sur les problématiques techniques.

Les serveurs HP seront donc destinés aux personnes ayant des contraintes fortes en termes de performance ou désireuses d'un support très haut niveau.

Les plates-formes les plus réputées chez HP sont :

L'offre c-Class permettant de consolider de manière optimale dans un espace réduit. Les lames sont particulièrement robustes et éprouvées.

L'offre Proliant DL. Ces serveurs sont particulièrement adaptés à la virtualisation car il y a de nombreux retours d'expérience positifs sur le sujet.

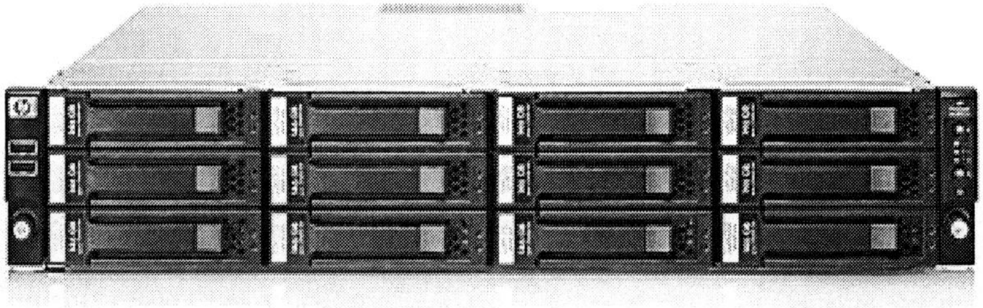

IBM

IBM a depuis longtemps développé un certain nombre de technologies de virtualisation sur ses propres systèmes (non X86). Il y a quelques temps, IBM a subi le raz-de-marée VMware et a donc décidé de faire partie de la vague. Cependant le discours d'IBM semble encore quelque peu paradoxal sur ses offres. IBM propose en parallèle une offre de virtualisation classique X86 avec VMware – XenServer et Hyper-V et d'un autre côté une offre propriétaire de virtualisation (souvent sous AIX).

IBM s'explique sur ce point en assurant que les deux offres répondent à des attentes clients bien différentes. Cependant, force est de constater qu'en réalité, ce n'est pas toujours le cas. IBM a de toute évidence intérêt d'un point de vue stratégique et économique à revendre ses propres solutions qu'il maîtrise parfaitement bien en essayant d'imposer son écosystème de logiciels associés (Tivoli, etc.) Il est donc recommandé d'être particulièrement vigilant sur ce point.

Depuis quelques temps, IBM semble s'impliquer beaucoup plus dans la virtualisation X86 et commence à concurrencer sérieusement les leaders du marché.

Comme dans le cas de Microsoft, IBM pourrait devenir rapidement un des leaders incontournables de la virtualisation X86.

DELL

Dell s'est rapidement rendu compte que la virtualisation allait changer la donne dans les infrastructures. Adepte de l'écologie et des économies d'énergie, Dell a su conjuguer l'ensemble intelligemment.

Dell s'est donc fait une place de leader sur le marché de la virtualisation. Il est réputé pour sa bonne intégration et compatibilité matérielle mais pêche largement par son support et son manque de retour d'expérience. Dell est souvent comparé à Free dans le domaine de la fourniture de connexion Internet : des performances excellentes, des possibilités de paramétrages et de bidouillage nombreuses, mais reste réservé aux personnes averties.

Remarque

Il existe d'autres acteurs comme Unisys, Sun, Fujitsu-siemens qui possèdent également d'excellents serveurs pour la virtualisation.

4.3.2 Constructeur de matériel de stockage

Dans le domaine du stockage et de la virtualisation (SAN + NAS), deux géants se taillent pour le moment la part du lion : NetApp et EMC.

NetApp

Société ayant rapidement compris que la virtualisation représentait l'avenir, NetApp est devenu la référence absolue concernant la virtualisation du stockage. NetApp a d'emblée privilégié le développement logiciel par rapport au matériel. Les développeurs ont donc conçu un mini système (Data Ontap) intégrant nativement la virtualisation dans les couches les plus basses.

Bien que cela impacte les performances puisque la couche logicielle est plus lourde, et pénalise NetApp pour les architectures dites High End, le marché bas et moyen de gamme est aujourd'hui constitué principalement de baie de stockage NetApp surtout lorsque des solutions de virtualisation sont recherchées.

Tous les experts de la virtualisation vous le diront, NetApp est le leader incontesté du moment.

Son offre possède une modularité unique puisqu'il est possible de partir des modèles bas de gamme puis de monter en puissance sans pour autant porter préjudice à quoi que ce soit. De plus, tous les modèles possèdent des interfaces de communications Fibres et Ethernet par défaut. Il est possible également d'utiliser du iSCSI, FCP ou NFS de manière native (avec d'excellentes performances).

L'offre NetApp a donc l'avantage d'être parfaitement polyvalente, modulable et évolutive.

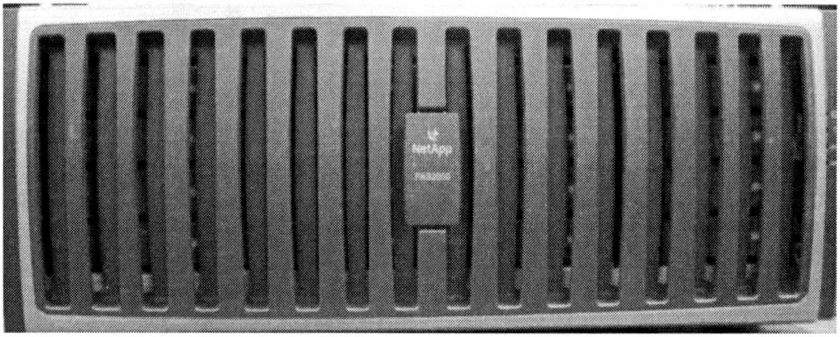

EMC

Société leader dans le stockage, EMC est évidemment un choix potentiel concernant la virtualisation. Bien qu'ayant racheté VMware, EMC est pourtant en retard sur la virtualisation. Cela peut sembler paradoxal, mais le rachat n'a pour l'instant pas été exploité à son maximum.

■ Remarque

Les experts s'accordent sur le fait qu'EMC n'a pas encore exploité tout le potentiel de VMware. Les récents évènements politiques en sont une preuve irréfutable (http://tinyurl.com/5wosru).

EMC est réputé pour sa fiabilité et sa gestion des infrastructures High End. Cependant, comme la virtualisation s'est relativement peu déployée dans des contextes ultra critiques, EMC n'a pas pu donner toute sa mesure dans bien des cas.

De plus, EMC a une politique tarifaire mettant de côté d'emblée de nombreuses PME. Cela a d'ailleurs permis à NetApp de percer dans le domaine...

Hitachi Data Systems

Très réputé dans les gros Datacenter, HDS bénéficie du savoir-faire d'Hitachi dans la gestion des disques. L'offre d'HDS est plutôt orientée High End. Les petits clients ne sont pas la cible d'HDS.

D'un point de vue performance, HDS bénéficie d'une aura sans commune mesure. Pour une entreprise ayant des moyens suffisants, HDS est véritablement un excellent choix.

■ Remarque

Les constructeurs de serveurs construisent souvent leurs propres baies de stockage : IBM – HP – NEC – SUN – DELL, etc.

Chapitre 3
Construction d'une infrastructure virtuelle

1. Introduction

Ce chapitre permet de se faire une idée sur l'architecture de VMware ESX et de son utilisation afin de créer une infrastructure virtuelle. Bien évidemment, ce chapitre s'adresse particulièrement aux personnes en charge de l'aspect technique. Cependant, du fait que l'architecture définit le retour sur investissement, ce chapitre permet aux décideurs de comprendre les choix techniques effectués.

2. La couche de virtualisation (Hyperviseur)

2.1 VMware ESX

La couche de virtualisation est la couche logicielle permettant de virtualiser les serveurs. Chez VMware, le produit destiné à la production se nomme VMware ESX (version 3.5 actuellement). Il comprend un certain nombre de fonctionnalités de base ainsi que des fonctionnalités avancées payantes.

Quatre modes de licences existent actuellement pour VMware ESX :

	VMware ESXi	VMware Infrastructure Foundation	VMware Infrastructure Standard	VMware Infrastructure Enterprise
	Partitionnement d'un seul serveur	(Anciennement « Starter ») Virtualisation pour PME ou succursales	Suite de virtualisation d'infrastructure haute disponibilité pour tout type de charge de travail	Suite de virtualisation d'infrastructure de classe d'entreprise pour datacenter dynamique
VMware ESX ou VMware ESXi ▪ VMFS ▪ Virtual SMP	✓	✓	✓	✓
VirtualCenter Agent		✓	✓	✓
Consolidated Backup[1]		✓	✓	✓
Update Manager[1]		✓	✓	✓
VMware HA[1]			✓	✓
VMotion[1]				✓
Storage VMotion[1]				✓
VMware DRS[1]				✓
VirtualCenter Server	▪ Produit sous licence vendu séparément. ▪ Licence concédée par serveur, en supplément des éditions de VMware Infrastructure 3.			

vCenter est requis pour fonctionner.

ESXi : comprend VMware ESX (ou ESXi), SMP et VMFS.

Foundation : comprend VMware ESX (ou ESXi), SMP et VMFS, la possibilité d'intégration dans Virtualcenter, Update Manager et Consolidated Backup.

Standard : comprend l'ensemble des fonctionnalités de Foundation et VMware HA.

Entreprise : comprend l'ensemble des fonctionnalités de Standard et VMOTION, Storage VMOTION, DPM et DRS.

2.2 Virtual SMP

VMware SMP permet de configurer des machines virtuelles avec le support multiprocesseur. SMP n'a absolument aucun rapport avec le nombre de processeurs présents sur la machine hôte. Vous pouvez tout à fait exploiter des machines multiprocesseurs sans SMP. Actuellement, les machines virtuelles ne peuvent recevoir que 4 processeurs virtuels. La prochaine version de VMware ESX (4.0) permettra de configurer des machines virtuelles comprenant jusqu'à 8 processeurs.

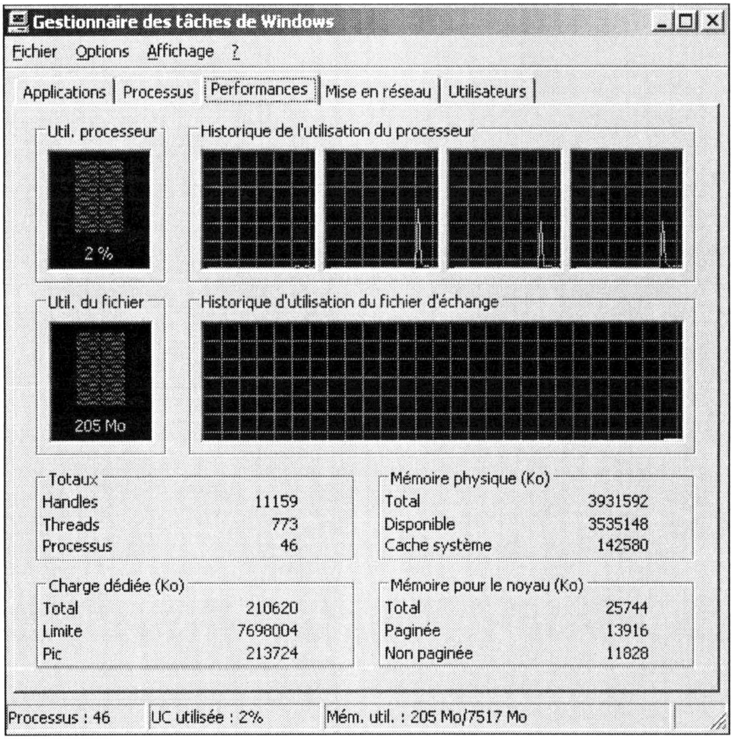

2.3 Virtualcenter

Une fois que vous posséderez plusieurs serveurs physiques tournant sous VMware ESX, vous aurez besoin de Virtualcenter afin de les gérer tous depuis une même interface centralisée. Virtualcenter est un composant s'installant sur une machine Windows. Nombre de fonctionnalités avancées de VMware nécessitent VMware Virtualcenter.

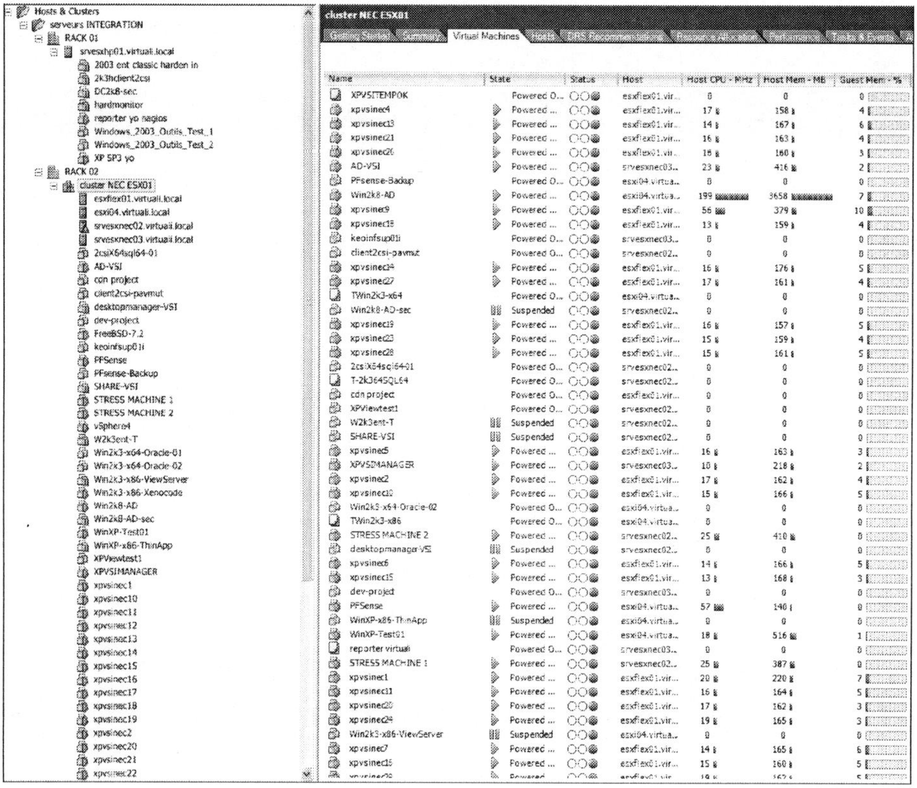

2.4 VMOTION

VMOTION est un mécanisme permettant de migrer des machines virtuelles d'un serveur physique à un autre sans coupure. Il est obligatoire de disposer d'une ressource partagée entre les serveurs (un NAS/SAN). Dans une infrastructure classique, les serveurs ont des besoins de maintenance, ce qui se traduit bien souvent par un arrêt pur et simple d'une ou de plusieurs activités. Cette technologie est donc particulièrement appréciée dans ce cas puisqu'elle permet d'atteindre des niveaux de disponibilité maximale.

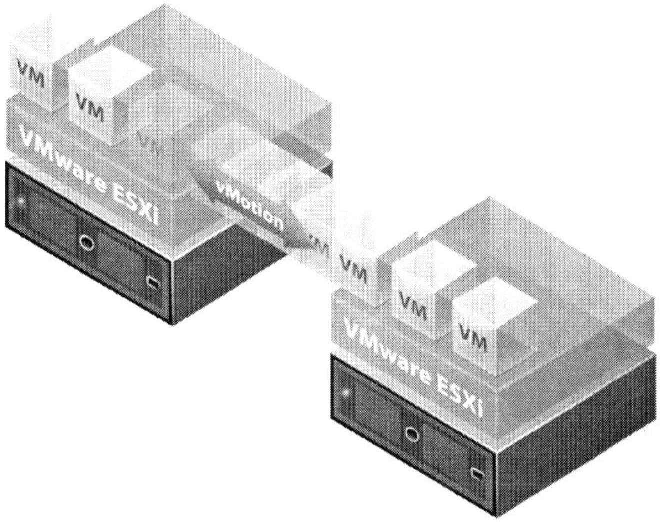

Comment cela fonctionne-t-il ?

Les fichiers de configuration et de données des machines virtuelles sont présents sur le stockage partagé accessible depuis les machines hôtes ESX. Puisque les fichiers sont vus des deux côtés, il est donc possible de lancer les machines virtuelles sur les deux hôtes. La magie de VMOTION réside dans le fait que tout le contexte de la machine virtuelle est migré vers le second hôte ESX (Mémoire, processeur, et charge réseau). Cette opération reste invisible pour les utilisateurs finaux puisque le processus rend cette migration transparente (sans coupure).

Virtualcenter est par contre requis pour utiliser VMOTION.

Le VMkernel est capable d'agir en faisant croire à la machine virtuelle qu'elle est située toujours sur le même serveur. La mémoire de la machine virtuelle est « snapshotée » sur l'hôte source et envoyée au serveur de destination, et ce, ainsi de suite jusqu'à ce que la mémoire totale soit transférée.

■ Remarque

Il faut imaginer que pendant le transfert de la mémoire, cette dernière peut être modifiée par les utilisateurs qui continuent à travailler. Ainsi, il peut y avoir plusieurs transferts effectués jusqu'à ce que le transfert d'un hôte à l'autre soit effectif.

L'utilisation la plus fréquente concerne la maintenance des serveurs. Mais bien souvent VMOTION peut s'avérer utile lorsque vous devrez appliquer des patchs au niveau de VMware ayant comme pré-requis un reboot.

Bien que VMOTION semble une technologie miracle, il faut savoir que la bascule doit être bien étudiée et planifiée. La compatibilité CPU est par exemple un des éléments source de problème. Pour plus de renseignements, il faut se documenter sur le site de VMware afin d'être certain que le processus se déroulera correctement : http://www.vmware.com/resources/techresources/

Notez également que VMware Vmotion peut utiliser indifféremment VMware ESX 3.5 et ESXi.

2.5 VMware DRS

DRS est l'outil permettant de migrer de façon dynamique des machines virtuelles en fonction de la charge. DRS crée des recommandations basées sur la charge qui peuvent agir de façon manuelle ou automatique. DRS est contrôlé et exécuté par Virtualcenter uniquement.

Le but premier de DRS est de bouger les machines virtuelles d'un hôte physique à un autre suivant la charge CPU & mémoire (ce qui représente 99 % des goulots d'étranglement des hôtes physiques...).

DRS est capable de créer des règles d'affinité également. L'avantage est de pouvoir régir son environnement de manière granulaire en prenant en compte les contraintes de la production.

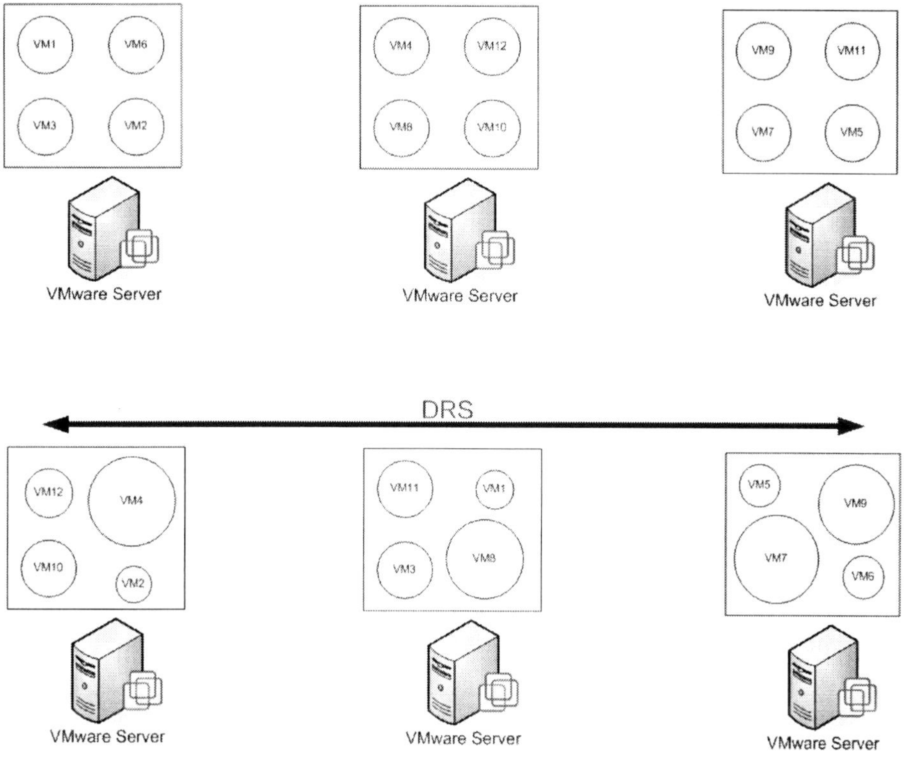

2.6 VMware HA

VMware HA est le mécanisme permettant de protéger les machines virtuelles dans le cas où un serveur physique tombe en panne. Le temps de reprise est égal au temps nécessaire afin de redémarrer les machines virtuelles sur un autre serveur physique. VMware HA crée ce que l'on appelle la notion de cluster. Il devient tout à fait possible de disposer d'architectures ayant la capacité de résister à N crash de serveurs physiques.

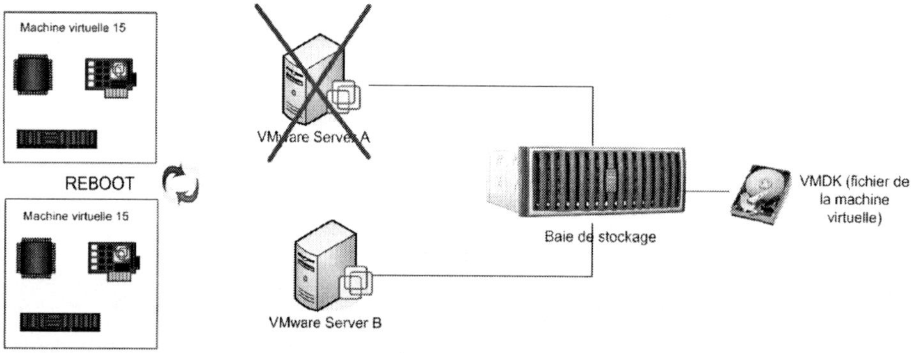

Ce qu'il faut bien comprendre, c'est que la notion de Haute disponibilité est effectivement traitée par VMware mais en aucun cas cela ne signifie que les machines virtuelles marcheront de façon ininterrompue grâce au mécanisme HA de VMware.

2.7 VCB

VMware Consolidated Backup est un add-on permettant de sauvegarder les machines virtuelles. Il faut bien faire attention. VCB n'est pas un produit de sauvegarde. VCB est un composant permettant de s'interfacer entre le produit de sauvegarde et VMware ESX. VCB pourrait donc être plutôt considéré comme un proxy de sauvegarde.

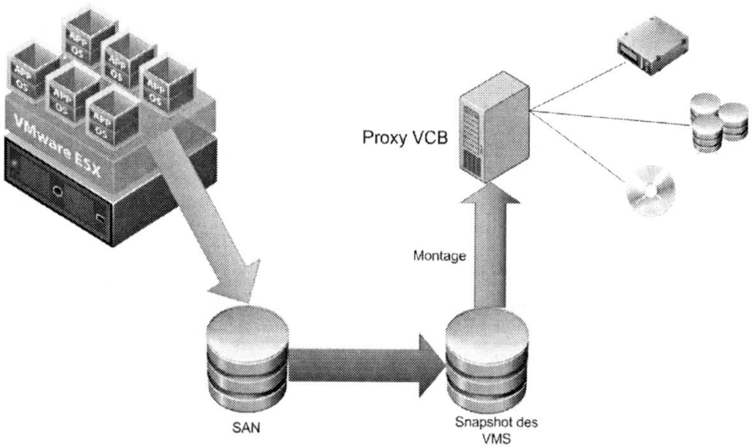

3. L'architecture de VMware ESX 3

3.1 La Service Console

La Service Console est l'interface de communication avec le VMkernel. C'est en fait une machine virtuelle Linux un peu spéciale permettant à l'utilisateur de bénéficier d'une interface de management conviviale de gestion du VMkernel. En soi, la Service Console n'est pas strictement nécessaire. D'ailleurs, VMware l'a mise de côté dans leur produit ESXi.

La Service Console ou COS permet une interaction avec l'utilisateur des manières suivantes :
- Accès direct.
- SSH.
- Interface Web.
- Communication propriétaire (outil tierce partie).

Un des avantages non négligeables de la Service Console est d'intégrer par défaut un firewall (Iptables). Nous y reviendrons dans le chapitre Sécurité et virtualisation.

De plus, comme tout Unix, il devient possible de lancer des commandes permettant de connaître ou modifier l'état du système. VMware a eu la bonne idée d'inclure par défaut un ensemble de commandes très utiles.

La Service Console inclut aussi la communication avec le matériel non critique, par exemple, le CD-Rom, les ports USB, série et parallèle.

Il est évident, vu la fonction de la Service Console, que cette dernière consomme donc des ressources physiques. Par défaut, 272 Mb y sont alloués.

3.2 Le VMkernel

Le VMkernel est responsable de la gestion des ressources physiques et de leur utilisation ainsi que de leur répartition. Il est aussi responsable de toutes les tâches liées à la virtualisation sur l'hôte.

Le VMkernel est donc le cœur du système permettant la virtualisation. Il est totalement propriétaire et développé entièrement par les ingénieurs de VMware.

Les fonctions principales du VMkernel sont les suivantes :

Répartition CPU, mémoire et stockage

Le VMkernel doit s'assurer que les machines virtuelles ont accès aux ressources dont elles ont besoin. Vous aurez remarqué que la répartition des ressources réseau ne fait pas partie des attributions du VMkernel. Du fait de la nature sensible du protocole TCP/IP, il n'est pas possible de faire de la répartition à ce niveau.

Gérer les pages mémoire

Le VMkernel est capable d'assurer un suivi des ressources mémoires de manière remarquable.

Gérer la virtualisation du stockage multiniveaux

VMware a intégré dans la couche réseau du VMkernel, un ensemble de protocoles permettant de disposer du stockage déporté type SAN ou NAS.

Gérer la virtualisation de la pile réseau

Grâce à cela, le VMkernel permet de construire des switchs virtuels, de faire du NIC teaming (création de réseaux redondés), du VLAN Tagging (afin d'isoler les réseaux) ou encore de créer des Port Group (permet de créer des politiques au niveau des ports d'un switch virtuel).

Intégrer des modules complémentaires

Les fonctionnalités avancées de VMware sont souvent intégrées par ce biais. Par exemple, les constructeurs peuvent intégrer dans le VMkernel des outils de supervision matériel. C'est aussi un excellent moyen pour les mises à jour car il devient possible de mettre à jour des fonctionnalités sans nécessiter la mise à jour de l'ensemble du noyau.

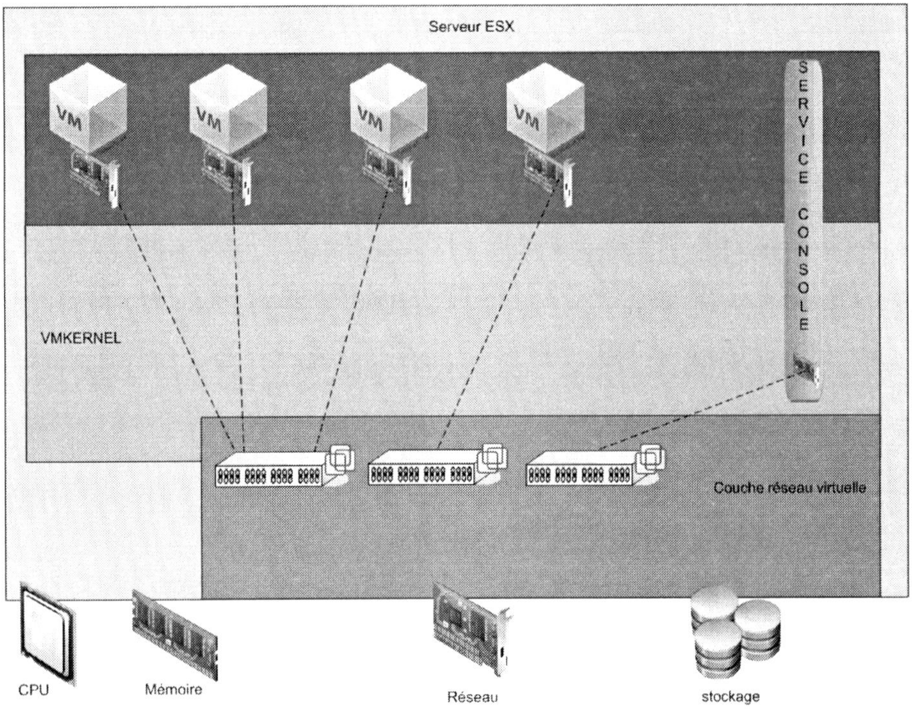

■ Remarque

Le VMkernel et la Service Console constituent ce qui est communément appelé l'HYPERVISEUR.

3.3 VMM

VMM signifie Virtual Machine Monitor. Le VMM en fait un régulateur situé entre la machine virtuelle et le VMkernel. Il existe un processus VMM par machine virtuelle, et à l'intérieur de chaque processus, un thread par vCPU.

Le VMM détermine, selon les requêtes CPU reçues, si les instructions peuvent être exécutées directement sur la couche physique ou si le VMkernel doit être utilisé afin de lancer cette dernière dans un contexte de protection CPU particulier.

Le VMM est responsable également de la représentation mémoire. Il doit présenter des pages mémoires physiques non contiguës comme étant contiguës à la machine virtuelle. Il assure, entre autres, la corrélation entre mémoire physique et mémoire virtuelle.

3.4 Matrice des flux

La matrice des flux entre les différentes composantes d'une infrastructure virtuelle est extrêmement importante. Cela permet la communication des différents éléments dans une infrastructure filtrée.

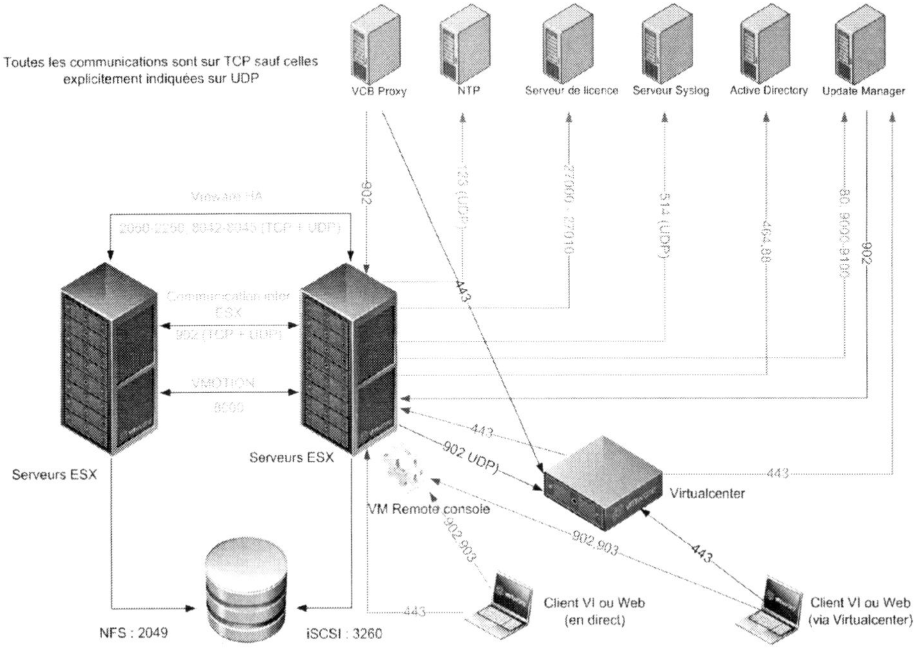

3.5 Les machines virtuelles

Jusqu'à présent, le mot machine virtuelle a été évoqué mais jamais réellement défini. C'est pourquoi ce chapitre se concentrera sur ce qu'est réellement une machine virtuelle.

3.5.1 Définition

Une machine virtuelle est en fait la combinaison du matériel virtualisé et du bios virtualisé présenté à un Operating System dit invité. Ce dernier n'est en effet pas au courant que le matériel est virtuel. L'OS voit un certain type de processeur, de mémoire, de réseau, de stockage, etc.

3.5.2 OS invité

On appelle OS invité, l'OS installé dans la machine virtuelle. C'est donc le logiciel système installé sur la machine virtuelle. Le processus d'installation est identique à une installation classique sauf que la virtualisation rend cela beaucoup plus simple d'utilisation.

Pour connaître la liste des OS supportés, reportez-vous à la liste suivante :

http://www.vmware.com/pdf/GuestOS_guide.pdf

3.5.3 Les fichiers de configuration

Une machine virtuelle est un répertoire contenant plusieurs types de fichiers ayant des extensions différentes. Voici les principales :
- .vmx : fichier de configuration de la machine virtuelle.
- .nvram : Bios virtuel.
- .vmdk : fichier qui décrit la configuration d'un disque virtuel.
- .flat-vmdk : fichier qui contient toutes les données (OS + applications + données).
- .vswp : fichier de swap de la machine virtuelle.
- .delta : fichier de snapshot.
- .vmsn : le snapshot de la mémoire.
- .log : les logs.

3.5.4 Matériel virtuel Maximal par VM

Afin de pouvoir créer des machines virtuelles, VMware ESX émule une carte mère. Cette dernière comprend un chipset INTEL 440BX afin d'assurer la compatibilité avec les systèmes les plus anciens. Grâce à cette carte mère virtuelle, voici ce qui est supporté :
- 1 à 2 lecteurs de disquettes.
- 1 à 2 lecteurs CD/DVD.
- 6 slots PCI dont le sixième est réservé à l'adaptateur vidéo.
- 1 à 4 vCPU.
- Jusqu'à 16 Go de RAM.
- 1 port parallèle.
- 1 à 2 ports série.

■ Remarque

Pour les connaisseurs d'autres produits de VMware (notamment Workstation), vous aurez remarqué l'absence de son et de port USB. Cette restriction est contournable en utilisant un HUB USB IP. Dans ce cas, les appels à l'interface USB sont redirigés vers le réseau.

3.5.5 Les « vmware tools »

Les VMware Tools sont une collection d'utilitaires permettant à l'OS invité de discuter avec l'Hyperviseur de telle sorte que l'OS soit optimisé pour fonctionner dans une architecture virtuelle.

Voici quelques avantages :
- Drivers SVGA.
- Possibilité de passer d'une machine virtuelle à une autre par simple clic (gain de temps d'administration).
- Amélioration des performances réseau.
- Synchronisation du temps avec l'hôte physique.
- Possibilité d'éteindre correctement les machines virtuelles depuis l'interface de management.

3.5.6 Le stockage et les machines virtuelles

Vous avez vu que les machines virtuelles sont en fait contenues dans un répertoire. Ce répertoire peut être local au serveur ESX ou déporté. Dans le cas où un administrateur système décidera d'utiliser VMware HA, DRS ou VMOTION, il faudra obligatoirement passer par le stockage déporté puisque, dans un cluster ESX, les machines virtuelles doivent être visibles par les serveurs présents dans le cluster.

Bien que simple au premier abord, le stockage de machines virtuelles et des disques virtuels qui les composent est un sujet complexe. Il existe plusieurs façons de créer des disques virtuels et plusieurs façons de les gérer.

Par exemple, il existe en tout quatre façons de provisionner des disques virtuels (.vmdk) :

Zeroed Thick : c'est l'approvisionnement par défaut d'ESX. Le disque est pré-alloué à l'avance mais les blocs ne sont pas effacés immédiatement.

Eager Zeroed Thick : identique à Zeroed Thick, mais les données sont totalement réécrites par des blocs de 0.

Thick: ici aussi l'espace est pré-alloué mais les données ne sont pas effacées. Cette méthode comporte donc des risques de sécurité dans certains cas. L'option thick n'est pas disponible via l'interface graphique et il faudra donc utiliser la ligne de commande afin de créer ce type de disques.

```
[root@srvesxnec02 root]# vmkfstools -d thick -a lsilogic -c 500M /vmfs/volumes/srvesxnec02\:storage1/
desktopmanagerVSI  .fdc.sf          .sbc.sf          STRESS MACHINE 1   .vh.sf
.fbb.sf            .pbc.sf          SHARE-VSI        STRESS MACHINE 2   XPViewtest1
[root@srvesxnec02 root]# vmkfstools -d thick -a lsilogic -c 500M /vmfs/volumes/srvesxnec02\:storage1/fihierthick.vmdk
[root@srvesxnec02 root]# cd /vmfs/volumes/srvesxnec02\:storage1/
[root@srvesxnec02 srvesxnec02:storage1]# ls -al
total 1085824
drwxr-xr-t    1 root     root        1960 Jun 20 18:01
drwxr-xr-x    1 root     root         512 Jun 20 18:01
drwxr-xr-x    1 root     root        2380 Jun 19 20:34
-r--------    1 root     root      753664 Jun 20  2008 .fbb.sf
-r--------    1 root     root    63143936 Jun 20  2008 .fdc.sf
-rw-------    1 root     root   524288000 Jun 20 18:01 fihierthick-flat.vmdk
-rw-------    1 root     root         375 Jun 20 18:01 fihierthick.vmdk
-r--------    1 root     root   255655936 Jun 20  2008 .pbc.sf
-r--------    1 root     root   260374528 Jun 20  2008 .sbc.sf
drwxr-xr-x    1 root     root        2520 Jun 19 17:54
drwxr-xr-x    1 root     root        1820 Jun 19 21:28
drwxr-xr-x    1 root     root        1540 Jun 19 21:26
-r--------    1 root     root     4194304 Jun 20  2008 .vh.sf
drwxr-xr-x    1 root     root        2520 Jun 19 20:29
[root@srvesxnec02 srvesxnec02:storage1]#
```

Thin : ici, l'espace n'est pas attribué à l'avance. Cela permet d'économiser puisque seules les données utiles initialisent les blocs. C'est le fonctionnement par défaut lorsque les données sont écrites sur un espace de stockage NFS.

3.5.7 Les snapshots

Les snapshots sont une des fonctionnalités des plus intéressantes dans une infrastructure virtuelle. Cela permet de créer des Checkpoint ou autrement dit des points de sauvegarde dans le temps. Il devient alors possible à tout moment de revenir à ces fameux Checkpoint quel que soit l'état de la machine virtuelle.

Par exemple, imaginez que vous créez un point de sauvegarde à T et T+1. Un jour, le système crash totalement. Impossible de démarrer la machine virtuelle (écran bleu par exemple). Il suffit d'ordonner à la machine virtuelle de revenir à l'état T+1 ou T afin de relancer le système. Cela ne prend que quelques secondes. Pour les développeurs, afin de tester un ou plusieurs environnements, cette fonctionnalité s'avère des plus efficaces.

De plus, il est tout à fait possible de créer des arborescences de snapshots non linéaires. Dans ce cas, un snapshot parent peut avoir plusieurs enfants, mais un snapshot enfant ne peut avoir qu'un seul parent.

Linéaire

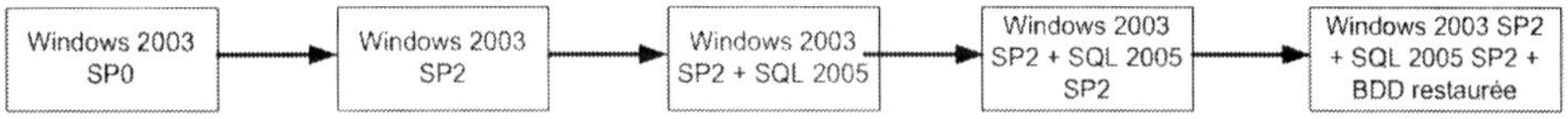

Non linéaire

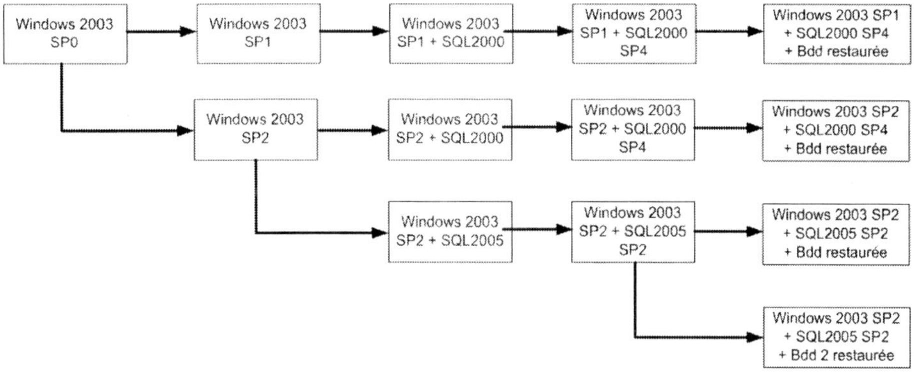

Bien que cette technologie puisse résoudre de nombreux problèmes, elle peut s'avérer à l'usage extrêmement dangereuse si elle n'est pas utilisée avec précaution. Pour cela, voici un cas pratique permettant de se faire une idée. Imaginez que votre serveur possède une base de données. Cette dernière est couramment utilisée par de nombreux utilisateurs. Un jour, le serveur « crashe » et il est impossible de redémarrer. Pas de soucis, avec les snapshots, un simple retour arrière et le tour est joué.

Mais alors se pose le problème suivant : Quid des données de la base ? La réponse est simple, si rien n'a été fait initialement afin de prévoir ce cas, les données restaurées seront celles qui étaient présentes lors du snapshot. Il y a donc une perte de données à envisager...

C'est pour cette raison que VMware a prévu différents types de fonctionnement des disques virtuels : indépendant et classique. En passant un disque virtuel en mode indépendant, les snapshot ne l'affectent plus. Lorsqu'un disque est indépendant, il existe deux modes :

Persistant

Dans ce cas, les données qui sont écrites le sont une fois pour toutes. C'est le comportement qui existe pour une machine physique classique. C'est le mode permettant de résoudre la problématique.

Non persistant

Dans ce cas, les données sur le disque ne sont plus modifiables à partir du moment où le disque est passé en mode non persistant. Les modifications sont éliminées au prochain redémarrage. Ce mode est très utile par exemple dans les environnements publics où les machines doivent revenir à l'identique à chaque redémarrage.

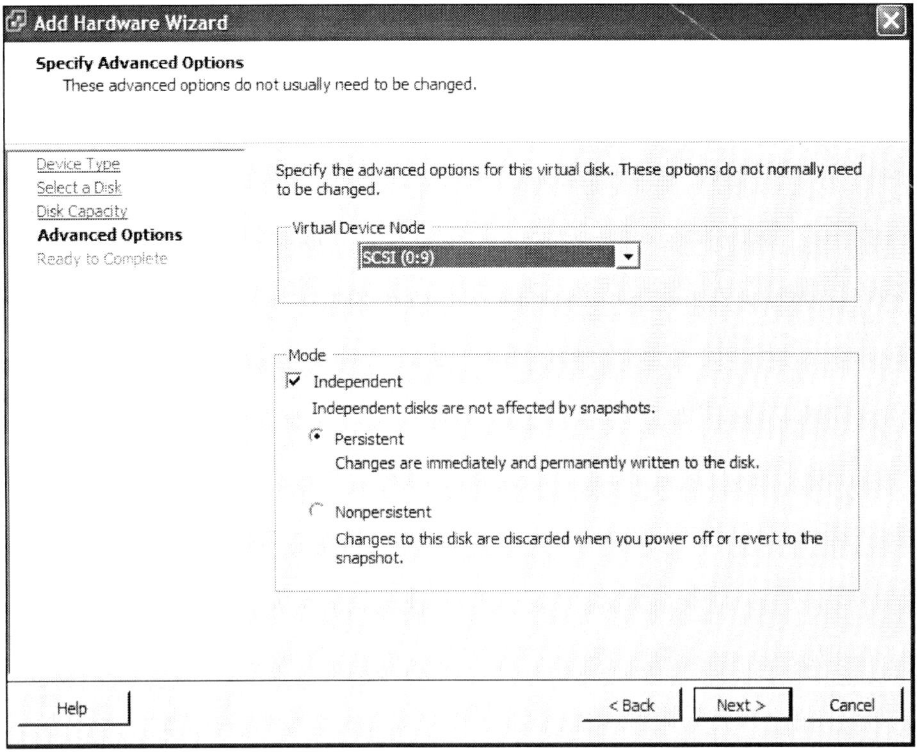

4. Les grandes orientations d'architecture

Les architectures virtuelles peuvent être construites de diverses manières selon le besoin. Il est possible de distinguer trois types d'architectures :

- Les architectures orientées coûts.
- Les architectures orientées performance.
- Les architectures orientées disponibilité.

Remarque

Il est bien évident qu'il est tout à fait possible de créer des architectures hybrides, mais ces grandes orientations vont déterminer réellement l'implémentation technique et, une fois ce choix fait, il sera relativement difficile de revenir en arrière.

4.1 Les architectures orientées coûts

Les architectures orientées « coûts » sont souvent les premières choisies par les entreprises faisant leur premier pas dans la virtualisation des systèmes d'informations. La raison est simple. La première raison des décideurs, surtout en période de crise financière, de passer à la virtualisation est la réduction des coûts. Les autres aspects sont importants mais restent secondaires, en tout cas dans un premier temps.

Les architectures orientées coûts partent du postulat suivant : Il faut absolument que le coût d'une machine virtuelle soit le plus bas possible. Pour cela, il faut que l'addition de l'ensemble des parties qui la composent reste la plus faible possible.

Or, il existe quatre composantes déterminantes qui sont susceptibles de faire varier les prix :
- Les processeurs.
- La mémoire.
- Le stockage.
- Le réseau.

Pour les processeurs, le principe est d'allouer un maximum de machines virtuelles sur ces derniers afin de les rentabiliser au mieux. Le choix d'un processeur au meilleur rapport fréquence/prix est aussi un facteur susceptible d'alléger l'addition. Il faut également penser à créer des machines virtuelles mono vCPU ce qui permet d'économiser les ressources.

Le stockage local doit être privilégié puisque cela permet de réduire le prix de l'espace disque.

Au niveau mémoire, il faut autant que possible, faire de la déduplication (en mettant les mêmes OS invité sur le même serveur... nous y reviendrons plus tard).

Enfin au niveau réseau, les cartes doivent être des cartes Ethernet Gigabits simples.

Privilégiez les moyens serveurs (Quadri processeurs quadri cœurs, 128 Gb de RAM, etc) afin de maximiser le nombre de machines virtuelles par Hôte physique ou plusieurs petits serveurs suivant la courbe suivante :

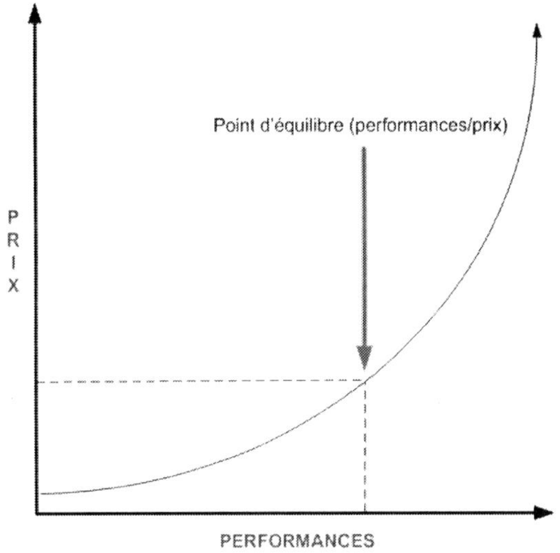

Afin de ne pas rester totalement théorique, voici une simulation :

Serveur quadri processeurs quadri-cœur (2.8 Ghz) avec 64 Gb de Ram, 2 Tb de disques et 4 cartes réseaux. Coût : 25000 €.

Capacité d'hébergement : environ 40 machines virtuelles localement.

Licence VMware : coût environ 500 € (licence ESXi avec support).

Remarque

Attention, certains éléments ne sont pas pris en compte volontairement afin de ne pas trop compliquer pour le moment les calculs. Le calcul ne tient pas compte de la gestion dynamique des ressources. En réalité, les serveurs virtuels ne possèdent pas de prix fixe tant que les ressources ne sont pas réservées de manière stricte.

Les machines virtuelles disposent d'environ :

- Un demi-cœur (16 cœurs logiques pour 30 machines) soit 1.4 Ghz.
- 2 Go de RAM chacune.
- 70 Go de disque.

- 130 Mbits au niveau réseau.

Ce type de machine virtuelle est capable de faire tourner la plupart des applications actuelles. Le prix de reviens d'une machine virtuelle est donc (25000 + 500) / 40 = environ 640 €.

Beaucoup argumenteront que ce calcul est extrêmement simpliste. C'est bien évidemment le cas...

Il faudrait également calculer le coût de maintenance, de consommation électrique, de renouvellement nécessaire à obsolescence, etc.

Remarque

Rien ne vous empêche de construire votre propre grille de comparaison et de jongler avec les chiffres afin de maximiser vos investissements.

4.2 Les architectures orientées performance

Les architectures orientées performance sont souvent privilégiées par les DSI soucieux d'industrialiser une politique de virtualisation à long terme. Ils ont bien souvent déjà mis en place une infrastructure virtuelle et désirent s'attaquer à des systèmes critiques nécessitant des performances accrues.

Les architectures orientées performance partent du postulat suivant : les machines virtuelles créées doivent posséder un niveau de performance maximal.

Pour cela, le principe est toujours le même. Au niveau CPU, il faut privilégier les CPU les plus récents possédant le plus de cœur afin de pouvoir les allouer de manière optimale dans les machines virtuelles. Il n'est pas forcément intéressant de créer des machines multi vCPU. En effet, cela peut au contraire ralentir le système suivant l'OS invité et les applications s'y trouvant.

Par contre, les règles d'affinité de VMware ainsi que la réservation vCPU sont très appréciées puisque cela permet de garantir la puissance aux machines virtuelles de façon continue.

Le stockage doit être déporté sur des SAN de préférence. La fibre optique est conseillée si vous n'avez pas de contraintes budgétaires fortes, cependant, iSCSI ou NFS possèdent un rapport qualité/prix inégalé.

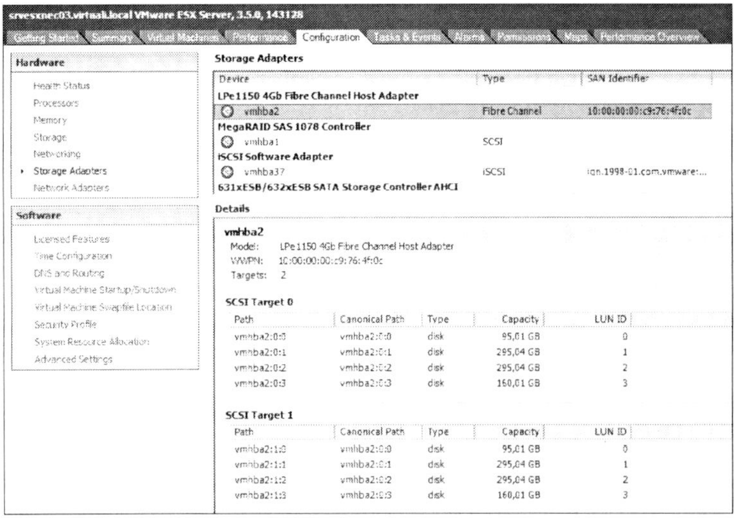

De plus, avec l'arrivée des connexions iSCSI 10 Gbits, la fibre optique ne sera pas forcément pour longtemps le protocole le plus avantageux en terme de performance (voir aussi le (FCoE : *Fibre Channel Over Ethernet*).

La mémoire ne doit pas être économisée. Il faut en allouer un maximum aux OS invités le supportant.

Les cartes réseau doivent être des cartes fibres ou Ethernet 10 Gbits.

4.3 Les architectures orientées disponibilité

Ces architectures sont particulièrement étudiées par les responsables PRA/PCA ou par les entités sécurité. Le postulat est le suivant : les machines virtuelles doivent disposer d'un niveau de disponibilité maximal.

Selon le même principe, il faut de manière non exhaustive :

- Disposer de serveurs physiques à tolérance de panne. Ces serveurs sont capables de supporter la perte d'un ou de plusieurs éléments. Le 320 Fc de NEC s'est révélé particulièrement utile dans ce cas.

- Créer des clusters, soit au niveau VMware avec VMware HA, soit au niveau des machines virtuelles (avec MSCS par exemple), soit en combinant astucieusement les deux.
- Stocker de façon déportée sur un SAN ou NAS. Le plus important est que ce dernier soit hautement disponible. Parmi les SAN testés, NetApp s'est particulièrement distingué grâce à la gamme FAS. Pour toute personne souhaitant disposer d'une sécurité accrue, la gamme 30XX avec double contrôleur est un excellent choix. Les tests ont conclu sur la qualité des composants et la résistance aux incidents (coupure électrique, arrachage à chaud de disques, coupure d'une alimentation, etc.)
- Redonder les chemins d'accès aux machines virtuelles à partir de l'ESX (puisque les machines virtuelles sont stockées de façon délocalisée). Cette notion fait partie intégrante de VMware ESX sous le nom de Multipathing.

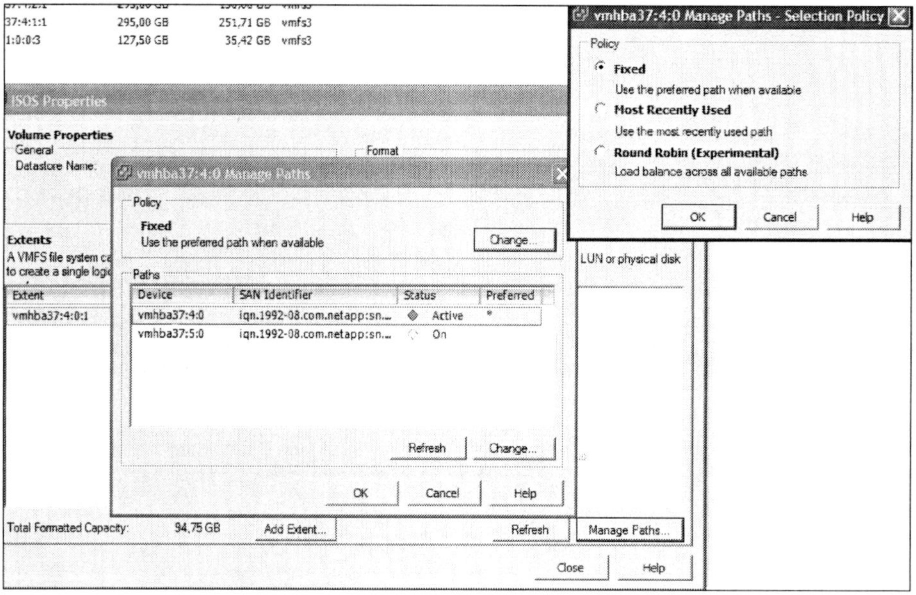

- Répartir les interfaces réseau virtuelles sur des switchs physiques distincts ou utiliser du NIC Teaming.

Chapitre 4
Ressources et virtualisation

1. La puissance de calcul

1.1 Les processeurs

L'hôte physique est capable de décomposer en vCPU (Processeur logique) : le nombre de CPU pouvant être utilisé par les machines virtuelles est égal au nombre de CPU physiques multiplié par le nombre de cœurs par CPU (par exemple un serveur avec 2 CPU quadri cœur permettra de disposer de 8 vCPU pour les machines virtuelles).

Attention toutefois, l'activation de l'Hyperthreading multiplie par 2 le nombre de vCPU.

Processors

General

Model	Intel(R) Xeon(R) CPU E5405 @ 2.00GHz
Processor Speed	2 GHz
Processor Sockets	2
Processor Cores per Socket:	4
Logical Processors	8
Hyperthreading	N/A

System

Manufacturer	NEC
Model	Express5800/120Rh-1 [N8100-1387E]

Le terme vCPU n'indique aucunement que les processeurs sont virtualisés afin d'être alloués aux machines virtuelles. Il existe, en fait, deux modes d'exécution :

- Direct, quand la machine virtuelle peut directement accéder au processeur (généralement, ce sont les instructions demandant un niveau de protection dit Ring 1 à Ring 3). Le mode direct al'avantage d'être beaucoup plus rapide puisque les instructions n'ont pas besoin d'être virtualisées par le noyau de VMware (VMkernel).
- Virtualisé, quand la machine virtuelle essaie d'exécuter des instructions qui demandent un niveau de protection Ring 0. Ici, la machine virtuelle ne peut pas avoir un accès direct et le VMkernel est obligé d'intervenir afin de faire croire que les instructions sont exécutées en mode de protection Ring 0. Cela augmente le travail du noyau VMware et crée ce qui est appelé communément « Overhead ».

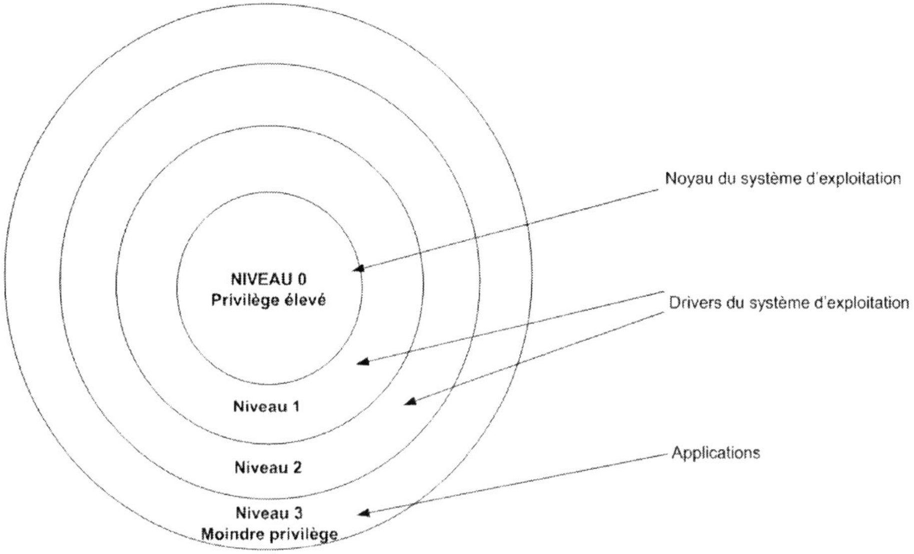

1.2 Les choix d'allocation et la gestion vCPU

Les vCPU peuvent être alloués de plusieurs manières à une machine virtuelle suivant les besoins :

- Premièrement, il faut décider du nombre de vCPU à allouer à une machine virtuelle. Cette dernière peut, pour le moment avec VMware ESX 3.X, compter de 1 à 4 vCPU. Lorsque plusieurs vCPU sont alloués à une machine virtuelle (VM), le mode SMP est activé (avec les versions ESX 2.X, il fallait une licence SMP pour créer des machines virtuelles avec plusieurs vCPU). Les machines virtuelles disposent ainsi de beaucoup plus de puissance de calculs, cependant, l'OverHead au niveau du Vmkernel est bien plus important. Il est donc nécessaire de bien réfléchir avant de créer des machines virtuelles avec plusieurs vCPU car les conséquences au niveau du Vmkernel ne sont pas négligeables.

- Ensuite il faut décider comment doit être établie la correspondance entre les vCPU et les CPU physiques. L'approche de VMware ESX 3.X à ce niveau est extrêmement modulaire. Chaque vCPU sélectionné correspond à un cœur ou à un processeur physique (si les processeurs physiques sont mono cœur). Il est donc tout à fait possible d'allouer à des machines virtuelles un ou plusieurs cœurs sur un ou plusieurs processeurs physiques. Dans le cas le plus courant, cette répartition est faite de manière dynamique, le VMkernel ayant un « Scheduler » permettant de répartir la charge au mieux sur les cœurs/processeurs les moins chargés. Cependant, il est possible de forcer les vCPU à correspondre à un cœur précis afin de ne pas impacter certains processeurs ou cœurs.
- Enfin, il faut penser à paramétrer le profil d'utilisation des vCPU. En effet, VMware ESX gère les ressources au mieux en limitant ces dernières aux VM. Pour les vCPU, VMware ESX est capable de retreindre le nombre d'opérations permises ce qui se traduit par la possibilité de limiter la fréquence d'utilisation (en MHZ) des vCPU. Par exemple, un processeur quadri cœur E4505 d'INTEL fournira une puissance de 2GHZ par cœur soit 8 GHZ en tout. Il est tout à fait imaginable, sur un vCPU correspondant au cœur n°3 du processeur alloué à une VM, de définir un profil d'utilisation restreignant le vCPU à 500 MHZ maximum. Cela garantit donc que les 1500 MHZ restant ne seront pas utilisés par cette machine virtuelle.

À l'inverse, Il est aussi possible de garantir les ressources pour un vCPU. Il faut parfois garantir que les VM aient un minimum de MHZ disponible. Pour reprendre le même exemple, le cœur n° 3 peut être garanti entièrement ou partiellement à une machine virtuelle.

La question qui se pose est évidemment : dans quel cas utiliser l'un ou l'autre ?

1.3 Cas pratique

Au cours des déploiements effectués, nous avons eu plusieurs cas pratiques nécessitant la configuration de limites et/ou de garanties au niveau vCPU.

Le premier retour d'expérience concerne la mise en place d'un ERP dans le secteur médical (Dossier Médical Patient). Ce dernier est composé d'une machine virtuelle faisant office de base de données (MSSQL) et les autres machines virtuelles servant de clients TS (*Terminal Server*). Les clients TS sont beaucoup moins critiques que la base de données. Il a donc fallu garantir que la machine virtuelle contenant le serveur SQL possède un processeur quadri cœur physique uniquement pour elle, soit quatre vCPU correspondant aux quatre cœurs du processeur physique.

L'autre cas de figure concerne le déploiement de postes de travail virtualisés dans un grand cabinet de conseil. L'architecture a été basée sur un serveur FlexPower avec 4 lames, et chaque lame contenait 2 processeurs quadri cœurs avec 24 Go de RAM. VMware View 3 ainsi que des terminaux légers Wyse ont été utilisés. Des profils utilisateurs ont été crées suivant les besoins. Pour tous, il a fallu obligatoirement restreindre l'utilisation vCPU pour qu'un utilisateur/machine virtuelle ne puisse impacter l'ensemble des ressources ou les autres utilisateurs.

1.4 Le principe de « Shares »

Le principe de Shares permet de mettre une priorité sur les ressources concernant une ou un ensemble de machines virtuelles. Tout comme la QoS au niveau réseau, le principe de Shares n'est actif que lorsqu'il y a de la contention. Si les ressources sont largement suffisantes et que les machines virtuelles ne doivent pas se « battre » afin d'accéder aux ressources, le principe de Shares ne sera jamais actif.

Afin de mieux comprendre le principe de « Shares », il est possible de faire une analogie avec ce que l'on trouve dans le monde de la finance. Si vous possédez la plupart des actions d'une entreprise (en société Anonyme), vous avez suffisamment d'influence pour écraser les autres. Au contraire, si vous n'avez pas suffisamment d'actions, vous ne pourrez influencer qui que ce soit.

Avec VMware, les shares permettent de définir qui aura la priorité en cas de contention au niveau de l'attribution des ressources.

Systématiquement, afin de favoriser les environnements de production, pensez à mettre une valeur beaucoup plus haute sur les machines critiques. Cela peut, dans de nombreux cas, sauver les meubles...

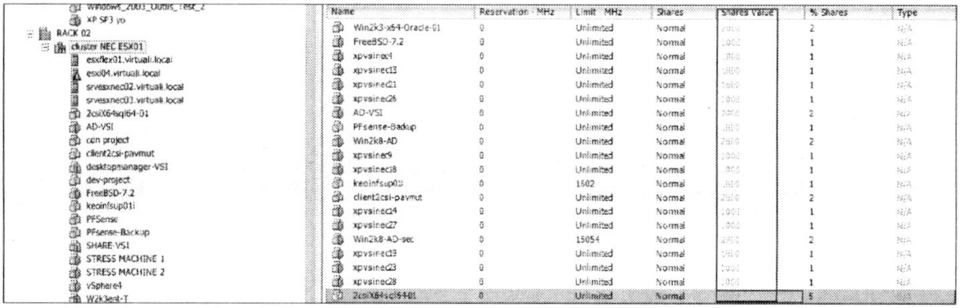

1.5 Intel VS AMD

Le débat fait rage depuis longtemps et aucun des deux acteurs n'a réellement fait l'unanimité. Pourtant, cela reste un aspect primordial pour les performances des serveurs physiques. La plupart des processeurs actuels chez Intel comme chez AMD, possèdent des performances quasi équivalentes ainsi qu'une couche de virtualisation native (AMD-V et INTEL VT).

Quels sont donc les critères de choix ?

Politique : Intel est le leader sur le marché et communique beaucoup sur l'aspect virtualisation. On peut difficilement reprocher à un décideur, en cas de problèmes, d'avoir choisi le leader... AMD est challenger et sera donc prêt à faire des concessions au niveau financier notamment.

Support constructeur : selon la marque de serveurs sélectionnée, des accords cadres peuvent contraindre le choix du processeur.

Consommation énergétique : Intel comme AMD communiquent énormément sur l'aspect consommation énergétique (GreenIT) de leurs processeurs. Intel semble cependant prendre une certaine avance sur le sujet... (voir http://tinyurl.com/q3xa7z).

Roadmap : Intel & AMD vont se livrer une course impitoyable sur le multicoeur. Ce sera la course à celui qui aura le plus de cœurs et qui sera le mieux supporté par VMware. Certains détails sont intéressants. Intel a acheté des parts de VMware à EMC (la maison mère) comme l'a fait CISCO. Si tel est le cas, cela semblerait confirmer la légère avance d'Intel en la matière car cela signifie que des technologies hardware au niveau virtualisation sont à l'étude chez Intel et qu'elles seront sûrement en avance sur AMD. Cependant, rien n'est encore joué...

intel inside VS AMD

2. La capacité mémoire

2.1 La capacité totale

La capacité mémoire totale est décomposée en deux parties :
- La mémoire allouée à la service console de VMware.
- La mémoire allouable aux machines virtuelles.

La capacité mémoire est souvent considérée comme le deuxième goulot d'étranglement principal de la virtualisation. Heureusement, il est souvent plus simple de rajouter des barrettes mémoires que de rajouter des processeurs. Quoi qu'il en soit, acheter des serveurs avec peu de mémoire ne sert à rien. Il faut absolument privilégier les serveurs avec une grosse capacité mémoire, d'autant plus que la mémoire coûte de moins en moins cher.

Généralement, la plupart des serveurs comptent entre 16 et 64 Go de RAM en moyenne. C'est bien souvent le meilleur compromis en terme financier et cela permet de faire tourner un certain nombre de machines virtuelles.

2.2 L'Overcommitment

Cette technique permet d'allouer plus de mémoire aux systèmes d'exploitation invités qu'il n'y en a physiquement sur le serveur. Le principe est simple et part d'une constatation évidente : les systèmes d'exploitation invités ne consomment pas la totalité de la mémoire qui leur est allouée. Ce principe est encore plus vrai lorsque plusieurs machines virtuelles avec le même système d'exploitation sont présentes. La probabilité que toutes consomment le maximum au même moment est probablement proche de zéro.

Cette technique a la particularité de ne pas impacter les performances des machines virtuelles puisque tout est géré de façon transparente par le VMkernel. Une fois que les ressources physiques du serveur ont été entièrement consommées, se déclenchent d'autres mécanismes.

2.3 La gestion transparente des pages mémoire partagées

La gestion transparente des pages mémoire partagées est une technologie de VMware ESX permettant de réduire la mémoire physique consommée. Cela est rendu possible grâce au regroupement de machines virtuelles ayant des similitudes au sein d'un même hôte physique.

Un exemple concret :

Toutes les machines tournant sous Windows XP lanceront les mêmes processus système au démarrage à peu de chose près. Si de plus, les applications installées et utilisées par les utilisateurs sont les mêmes, l'espace mémoire de chaque machine virtuelle sera quasi identique. Dans ce cas, il est facile de faire de la compression comme cela se fait pour des images avec de nombreuses couleurs identiques...

Les retours d'expérience sur la gestion transparente des pages mémoire partagées sont peu nombreux puisque pas forcément utile en production (du fait de l'hétérogénéité des environnements). Cependant, il existe un cas très intéressant avec la virtualisation des postes de travail. Dans ce cas, toutes les machines virtuelles sont presque identiques et la gestion transparente des pages mémoire partagées s'avère très efficace.

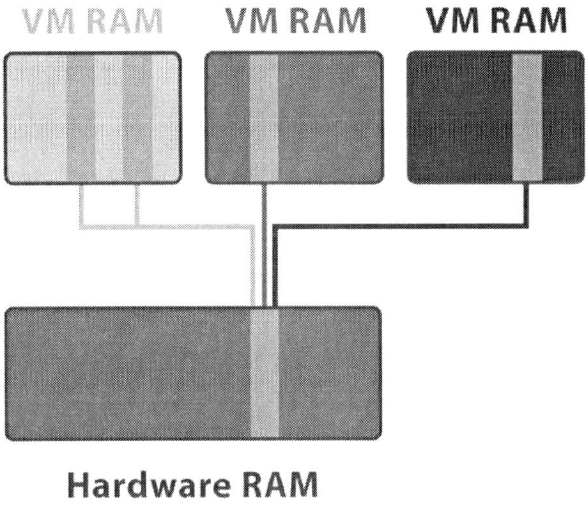

2.4 Le Ballooning

Lorsque l'overcommitment et la gestion transparente des pages mémoire partagées ont été pleinement dépassés, s'active le Ballooning. Première précision importante, le Ballooning ne s'active que lorsque les VMware Tools sont installés dans l'OS invité.

Cette méthode, comme son nom l'indique, fait référence à un ballon qu'il est possible de gonfler ou dégonfler suivant le besoin. Le principe est le suivant :

Le driver installé dans l'OS invité fait croire qu'il y a une demande de mémoire telle que l'OS invité va devoir obligatoirement swapper. Ainsi, la mémoire physique libérée peut librement aller vers une ou plusieurs autres machines virtuelles.

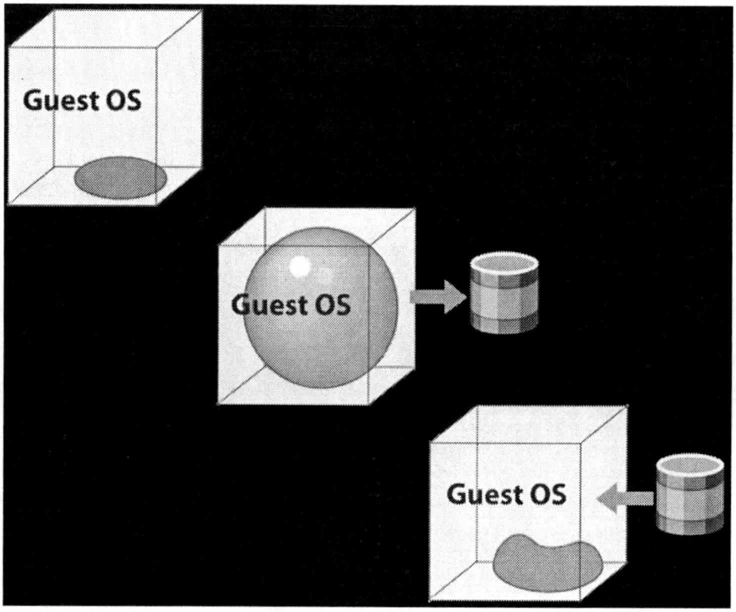

2.5 Le Swapping

Le swapping est la dernière étape lorsque toutes les solutions ont été épuisées. Il est bien évident que cette solution est aussi celle ayant le plus d'impact en termes de performances. Le swapping d'une machine virtuelle se fait sur un fichier dédié à cet effet. Pour une machine virtuelle, il est donc conseillé que ce dernier fasse la même taille que la mémoire allouée à cette dernière. Cela permet de swapper la totalité de la mémoire physique attribuée. La principale différence avec le memory Ballooning est la suivante : ici, le VMkernel décide de swapper la mémoire sans se préoccuper de savoir si l'OS invité l'utilise ou non.

3. Le stockage

3.1 Les quatre types de stockage

3.1.1 SCSI LOCAL

Les serveurs possèdent pour la plupart (hormis les serveurs lames où les disques ne sont souvent pas présents) des disques locaux. Ces derniers sont généralement des disques SCSI ou SAS (rarement SATA).

La première raison valable pour stocker sur des disques locaux reste le prix. En effet, les disques durs locaux sont beaucoup moins chers que les disques dans une baie de stockage, quelle qu'elle soit.

Le principal problème est le suivant : si vous décidez de stocker localement les machines virtuelles, ces derniers ne seront accessibles que par le serveur où sont présents physiquement les disques. Cela implique donc que les technologies HA, VMOTION et DRS ne pourront pas être utilisées.

Le stockage local des machines virtuelles est donc conseillé aux petites structures n'ayant pas forcément les moyens d'investir dans du stockage SAN (*Storage Area Network*).

Une exception à la règle. Certains constructeurs ont eu l'heureuse idée de proposer des serveurs « Blade » avec des disques locaux étant vus par les lames comme un SAN. Cela permet de réduire drastiquement les coûts tout en bénéficiant des technologies avancées de VMware.

Voir http://tinyurl.com/oy44p6

Avant d'acheter un serveur et d'utiliser les disques locaux pour les machines virtuelles, il est nécessaire de regarder si les cartes contrôleurs sont parfaitement supportées par le VMkernel. Une pratique courante est de positionner un RAID 1 pour l'installation de la Service Console de VMware ESX et de mettre du RAID 5 pour les machines virtuelles.

En résumé :

AVANTAGES du stockage local SCSI

- Coût. Cela sera toujours moins cher que du SAN.
- Simple à utiliser et à configurer. Aucune compétence SAN nécessaire.

INCONVÉNIENTS du stockage local SCSI

- Il est difficile de recouvrer d'un crash de la machine hôte.
- Pas de VMOTION, DRS et HA.

3.1.2 Fibre optique

Les SAN fibre optique sont les SAN les plus utilisés actuellement. Ils permettent à VMware d'avoir un accès au niveau bloc ce qui favorise l'aspect performances. Les seules communications passant à travers la fibre sont les entrées/sorties disques. D'un point de vue sécurité et performance, il n'y a pas mieux...

En résumé :

AVANTAGES du stockage SAN Fibre

- Utilisé partout en production et donc très mature.
- Performances excellentes dans des environnements multiserveurs.
- Sécurité accrue.
- Accès au niveau bloc pour des performances hors normes en entrées/sorties.

INCONVÉNIENTS du stockage SAN Fibre

- Le prix.

3.1.3 iSCSI

Depuis la version 3.0 de VMware ESX, VMware a eu la bonne idée d'inclure un driver dans le VMkernel afin d'avoir un accès au niveau bloc comme dans une infrastructure SAN classique via TCP/IP.

Afin de pouvoir « parler » iSCSI, il faut créer un initiateur. Il existe actuellement deux types d'initiateur : Hardware et Software.

Un initiateur hardware est une carte dédiée alors que l'initiateur software est inclus dans le VMkernel dans la couche réseau.

Le protocole iSCSI encapsule les appels SCSI via TCP/IP. Cela implique donc une couche supplémentaire et donc une perte de performances. Cette perte est largement compensée avec un initiateur hardware puisqu'à ce moment-là, c'est la carte qui gère le travail d'encapsulation. La vitesse maximale constatée est de 1Gbits/sec (du fait de la limite des réseaux Ethernet à 1Gbits).

L'arrivée de l'Ethernet 10 Gb devrait changer la donne car la fibre optique (actuellement 8 Gbits/s max) sera alors en deçà au niveau performance de l'iSCSI.

Cela reste théorique. La fibre optique a de beaux jours devant elle. De plus, migrer un réseau de 1 à 10 Gbits n'est pas une mince affaire.

En résumé :

AVANTAGES du stockage iSCSI

- Excellent rapport qualité/prix.
- Stockage centralisé pouvant s'adapter à toute structure (Ethernet).
- Accès au niveau bloc.
- Pourra aller au-delà des performances fibres dans un avenir proche.

INCONVÉNIENTS du stockage iSCSI

- Performances en retrait par rapport à la fibre.
- Le passage à 10 Gbits ne se fera pas dans un avenir proche.

- La sécurité : il n'y a plus de ségrégation STOCKAGE (SAN FC) – RESEAU ETHERNET.

3.1.4 NFS

VMware supporte aussi le protocole NFS et ainsi permet le stockage centralisé sur des NAS.

Au tout début, le débat sur NFS a fait rage. L'aspect performance était mis en avant par ses détracteurs. Il est vrai que NFS est un protocole UNIX qui n'a jamais eu la réputation d'être particulièrement performant...

Et pourtant, cela fait 20 ans dorénavant que le protocole s'enrichit et est devenu un véritable standard de l'industrie en matière de stockage et de centralisation des données.

Les tests de performance actuels montrent que NFS peut tout à fait être particulièrement performant pour peu que la baie de stockage gère parfaitement le protocole. C'est le cas par exemple de NetApp dont les baies supportent NFS depuis bien longtemps.

Le protocole NFS est supporté au niveau du VMkernel, ce qui induit une charge supplémentaire et peut donc impacter les performances.

NFS sera particulièrement apprécié dans les environnements où UNIX fait partie intégrante des systèmes déployés.

En résumé :

AVANTAGES du stockage NFS

- NFS est très stable et fiable.
- Souvent déjà existant dans la plupart des organisations.
- Stockage optimal (Thin provisionning : n'est alloué que ce qui est consommé).
- Stockage centralisé pouvant s'adapter à toute structure (Ethernet).
- Pourra aller au-delà des performances fibres dans un avenir proche.

INCONVÉNIENTS du stockage NFS

- Performances en retrait par rapport à la fibre.
- L'impact au niveau performance est forcément fort du fait qu'il n'existe pas de carte Hardware pour faire du NFS...
- Le passage à 10 Gbits ne se fera pas dans un avenir proche.

3.2 Le système de fichiers VMFS

Le système de fichiers VMFS est le système de fichiers principal journalisé de VMware. Les principaux objectifs étaient de fournir un système de fichiers capable de supporter des gros fichiers tout en bénéficiant en parallèle de performances maximisées.

VMFS permet :
- D'étendre un volume VMFS sur plusieurs disques ou LUN.
- La gestion des accès concurrentiels.
- 256 volumes par système.
- 2Tb par extension.
- 32 extensions par volumes.
- Une taille maximale de 64 Tb.

La possibilité d'étendre un volume VMFS sur plusieurs disques ou LUN

Il est possible de créer des volumes VMFS étendus sur plusieurs LUN. Le bénéfice est le suivant : il est envisageable de créer d'énormes volumes (cela se retrouve souvent sur les machines virtuelles Microsoft Exchange par exemple). Cependant, il faut faire attention à cette technique. Si l'un des LUN est constitué d'un simple RAID0, et qu'un disque devienne hors service, le volume entier ne fonctionnera plus. Il faut donc vérifier que l'ensemble des LUN compris possède une tolérance de panne.

Gestion des accès concurrents

Cette fonctionnalité permet que tous les volumes soient vus par tous les hôtes au même moment. Cette technologie permet donc l'activation de VMOTION, HA et DRS. Le VMkernel ne bloque pas le système de fichier ce qui a pour effet de permettre les accès concurrents. Le blocage est effectué au niveau fichier (fichier .lck) pour que la machine virtuelle ne puisse être démarrée que sur un serveur physique à la fois.

256 volumes par système

ESX gère jusqu'à 256 volumes VMFS. Généralement, on en trouve au grand maximum une dizaine par hôte physique. Ce chiffre doit donc être pris avec précaution puisqu'il ne sera jamais approché dans un cas réel de production.

2Tb par extension, 32 extensions par volumes = 64 TB Max

Chaque LUN vu par un serveur ESX ne peut dépasser 2 TB. Il est possible de créer un volume comprenant 32 extensions. Cela signifie donc qu'au maximum, VMware ESX supportera des volumes de 64 TB.

3.3 Raw Device Mapping

VMware ESX possède une méthode particulière pour mapper directement des LUN sans passer par un système de fichier VMFS et des fichiers VMDK : RDM. Il faut distinguer dans RDM deux méthodes d'accès disques : Virtual et Physical.

- Dans le cas de RDM Virtuel, l'accès au LUN en mode RAW est totalement virtualisé par le VMkernel. Cela permet donc de faire des snapshots puisque toutes les possibilités que vous aviez avec les fichiers VMDK sont disponibles. Classiquement, on retrouve ce type d'accès pour les gros disques déjà existants sur les serveurs de fichiers, de données ou de messagerie.

- Dans l'autre cas : RDM physique, toutes les commandes SCSI sont envoyées directement à la baie. Dans ce mode, vous voyez dans votre machine virtuelle les caractéristiques de vos disques (comme s'ils étaient attachés en DAS). Typiquement, on retrouve cette configuration dans un cluster MSCS (c'est la responsabilité du cluster MSCS de bloquer les accès disques et non plus au VMkernel).

Une fausse idée reçue consiste à dire que le mode RDM permet d'obtenir des performances supérieures par rapport à un système de fichier VMFS classique. Il n'en est rien vu la quantité de tests effectués sur le sujet. RDM permet d'être flexible. Vous pouvez jongler entre des architectures virtuelles et physiques à tout moment.

4. Le réseau

VMware ESX comporte de nombreuses notions de réseaux qu'il est nécessaire de bien absorber afin de comprendre les multiples possibilités qui sont offertes.

En résumé, voici le concept clé :

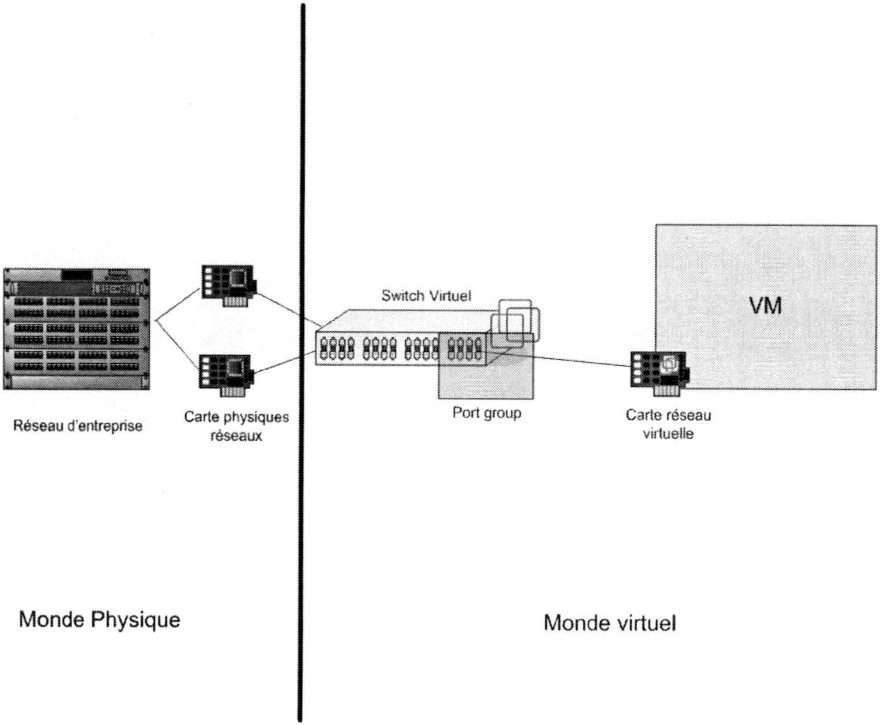

4.1 La connectivité au niveau physique

La connectivité physique est utilisée pour joindre l'hôte ESX depuis l'extérieur. En soi, cette connectivité n'est pas nécessaire puisque les machines virtuelles peuvent communiquer entre elles sans passer par le réseau physique. Dès lors qu'il faut interagir avec les machines virtuelles, la connectivité physique devient nécessaire.

Pour rappel, le réseau physique est constitué de switch ou routeurs physiques. Ces derniers assurent les interconnexions dans toutes les entreprises. Les cartes réseau physique permettent cette interconnexion. Elles sont évidemment présentes sur les hôtes ESX. Une bonne pratique consiste à posséder plusieurs cartes réseau physique sur un hôte ESX.

4.2 La connectivité virtuelle

La connectivité virtuelle permet de construire une véritable infrastructure réseau en utilisant les composants logiques fournis par VMware ESX. Les points clés sont les suivants : Carte réseau virtuelle, switchs virtuels et port groups.

Carte réseau virtuelle (vNIC)

Une carte réseau virtuelle ou vNIC est un adaptateur réseau configuré dans VMware ESX afin d'être utilisé par une ou plusieurs machines virtuelles. Le nombre d'interfaces maximum par machine virtuelle est de 4. La première question que se posent souvent les administrateurs réseau est la suivante : comment faire pour que les carte réseau virtuelles possèdent une adresse MAC différente ? La réponse est simple. VMware possède un mécanisme attribuant des adresses MAC uniques pour chaque carte réseau.

Les « ranges » choisis par VMware sont les suivants :
- 00 :0c :29
- 00 :50 :56

Switch virtuel (vSwitch)

Un switch virtuel est un composant logique de VMware ESX qui est en fait l'équivalent physique d'un switch de niveau 2. Un switch virtuel existe sous 2 modes :
- Public
- Privé

Les switchs publics sont ceux qui sont le plus couramment utilisés dans un environnement ESX. Des cartes réseau physiques peuvent y être connectées afin de pouvoir communiquer avec le réseau externe. Il faut noter qu'une interface réseau physique ne peut appartenir qu'à un seul switch virtuel.

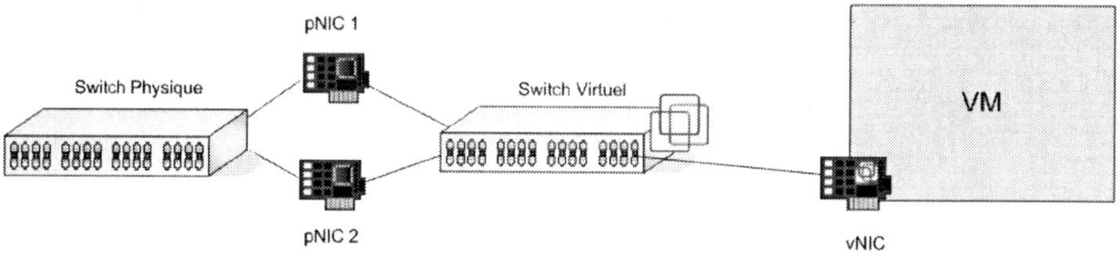

Les switchs privés n'ont pas de connexions physiques avec un réseau externe. Ils ne sont aucunement reliés à une interface physique, ce qui signifie que le trafic réseau est transféré par le bus système. Cela permet de bénéficier d'un niveau d'isolation complet. Typiquement, il devient possible de créer plusieurs réseaux avec les mêmes adresses IP, de monter des contrôleurs de domaines avec les mêmes noms, ou encore de construire des DMZ.

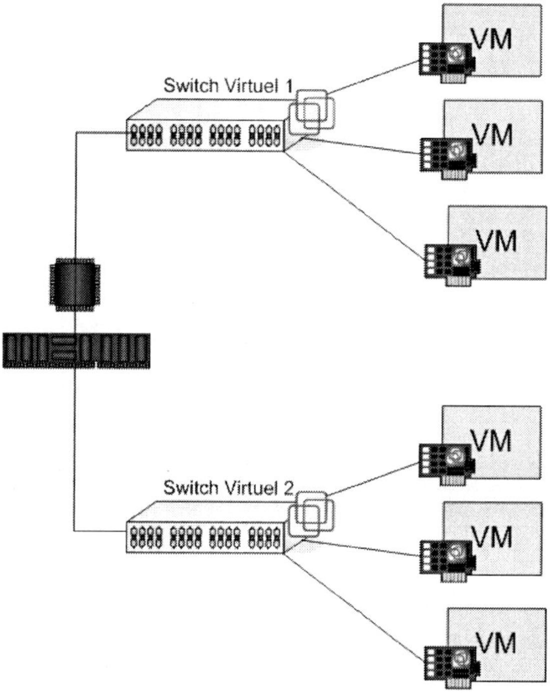

Un switch virtuel est configuré par défaut pour permettre l'usage de 56 ports. Chaque vNIC configurée sur une machine virtuelle utilise un port. Il est possible de configurer un vSwitch pour qu'il puisse avoir jusqu'à 1016 ports. Sur chaque vSwitch, il est possible de configurer un certain nombre d'options (ces dernières seront sûrement beaucoup plus nombreuses lorsque le switch virtuel Nexus 1000v de Cisco sera disponible sur VMware ESX 4).

Le lissage de trafic

VMware ESX supporte le lissage de trafic généralement connu sous le nom de «traffic shaping policy » par les administrateurs réseau. L'erreur la plus connue consiste à croire que VMware ESX peut limiter le trafic descendant (*INCOMING TRAFFIC*). VMware ESX ne supporte que le lissage du trafic ascendant (*OUTGOING TRAFFIC*).

Le NIC Teaming

Cette fonctionnalité permet à VMware ESX d'activer deux fonctionnalités :
- La répartition de charge
- La détection de défaillances réseau

La répartition de charge

VMware ESX possède trois méthodes afin de pouvoir répartir le trafic généré par les machines virtuelles. Chaque méthode permet d'assurer une haute disponibilité en créant une redondance réseau.

Virtual port Based

Cela permet au VMkernel de choisir sur quelle carte physique envoyer les données en se basant sur le Virtual Port ID. Le Virtual port ID est un élément assigné à chaque carte réseau virtuelle lorsque celle-ci se connecte à un switch virtuel. Cette méthode est compatible avec tout type de switch.

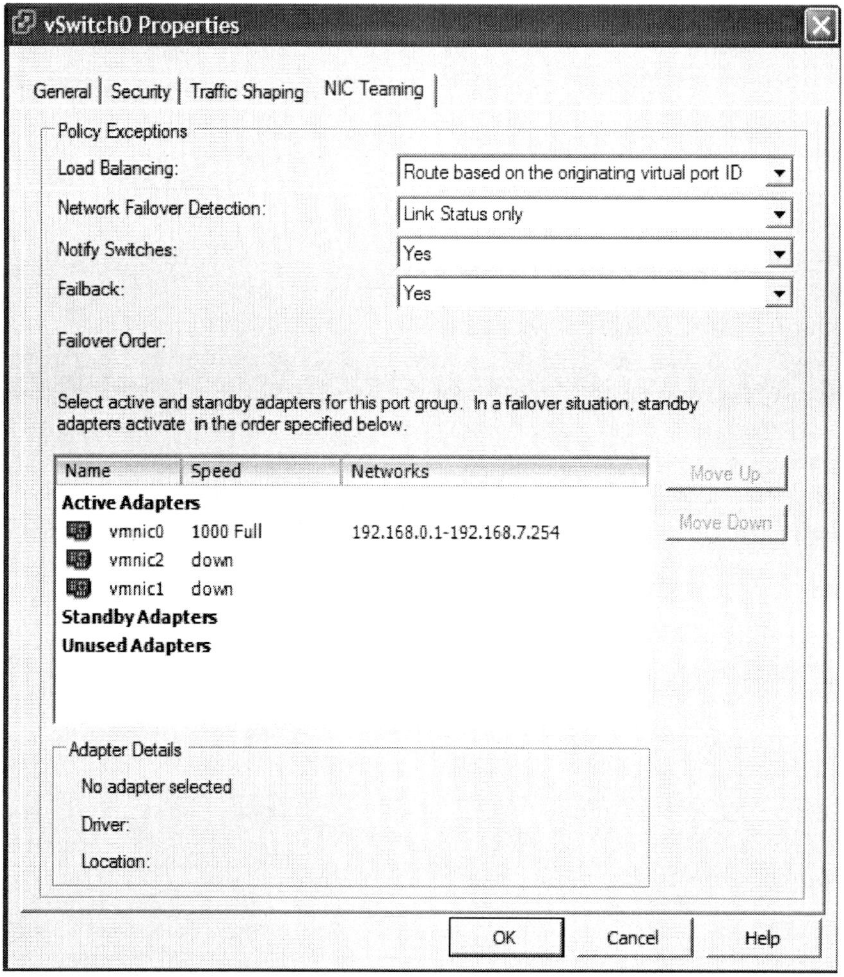

Source Mac Based

Tout comme pour la répartition de charge dite Virtual port Based, les switchs sont également compatibles. Au lieu de se baser sur le Port ID, la répartition sur les cartes réseau physiques se fait en combinant l'adresse MAC source avec un algorithme de sélection interne à VMware ESX. Cette méthode ne s'avère pas comme l'une des meilleures en production d'après les tests (c'est pourquoi la répartition par défaut est Virtual port Based désormais depuis la version 3).

IP Based

La dernière méthode consiste à répartir les charges en se basant sur l'adresse IP destination. Cette méthode est bien meilleure en termes de redondance et de répartition équitable mais nécessite que le réseau physique soit correctement configuré. Les protocoles 802.3ad ou Etherchannel (Cisco) sont donc à prévoir. Il faut tout de même imaginer que ce type de cas est rare et doit être revu en collaboration avec les équipes réseau.

Détection des défaillances réseau

VMware ESX utilise deux différentes méthodes afin de détecter les défaillances réseau :

Link Status Only

Dans cette configuration, la détection est très simple. La carte réseau physique détecte s'il y a toujours un lien entre elle et le switch réseau physique. Cette méthode fonctionne dans la majorité des cas.

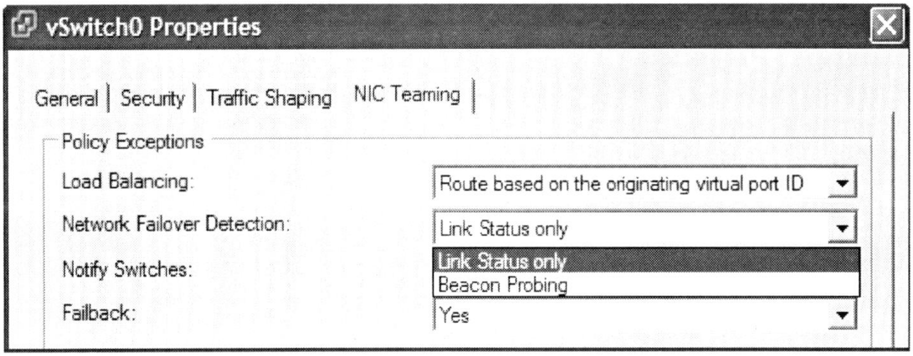

Beacon Monitoring

Il existe un cas où le chemin n'est pas accessible bien que le lien entre la carte réseau et le switch physique soit toujours en bon état. Il faut imaginer un cas où le switch physique rattaché à la carte physique n'ait lui-même plus accès au switch permettant d'atteindre sa destination.

Voici un schéma permettant de mieux apprécier la situation :

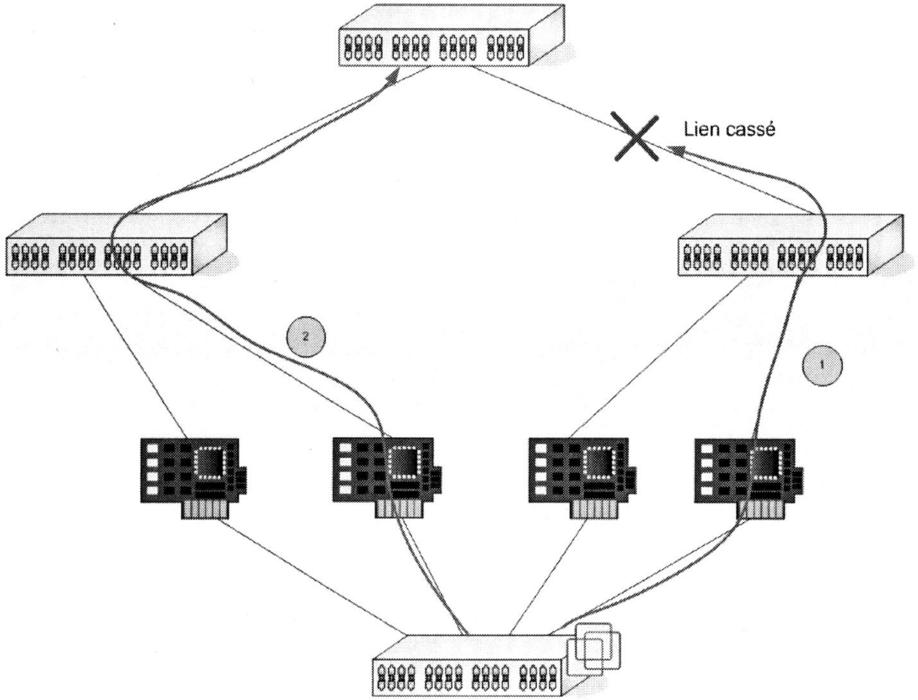

Le chemin 1 est identifié comme cassé, le chemin 2 est donc emprunté. Cette défaillance n'aurait pas été détectée dans le premier cas. L'envoi de beacon permet de se rendre compte de la situation. Cependant, il s'ensuit un surplus de trafic réseau ainsi qu'une certaine latence puisque le chemin est testé avant d'y envoyer du trafic. De plus, il s'avère indispensable que les cartes réseau physiques soient connectées sur des switchs physiques différents pour fonctionner correctement. Attention, cette méthode comporte aussi certains aléas puisque des pannes peuvent être détectées sans pour autant qu'il y ait une coupure ou défaillance.

Les Port Group

Les **Ports Group** sont des composants logiques permettant de regrouper plusieurs ports virtuels sur un switch virtuel afin de pouvoir leur attribuer des configurations identiques (sécurité, lissage du trafic, répartition de charge ou encore VLAN).

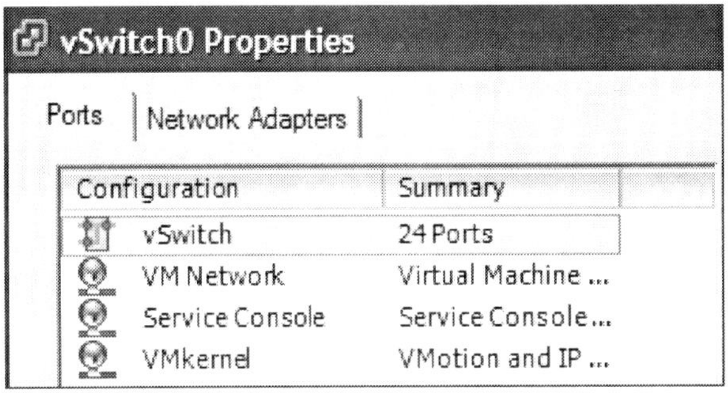

Il existe actuellement trois types de Port Group :

Service Console

Les Ports Group Service Console permettent de configurer un accès à la console de management de VMware ESX. Ils ne peuvent avoir qu'une adresse IP unique.

VMkernel

Sert à configurer VMOTION ou permet d'accéder à des éléments de stockage basés sur le réseau (NFS ou iSCSI). Une adresse IP doit également être configurée afin de pouvoir communiquer avec les éléments de stockage ou pour discuter avec un autre hôte ESX pour permettre l'utilisation de VMOTION.

Virtual Machine

Ce Port Group permet aux machines virtuelles de communiquer. Chaque machine virtuelle possédant une ou plusieurs cartes réseaux virtuelles doit être rattachée à un Port Group « Virtual machine ». Chaque vNIC ne peut avoir qu'une seule configuration de Port Group à la fois, mais une machine virtuelle, pouvant posséder jusqu'à 4 interfaces réseaux virtuelles, peut être configurée de façon à trouver chaque interface réseau virtuelle sur 4 ports groups différents.

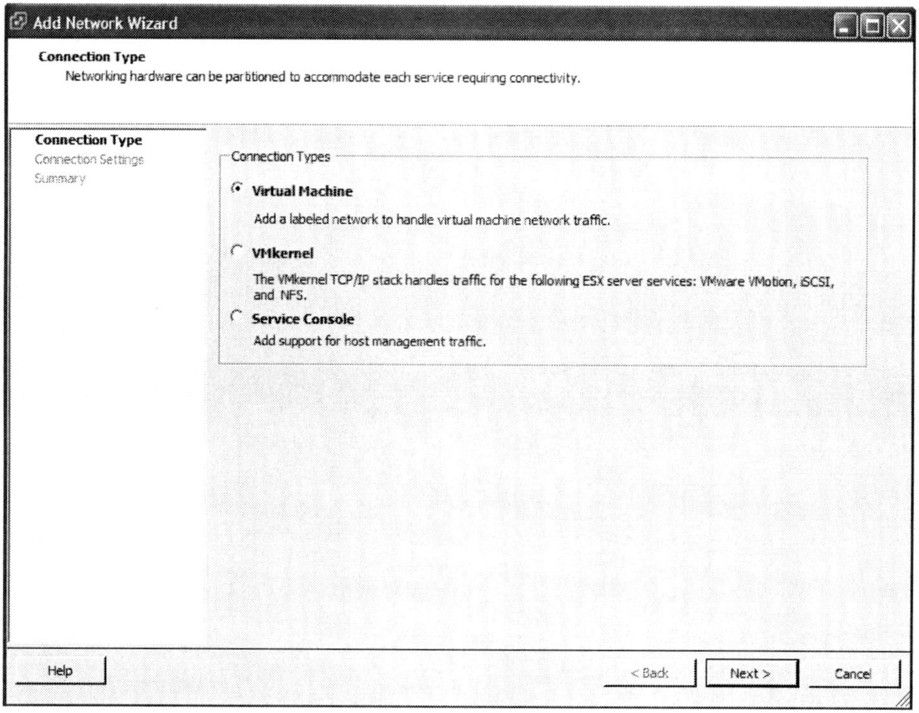
Add Network Wizard
Connection Type
Networking hardware can be partitioned to accommodate each service requiring connectivity.
Connection Type
Connection Settings
Summary
Connection Types
Virtual Machine
Add a labeled network to handle virtual machine network traffic.
VMkernel
The VMkernel TCP/IP stack handles traffic for the following ESX server services: VMware VMotion, iSCSI, and NFS.
Service Console
Add support for host management traffic.
Help
< Back
Next >
Cancel

Chapitre 5
Sécurité et virtualisation

1. Rappel sur les grands principes de sécurité

Avant d'aborder la sécurité de la virtualisation en particulier, il est bon de faire quelques rappels sur la sécurité des systèmes d'information.

La sécurité des systèmes d'information repose sur ce qui est appelé le capital informationnel. Il représente la somme des informations de l'entreprise, par exemple, la clientèle, la concurrence, le savoir-faire, le cercle de ses actionnaires, les méthodes de fabrication, les brevets, etc. Ce sont des actifs matériels et surtout immatériels dont il est difficile d'imaginer le coût réel en cas de perte, mais il est certain que l'atteinte, sous quelque forme que ce soit, à ce dernier peut rapidement conduire l'entreprise à fermer ses portes.

"L'immatériel est au cœur de la stratégie des entreprises qui créent de la valeur : résultat le plus frappant de notre étude, 60 % de la valeur des principales entreprises européennes s'explique par leur capital immatériel" selon le cabinet d'étude Ernst & Young.

La sécurité des systèmes d'information consiste à :

- Garantir que le système d'information est accessible au moment voulu par les personnes autorisées (**D**isponibilité).
- Garantir que seules les personnes autorisées ont accès au système d'information de l'entreprise (**C**onfidentialité).
- Garantir que les éléments considérés du système d'information sont exacts et complets (**I**ntégrité).
- Garantir que les accès et tentatives d'accès aux éléments considérés du système d'information sont tracés et que ces traces sont conservées et exploitables (**T**raçabilité).

Vous retrouverez souvent la notion de DICT avec des experts sécurité au cours de divers projets.

■ Remarque

Les organismes américains ne considèrent pas la traçabilité comme un critère de sécurité. Ils proposent un modèle dit CIA (Confidentiality - Integrity - Availability).

Des menaces diverses et variées pesent sur les systèmes d'information. Pour peu qu'il existe des vulnérabilités techniques ou organisationnelles dans une entreprise, ces menaces seront capables de les exploiter. À partir du moment où la menace et la vulnérabilité sont présentes, il y a alors un risque.

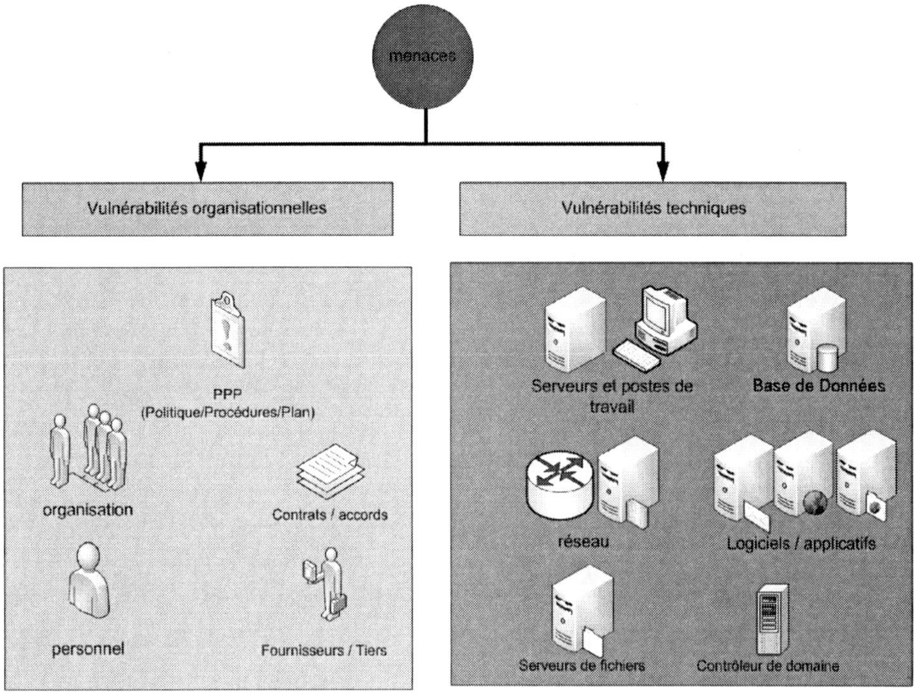

Afin de vérifier que le risque est réel et tangible, les experts sécurité effectuent ce qui est communément appelé une analyse de risques. Sans trop rentrer dans les détails, l'analyse de risque permet de confronter :

- la probabilité d'apparition d'une menace exploitant une vulnérabilité.
- l'impact généré par cette exploitation.

Une matrice est déduite pour chaque risque en proposant une échelle de valeurs.

Il faut s'imaginer que le connaître parfaitement n'est pas simple ! Combien de personnes pensent aujourd'hui que l'avion n'est pas un moyen très sûr de transport alors que statistiquement, c'est un des plus fiables. En réalité, c'est le transport en voiture qui comporte le plus de dangers. Pour autant, les usagers n'ont pas l'impression de prendre un risque à chaque fois qu'ils conduisent. Avoir ainsi une vision objective demande bien souvent un avis extérieur.

Les menaces sont bien souvent négligées faute de temps et de moyens. Pourtant, les systèmes d'information possèdent un nombre incalculable de points d'entrées. Un simple serveur doit être protégé à tous les niveaux afin de garantir le principe DICT.

En voici un exemple :

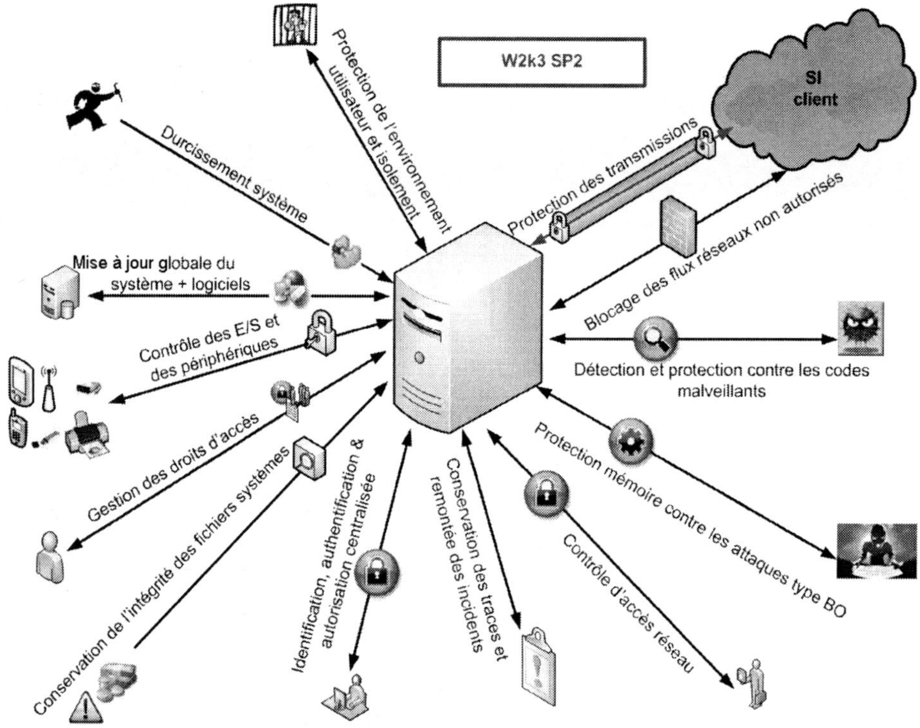

2. Challenge N° 1 : Assurer la disponibilité des infrastructures virtuelles

Comme nous l'avons vu, la **D**isponibilité est un élément essentiel de la sécurité des systèmes d'information. Assurer celle-ci dans des environnements virtuels devient donc primordial. Il existe de nombreuses possibilités d'assurer la disponibilité d'un ensemble de services, cependant il existe également un grand nombre de menaces pouvant porter atteinte à cette disponibilité. Sachant comment se définit une infrastructure virtuelle (voir chapitre précédent), il est nécessaire d'assurer au minimum la disponibilité des éléments suivants :

- La haute disponibilité des serveurs.
- La haute disponibilité du stockage.
- La haute disponibilité des machines virtuelles et des applications.
- La haute disponibilité réseau.
- La supervision de l'ensemble de l'infrastructure.

2.1 La haute disponibilité des serveurs

La haute disponibilité des serveurs ou « hôtes » est un élément déterminant afin de garantir que les machines virtuelles qui s'y trouvent héritent d'une haute disponibilité également. Les serveurs doivent bénéficier de mécanismes permettant de pallier plus ou moins des pannes hardware.
Par exemple :

- **Ventilation redondante**. En cas de panne d'un ventilateur, un autre doit pouvoir prendre le relais afin de continuer les opérations.
- **Alimentation redondante**. Aujourd'hui, les serveurs ont souvent au minimum 2 alimentations. Il est nécessaire qu'une d'entre elles défaillante n'endommage pas les autres. Certains constructeurs n'isolent pas suffisamment les alimentations les unes des autres ce qui conduit à la panne totale de toutes les alimentations en cas de problèmes.

- **CPU redondants**. Les constructeurs proposent que les CPU soient isolés les uns des autres pour éviter l'arrêt d'activités, en cas de panne ; malheureusement, au cours des tests élaborés dans nos laboratoires, il s'est avéré que VMware ESX ne supporte pas l'arrêt d'un processeur physique. Le serveur plantera immédiatement.
- **Mémoire redondante**. Les barrettes de mémoire doivent également être indépendantes. Il se peut que certaines deviennent défaillantes. Plus le nombre est important, plus le risque de défaillance est grand. C'est pourquoi il importe que la perte d'une barrette mémoire n'entraîne pas l'arrêt total des activités du serveur. Au niveau test, il s'avère que suivant les constructeurs, les résultats sont différents. VMware semble plutôt bien gérer la perte de mémoire physique tant que le constructeur gère correctement au niveau matériel l'exception générée. Il est préférable de s'assurer également que les barrettes mémoires proviennent du même constructeur et possèdent les mêmes références, ce qui évite des comportements erratiques pouvant conduire à un PSOD (*Purple Screen Of Death*).
- **Carte réseau redondante**. Les serveurs doivent posséder suffisamment de cartes réseau afin de pouvoir pallier la perte de connectivité sur l'une d'entre elles. Généralement, ce type de panne est bien supporté (ex : VMware avec le NIC Teaming).

■ Remarque

Sous VMware, le PSOD est équivalent au BSOD (Blue Screen Of Death) de Microsoft Windows.

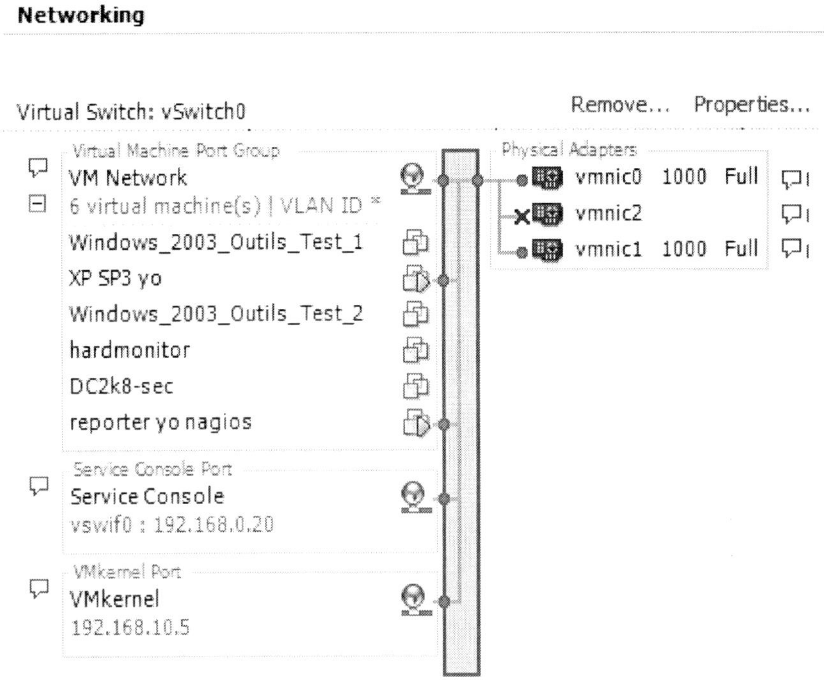

- Disques durs redondants. Bien souvent, l'hyperviseur est installé en local. Le mode Boot From San de VMware ESX (permettant de stocker l'hyperviseur sur un SAN) doit être correctement étudié avant d'être mis en place (notamment d'un point de vue coût). L'hyperviseur doit se trouver sur des disques RAID 1 ou 5 (voir autre RAID suivant le support constructeur). Éviter absolument le RAID 0 qui ne permet pas d'assurer la perte d'un disque.

La haute disponibilité des serveurs peut aussi impliquer l'usage de matériel spécifique dit matériel à tolérance de panne. Cette dernière permet de pallier à tout problème hardware sans impacter la continuité des opérations. Tout élément d'un serveur Fault Tolerant peut être défaillant sans pour autant impliquer le serveur et les services présents.

Remarque

Il peut y avoir un impact au niveau performance, mais les services restent disponibles.

2.2 La haute disponibilité du stockage

Le stockage est crucial pour assurer la disponibilité des informations. C'est là où réside l'ensemble des données. Aujourd'hui, les constructeurs de baies SAN/NAS ont inclus un certain nombre de mécanismes permettant de pallier les pannes les plus courantes :

- **Pannes disques**. Les constructeurs ont inclus des mécanismes de RAID éprouvés. Certains n'hésitent pas à sortir des versions de RAID permettant d'atteindre une très haute disponibilité, par exemple le RAID DP (Double parité). De plus, les disques possèdent généralement un MTBF (*Mean Time Before Failure* ou temps moyen avant panne) largement supérieur aux disques classiques des serveurs.
- **Pannes des Storage Processors (SP)**. Les SP permettent d'assurer toutes les opérations effectuées sur des baies SAN. Généralement, les constructeurs permettent d'avoir des SP redondants afin de pallier les pannes.
- **Pannes au niveau alimentation**. Les baies de stockage sont également susceptibles d'être sensibles aux problèmes d'alimentation. Les baies doivent donc posséder absolument plusieurs alimentations isolées les unes des autres.
- **Panne des ventilateurs**. Les baies de stockage sont également réfrigérées. Bien qu'elles ne chauffent pas autant que les serveurs, il est essentiel de les conserver à des températures conventionnelles.
- **Panne réseau**. Les constructeurs doivent pouvoir pallier les pannes d'une ou plusieurs cartes réseau ou HBA. Jusqu'à présent, VMware gérait entièrement le Multipathing. Il semblerait que sur la prochaine version (VMware ESX 4), le Multipathing puisse être entièrement géré par le constructeur de baies de stockage, ce qui permettra d'assurer une meilleure disponibilité des données.

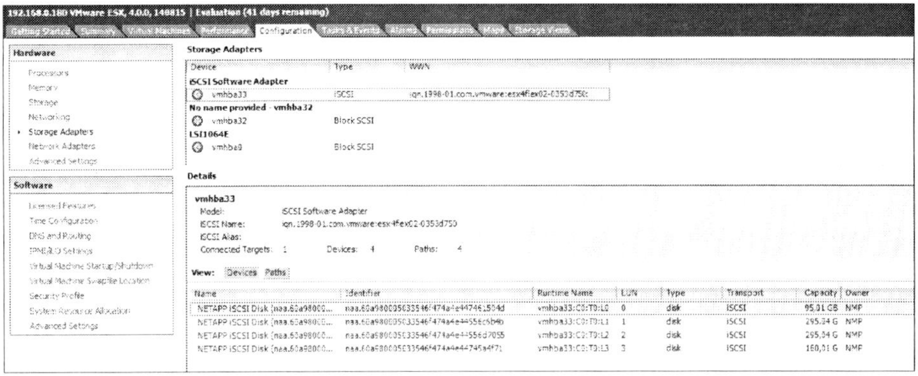

Il existe des techniques permettant d'assurer la haute disponibilité du stockage en virtualisant directement ce dernier. Il est possible de citer par exemple la société DATACORE. Cette dernière édite un logiciel permettant de s'abstraire de l'aspect matériel des baies de stockage.

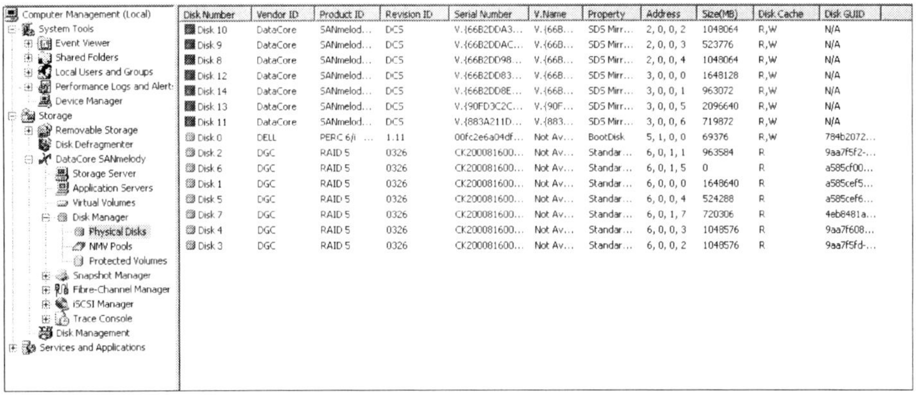

Grâce à ce logiciel, il est possible de faire croire aux serveurs que l'espace de stockage est illimité ou au contraire très réduit. Il est envisageable également de mieux provisionner l'espace, de répartir la charge, de gérer la réplication des LUNS, etc. Le simple point faible réside dans les serveurs possédant la couche d'abstraction. Ces derniers sont très critiques et concentrent les E/S. Les performances peuvent donc être légèrement réduites.

2.3 La haute disponibilité des machines virtuelles et des applications

La haute disponibilité des machines virtuelles et des applications est un sujet beaucoup plus sensible puisqu'aujourd'hui il n'existe pas ou peu de solutions techniques sur le sujet. Premièrement, il faut s'assurer que la machine virtuelle est présente sur une baie de stockage centralisée et que cette baie de stockage est redondée. D'où un surcoût non négligeable. Bien évidemment, il faut s'assurer également que les chemins réseau sont disponibles et que les serveurs hôtes hébergeant les machines virtuelles sont redondés.

Il faut donc créer une architecture dite « Full Mesh ».

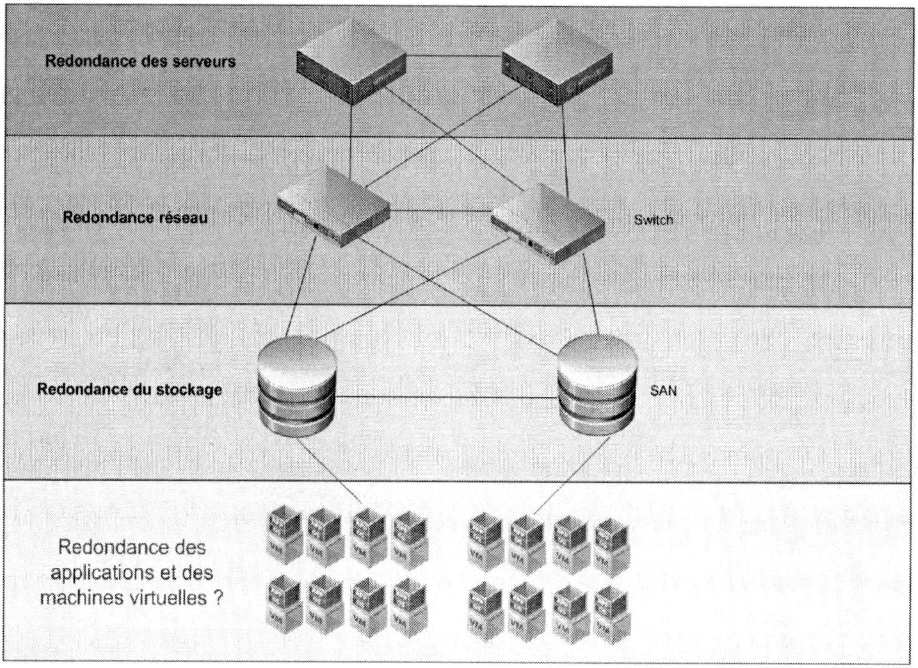

Pour autant, la problématique de la disponibilité des machines virtuelles ou des applications reste entière. Si un serveur crashe, la machine virtuelle sera reprise par un autre serveur. Mais il existe un laps de temps pendant lequel la machine virtuelle est indisponible.

Afin de pallier ce problème, il existe deux approches :

- Créer une haute disponibilité au niveau de l'application ou du système d'exploitation invité.
- Créer une haute disponibilité au niveau de la machine virtuelle (et non pas au niveau de l'hôte).

Dans le premier cas, cela dépend fortement de l'applicatif et du système.

Par exemple, au niveau système, il est possible de créer un cluster Microsoft MSCS. Dans ce cas, deux machines virtuelles sont en cluster. Si une machine virtuelle tombe, l'autre reprend automatiquement le relais. La création de cluster MSCS est possible sous VMware. Cependant, il est nécessaire de prendre garde à de nombreux points (qui dépassent le périmètre du livre.)

Au niveau applicatif par exemple, il est possible de créer des clusters de bases de données notamment avec ORACLE et (RAC (*Real Application Clusters*). Bien que cela ne soit pas supporté par Oracle, c'est totalement réalisable (voir également http://tinyurl.com/phqowk).

Il devient nécessaire de qualifier l'environnement avec de nombreux tests afin de s'assurer de la cohérence de l'ensemble, ce qui induit un surcoût non négligeable.

Dans le deuxième cas, VMware semble commencer à vouloir proposer des solutions. La prochaine version de VMware ESX introduit la notion de machine virtuelle « Fault tolerant ». Le principe est de créer une machine virtuelle primaire ainsi qu'un clone qui recevra toutes les instructions envoyées à la machine primaire. De ce fait, les deux machines virtuelles sont totalement identiques. Le principe est certes simplissime, mais techniquement parlant, c'est extrêmement complexe. Encore une fois, il faudra valider cette option avec des cabinets spécialisés avant de se lancer dans l'utilisation de ce type de solutions…

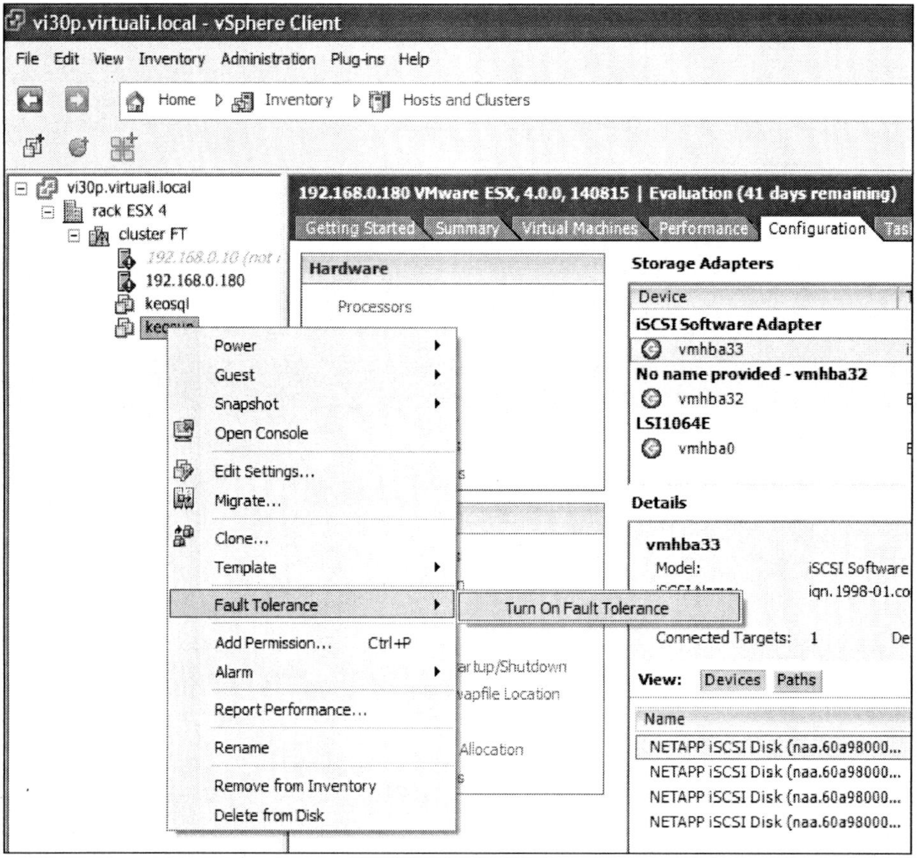

Quelles que soient les solutions, la disponibilité des machines virtuelles et des applications doit encore faire ses preuves. VMware propose une approche mais c'est également aux éditeurs d'applications de proposer des solutions (intégration dans MSCS, clustering natif, approche modulaire, etc.).

2.4 La haute disponibilité réseau

La haute disponibilité réseau est un élément jusqu'alors non traité par VMware. Il fallait se contenter du NIC Teaming et de quelques fonctionnalités intégrées dans la couche réseau de VMware ESX. VMware est bien conscient que le réseau est devenu un élément critique dans toutes les infrastructures.

Il existe de nombreuses possibilités au niveau des réseaux physiques afin d'assurer la haute disponibilité, ou tout ce qui y est indirectement lié :

- Gestion des types de flux.
- Protocoles utilisés.
- 802.1Q.
- 802.1X.
- STP & RSTP.
- QOS.

Il est malheureusement impossible d'appliquer ces dernières au niveau des switch virtuels.

Ainsi, depuis quelques années, Cisco s'est investi dans une collaboration étroite avec VMware (ils ont également acheté des parts de marché de VMware).

Depuis peu, Cisco communique tous azimuts sur l'arrivée de la virtualisation dans le monde des réseaux avec des produits novateurs comme le Nexus 1000v.

Le but du Nexus 1000v est de se substituer au vSwitch de niveau 2 déjà présent dans VMware ESX, afin d'offrir toutes les fonctionnalités que propose un Switch physique. Le but est en quelque sorte d'élever les machines virtuelles d'un point de vue réseau, au même niveau fonctionnel que les machines physiques.

Le Nexus 1000v sera compatible avec vSphere uniquement.

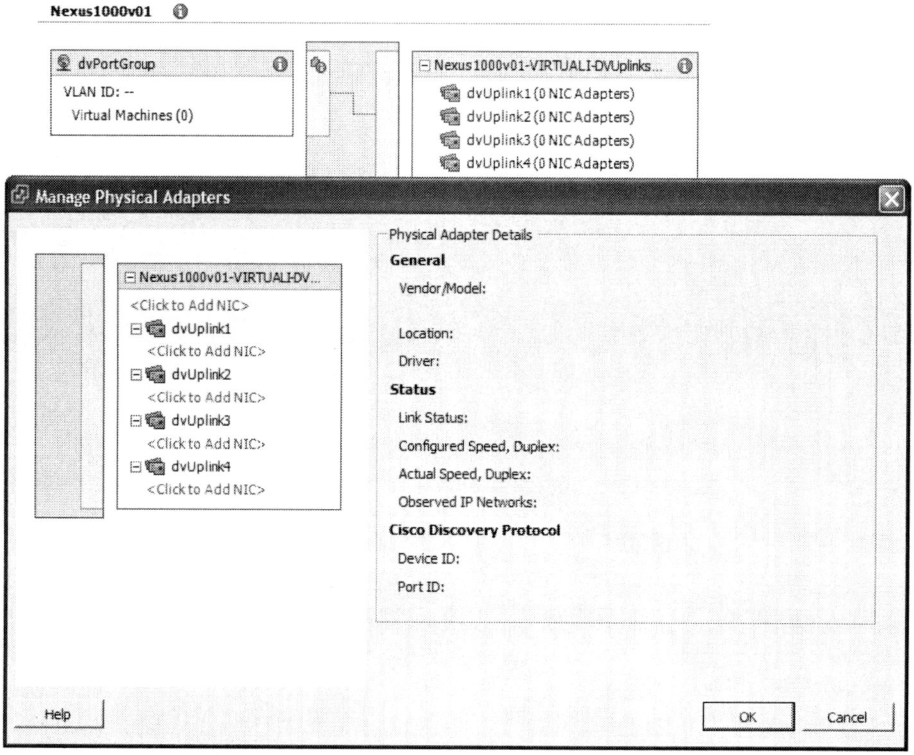

Quoi qu'il en soit, l'alliance avec Cisco devrait permettre une meilleure haute disponibilité réseau.

2.5 La supervision de l'infrastructure virtuelle

Bien souvent, il ne suffit pas de mettre en place une architecture hautement disponible afin de s'assurer de la disponibilité des données et des systèmes. Il faut également pouvoir vérifier à tout moment, par exemple, l'état de tous les composants, la disponibilité des services, la température des serveurs, l'accessibilité des données, etc.

Tout cela se résume en un mot : supervision.

Avant d'aller plus loin, il est indispensable de se poser les questions suivantes :

- Que faut-il superviser ?
- Comment remontent les informations de supervision ?
- Qui supervise ?
- Quelles sont les métriques utilisées ?
- Quand faut-il déclencher des procures automatisées ou manuelles ?

Afin d'assurer la disponibilité de son système d'information, il convient de superviser l'ensemble des services qui le composent. Cela implique, pour une architecture virtuelle, de superviser au minimum :

- Les serveurs hôtes.
- Le stockage.
- Le réseau.
- Les systèmes invités ainsi que les applications et services critiques.

La remontée d'informations est extrêmement importante. Bien souvent les protocoles de supervision comportent des failles de sécurité importantes. Il conviendra de les utiliser avec parcimonie en ayant bien en tête les risques inhérents à leur utilisation.

Il faudra ensuite déterminer qui supervise l'infrastructure virtuelle. Il s'ensuit la constitution d'un ensemble de procédures, guides de bonnes pratiques, formation de personnel capable de pouvoir identifier les métriques importantes. Tout peut être effectivement supervisé, mais toutes les informations de supervision n'ont pas la même importance. Il faudra donc faire un tri et décider des métriques qui semblent valables ou non.

Les personnes s'occupant de la supervision devront pouvoir déclencher des procédures lorsque cela s'avérera nécessaire.

La supervision est un sujet qui doit être travaillé avant la mise en production d'une infrastructure virtuelle et qui nécessitera d'être amélioré constamment suivant l'évolution des processus et des technologies.

2.5.1 La supervision des serveurs hôtes

Les constructeurs de serveurs ont depuis bien longtemps travaillé sur la supervision matérielle de leurs serveurs. Cela permet de remonter des alertes concernant tous les composants internes. Il existe plusieurs approches pour superviser le matériel :

- Soit via des agents s'installant sur la Service Console. Ces derniers peuvent collecter les données et les envoyer à un collecteur centralisé (par exemple l'agent HP Insight Manager pour VMware).

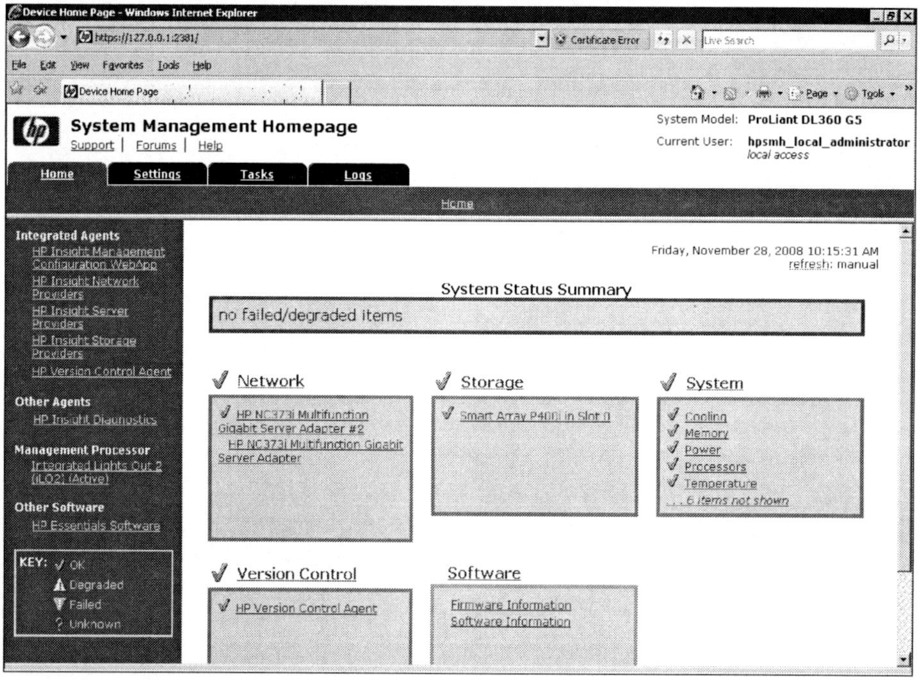

- Soit via le **Health Status** de VMware ESX 3.5 depuis la version Update 2. Les informations sont moins précises mais aucun agent n'est nécessaire.

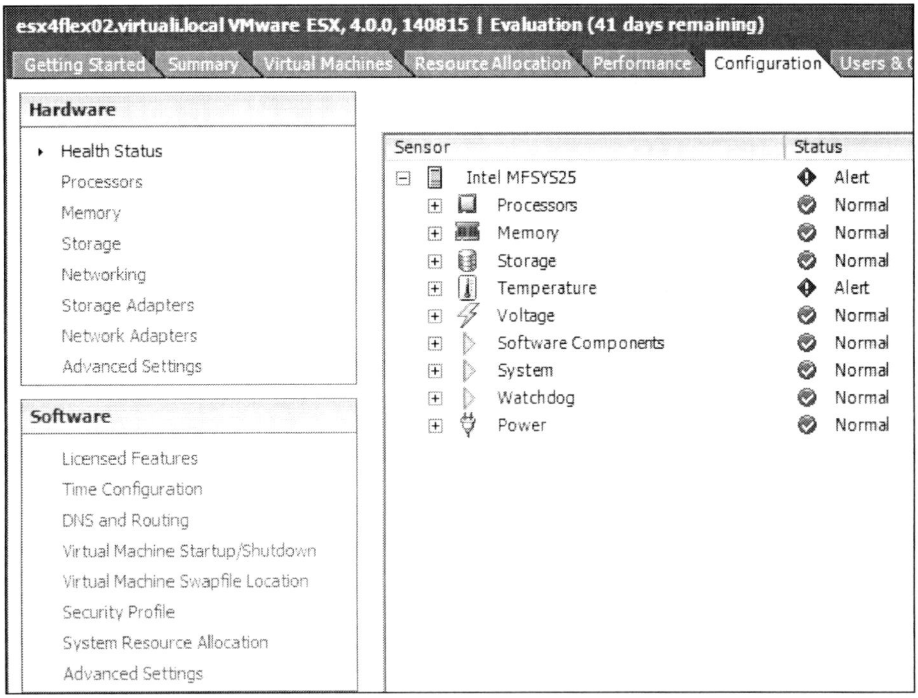

- Soit via les célèbres remontées SNMP. Cependant, ce mode n'est pas conseillé car SNMP n'est pas sécurisé par défaut et peut faire circuler sur le réseau des informations confidentielles.

Quel que soit le mode de supervision adoptée, il faudra s'intéresser particulièrement :
- aux processeurs,
- à la mémoire,
- aux disques locaux,
- aux cartes réseau.

Ces éléments ne sont pas exhaustifs. Il est possible d'ajouter d'autres éléments à superviser suivant le type de serveur choisi.

2.5.2 La supervision du stockage

L'espace de stockage résidant souvent sur des SAN/NAS, les constructeurs fournissent différentes méthodes afin de superviser leurs équipements :

- via des interfaces propriétaires,
- via l'envoi de messages SNMP.

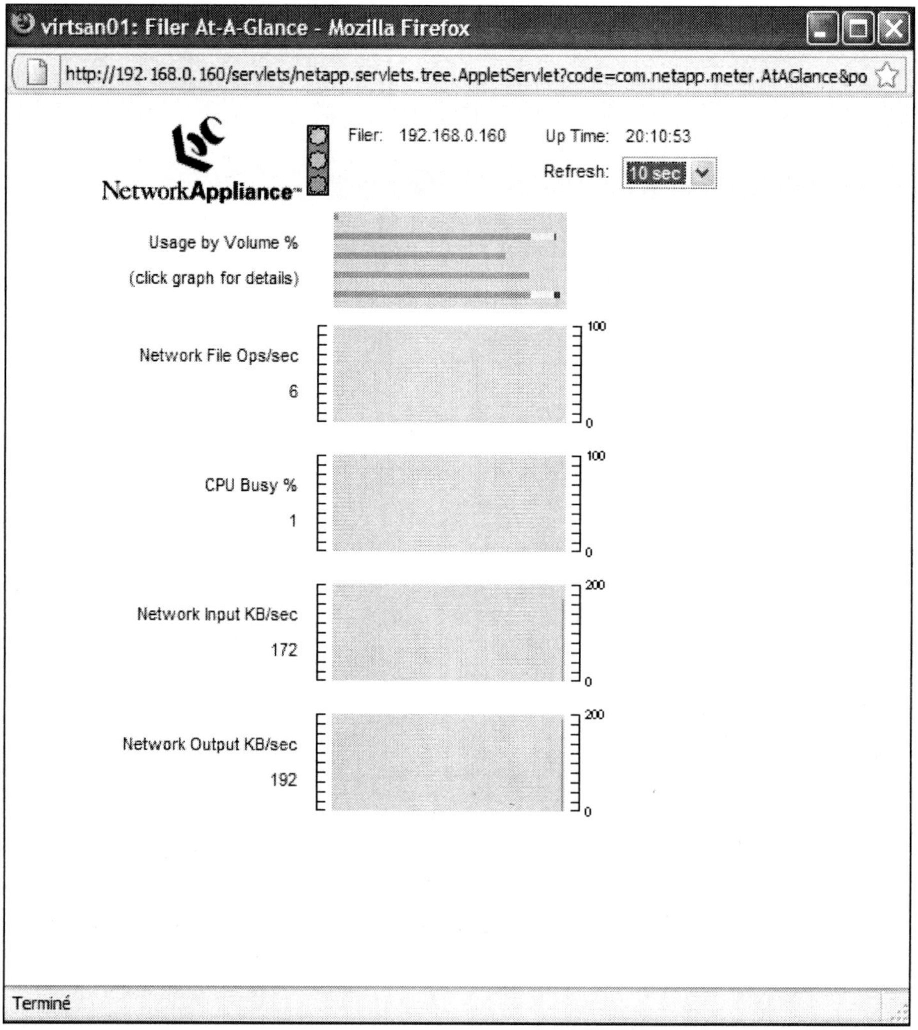

2.5.3 La supervision réseau

La supervision d'une infrastructure virtuelle passe également par la supervision du réseau physique et virtuel. Le réseau physique peut être supervisé de mille et une manières (les projets Open Source et produits ne manquent pas).

La supervision réseau est pour le moment très réduite au niveau de VMware ESX. Il est cependant possible de superviser :

- l'utilisation moyenne,
- le taux de transmission,
- le taux de réception,
- le nombre de paquets reçus et transmis.

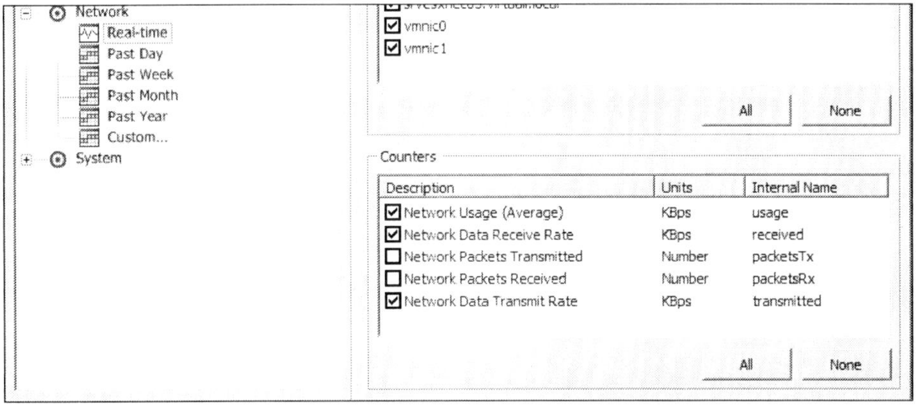

2.5.4 La supervision des systèmes invités, des applications et services critiques

La supervision des systèmes invités est bien gérée sur VMware ESX. Il est possible de recevoir de nombreuses informations sur, par exemple, le taux d'utilisation des disques en E/S, la consommation en CPU et mémoire, etc. Ces critères peuvent être visualisés soit en temps réel, soit en remontant dans l'historique. Virtualcenter peut collecter les informations au niveau des serveurs et des machines virtuelles.

Dernièrement, Virtualcenter Update 4 permet de résumer sur une seule page les critères les plus importants. Cela permet d'avoir un visuel global très rapidement.

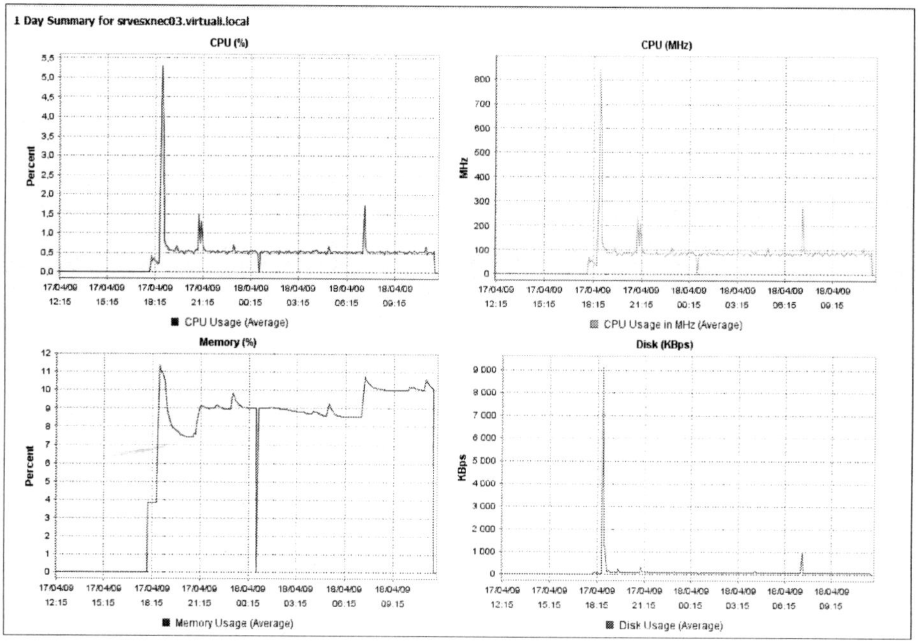

Le problème, c'est que l'hôte n'a pas connaissance du système invité, ou n'en a conscience que partiellement (via les *vmware tools*). Cela pose plusieurs problèmes, notamment la non-supervision des applications et services critiques exécutés dans le système invité. Il faut donc pour le moment se rabattre sur des outils permettant d'avoir un visuel beaucoup plus proche du système invité et des applications qui y résident.

De nombreuses sociétés se sont penchées sur ce marché prometteur :
- Sysload Software
- HP
- ManageEngine
- Monitis

Des sociétés ont même développé leurs propres modules de supervision grâce à l'Open Source.

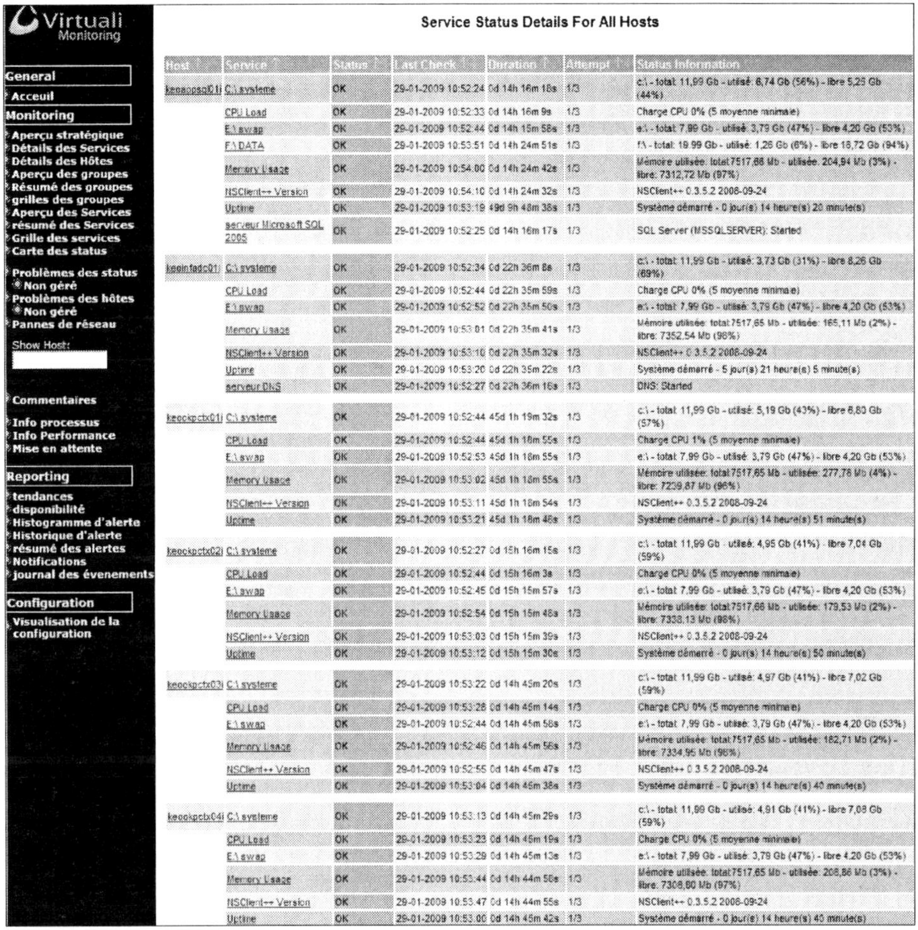

3. Challenge N° 2 : garantir l'intégrité et la confidentialité des serveurs VMware ESX

3.1 Le problème de l'isolation

D'après le principe premier de la virtualisation, un processus exécuté dans une machine virtuelle est totalement cloisonné. Il n'est pas possible que ce dernier puisse communiquer et modifier un processus de la machine hôte ou d'une autre machine virtuelle.

Pour autant, une machine virtuelle communique de façon permanente avec son hôte via des canaux cachés. Tout est intercepté par le VMkernel via une backdoor VMware. Celle-ci est notamment utilisée avec les VMware Tools afin de pouvoir interagir entre le système hôte et le système invité.

L'introduction des jeux d'instruction Intel VT et AMD-V améliore l'isolation grâce à un contrôle au niveau des instructions provenant de la machine virtuelle à l'hôte.

Le cloisonnement est entièrement effectué via des mécanismes internes à VMware (bien que le hardware contribue à mieux garantir l'isolation). Cette couche est évidemment faillible à des erreurs humaines. Il y a donc un risque non négligeable.

Pour preuve, regardons du côté de l'historique de VMware ESX.

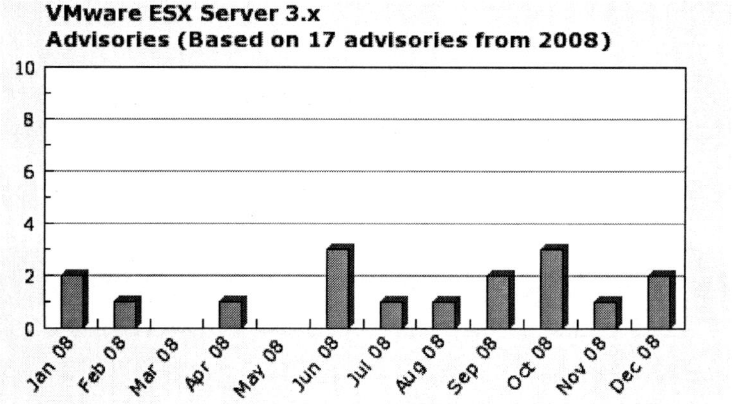

En 2008, on constate que le nombre de vulnérabilités a été compris entre 0 et 3 par mois. C'est peu par rapport à la complexité du système. Cependant, cela montre également que les failles existent et que VMware ESX n'est en aucun cas exempt de défauts.

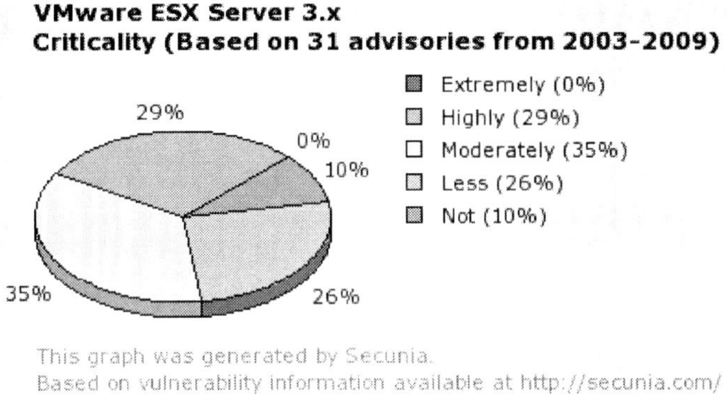

Aucune faille n'a été déterminée comme critique jusqu'à présent sur VMware ESX 3. Il n'y a pas de PoC (*Proof of Concept*) permettant de compromettre l'hyperviseur à partir d'une machine virtuelle par exemple. Par contre, c'est le cas pour un autre produit de VMware : VMware Workstation. Cependant, 29 % sont des vulnérabilités dites hautement critiques, ce qui signifie également que le risque est très présent.

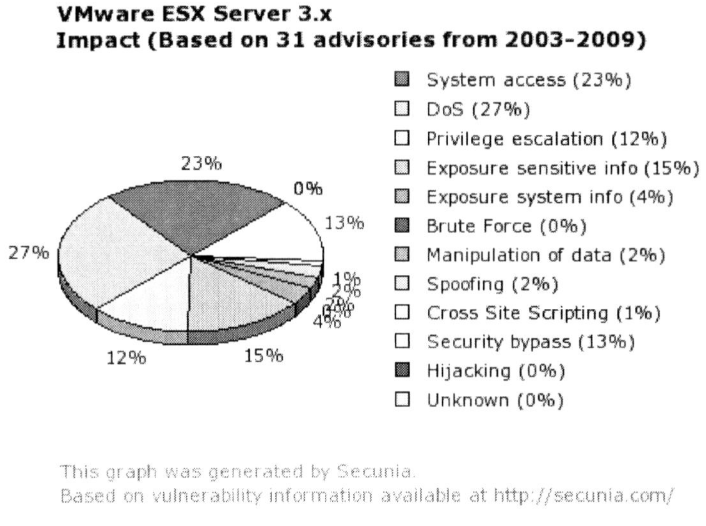

Les principaux impacts éventuels en cas d'exploitation sont assez évocateurs :

- Accès au système : mise à mal de l'isolation.
- DoS : atteinte à la disponibilité.

Deux exemples concrets :

CVE-2007-4496: une faille pouvait permettre à un compte privilégié dans un système invité de provoquer une corruption mémoire dans un processus de l'hôte afin de faire exécuter à ce dernier un code arbitraire.

CVE-2007-4497: une faille pouvait permettre à un système invité de provoquer un dysfonctionnement dans les processus de l'hôte.

Il est important de remettre ces données dans leur contexte également. Les principales vulnérabilités viennent de la Service Console qui est en fait un système d'exploitation Redhat 3. VMware n'est en rien responsable dans les vulnérabilités de la distribution Linux RedHat.

En conclusion, il est essentiel de garder à l'esprit que deux machines virtuelles ne peuvent garantir le même degré d'isolation que deux machines physiques.

3.1.1 Risque au niveau de la couche de virtualisation

VMware intègre des mécanismes de sécurité au niveau de la couche de virtualisation qui comprend le VMkernel et le VMM.

- La protection mémoire est assurée de façon à se prémunir de l'hyperspacing, ce qui signifie que la machine virtuelle ne peut lire ou écrire à des espaces mémoire autres que ceux alloués par le VMM à ladite machine virtuelle.
- Le VMM supporte la propagation du bit No Execute (pages mémoire marquées comme non exécutables) aux processeurs virtuels. Cela permet aux systèmes invités, tel que Microsoft Windows XP ou Windows 2003, d'activer la fonction « Data Execution Prevention ».

Le seul risque qui est considéré comme plausible reste l'exploitation d'une vulnérabilité pouvant entraîner l'exécution de code arbitraire au niveau du VMM ou du VMkernel. Vu les protections, il semble qu'une DoS (*Deny of Service*) soit plus à craindre qu'une prise de contrôle de l'hyperviseur ou des machines virtuelles.

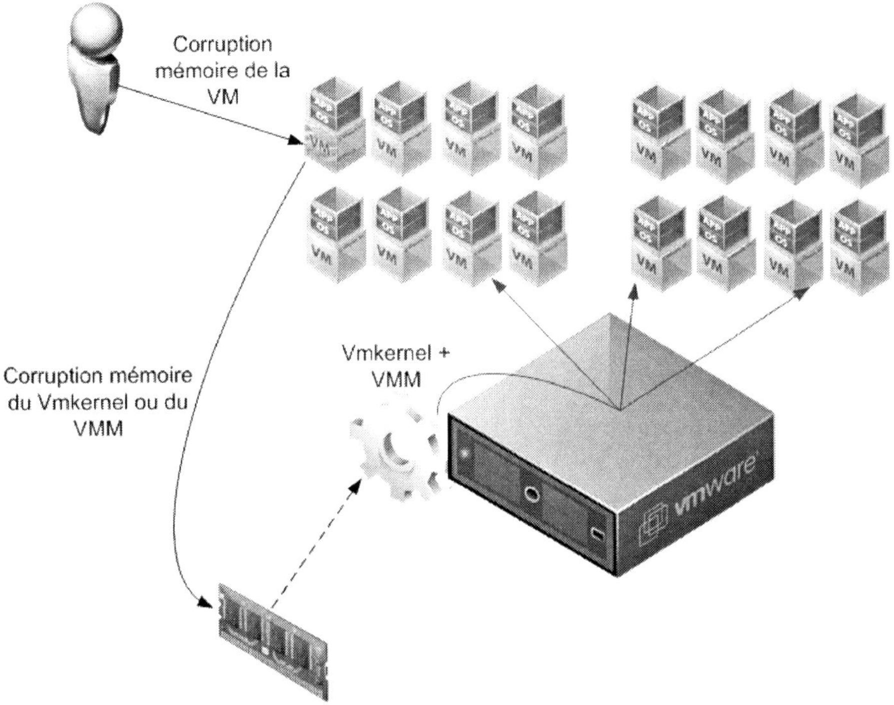

Voici pour vous aider une ébauche d'analyse de risques :

Menace	**Probabilité**	**Impact potentiel**	**Contre-mesure**	**Commentaire**
Attaque type Buffer Overflow	Possible	Disponibilité	Le VMM supporte la propagation du bit NX/XD. Vu que le translateur binaire n'opère pas sur des traductions de plus de 12 instructions, il est difficilement imaginable d'avoir un Buffer OverFlow.	Une attaque type Buffer Overflow est possible mais difficile. Il faudrait un niveau de compétence très élevé quoi qu'il en soit.
Exploitation de l'hyper-threading	Improbable	Disponibilité	Les serveurs ESX ne donnent pas la possibilité aux machines virtuelles d'utiliser l'hyperthreading, cependant plusieurs machines virtuelles peuvent utiliser en même temps le même cœur. Il sera extrêmement difficile d'utiliser cette vulnérabilité afin de créer une DoS.	

Menace	Probabilité	Impact potentiel	Contre-mesure	Commentaire
Exploitation de l'utilisation mémoire du VMkernel	Improbable	Disponibilité	Quand une machine virtuelle demande de la mémoire au VMkernel, celui-ci remet à zéro l'ensemble des pages. Théoriquement, la machine virtuelle a un contrôle total de son espace mémoire et aucune autre machine virtuelle ne peut y accéder.	L'hyperspacing est réellement difficile dans ce cas précis.
Fuite mémoire due au partage transparent des pages	Impossible	N/A	Dès qu'une machine virtuelle essaie de modifier une page mémoire partagée, elle récupère une copie privée.	La protection est ici parfaitement assurée grâce à un mécanisme astucieux.

3.1.2 Risque au niveau de la couche réseau

La couche de virtualisation réseau permet de faire communiquer les machines virtuelles avec le réseau physique mais permet également de s'intégrer avec des SAN/NAS grâce au protocole iSCSI ou NFS.

VMware ESX propose un certain nombre de mécanismes réseau afin d'assurer une protection de niveau 2 :

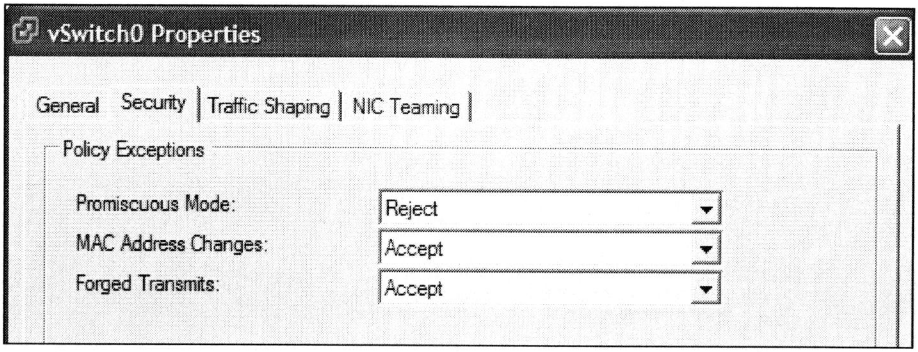

- Le **Promiscuous Mode** : par défaut en mode **Reject**, cela permet d'empêcher la machine virtuelle d'écouter le trafic réseau sur l'interface connectée au vSwitch. Si cette option est activée, rien n'empêche un utilisateur de suivre tout le trafic réseau du vSwitch avec un outil tel Wireshark ou Ethereal.
- **Mac Address Changes** : par défaut sur **Accept**, ce mode permet de rejeter les paquets dont l'adresse MAC ne correspond pas à celle inscrite dans le fichier .Vmx de la machine virtuelle. L'activation de ce mode permet de bloquer les attaques type Mac spoofing.
- **Forged Transmits** : empêche une VM de transmettre des paquets ARP forgés dans le but de rediriger le trafic. Cela empêche théoriquement les attaques de type Arp Spoofing et Cache Poisoning.

Comme vous le voyez ici, la couche réseau de VMware permet de se prémunir d'attaques dont il était difficile de se prémunir auparavant dans une infrastructure classique.

Cependant, du fait que la couche réseau reste logicielle, il est théoriquement possible de voir apparaître les risques suivants :
- Une vulnérabilité entraînant un déni de service. Aucun stress test type Fuzzing n'a été réellement tenté contre la couche de virtualisation réseau de VMware (en tout cas aucune étude publique). Il y a fort à parier que des dysfonctionnements pourraient apparaître à ce niveau.

- L'interception de trafic VMotion. Bien que cela n'ait pas pu être démontré, il existe un risque sur VMotion puisque le contenu de la mémoire d'un système invité transite sur le réseau LAN. Si ce trafic venait à être intercepté et déchiffré par une personne malveillante, il y a fort à parier que cette dernière serait alors en possession de suffisamment d'informations pour pénétrer le système invité.
- La réalisation d'attaques réseau niveau 2 ou 3 (Mac Spoofing, Arp Spoofing, IP spoofing, etc.).
- Interception de trafic réseau et écoute sauvage.
- Contournement du cloisonnement réseau (VLAN).

Voici pour vous aider une ébauche d'analyse de risques :

Menace	**Probabilité**	**Impact potentiel**	**Contre-mesure**	**Commentaire**
Attaque sur l'intégrité des Switch virtuels	Improbable	Confidentialité Intégrité	La connexion entre Switch virtuel est quasiment impossible. Les Switch virtuels ne partagent pas de connexion physique. Il n'est pas possible de les leurrer comme des Switch physiques classiques. Chaque Switch virtuel possède sa propre table de transfert. Il n'y a pas de mécanisme permettant de transfert cette table.	

Menace	Probabilité	Impact potentiel	Contre-mesure	Commentaire
Attaque via une VM reliée au Switch virtuel	Improbable	Disponibilité	Les Switch virtuels ne prennent pas connaissance du réseau via des entités externes. Une machine virtuelle ne peut pas modifier la table du Switch car il n'est pas conçu pour évoluer.	
Trafic inter VLAN	Impossible	Confidentialité	Il est important de configurer le trafic par VLAN au niveau de VMware ESX. Les experts réseaux estiment que la minimisation du support au niveau des VLAN apporte un degré de sécurité supplémentaire.	
Attaque réseau via les VLAN des Switch virtuels	Improbable	Confidentialité Intégrité Disponibilité	L'utilisation de Switch physiques séparés pour les différents Switch virtuels est également une bonne idée.	
Brèche réseau par erreur humaine	Possible	Confidentialité Disponibilité	La labellisation des VLAN permet d'éviter la confusion.	

Menace	Probabilité	Impact potentiel	Contre-mesure	Commentaire
MAC spoofing	Possible	Confidentialité	En paramétrant les options de sécurité à **Reject** au niveau des Switch virtuels pour le mode **Mac Address Changes** et **Forged Transmits**, cette attaque est totalement impossible.	

3.1.3 Risque au niveau de la Service Console

Comme vous l'avez vu auparavant, la Service Console est en fait un système d'exploitation Linux RedHat. C'est en réalité une machine virtuelle spéciale gérée par le VMkernel. Si la Service Console était compromise, l'ensemble des machines virtuelles de l'hôte pourrait l'être également.

La Service Console n'est pas un système exempt de défaut. De nombreux services et packages peuvent y être installés. Des protocoles non sécurisés sont présents : FTP, Telnet, NIS, SNMP, SMTP, etc. De plus, les éditeurs et constructeurs ont apporté leur pierre à l'édifice en créant des packages dédiés à la Service Console pour la sauvegarde et la Supervision notamment.

Voici quelques exemples de risques :
- Exploitation d'une vulnérabilité logicielle/conceptuelle/protocolaire pouvant mener à la compromission de la Service Console. Typiquement la compromission de SSH V1, l'écoute de trafic Telnet, FTP ou encore SMTP.
- Exploitation des faiblesses Unix inhérentes : programme avec le bit setuid/setgid, mot de passe faible, etc.

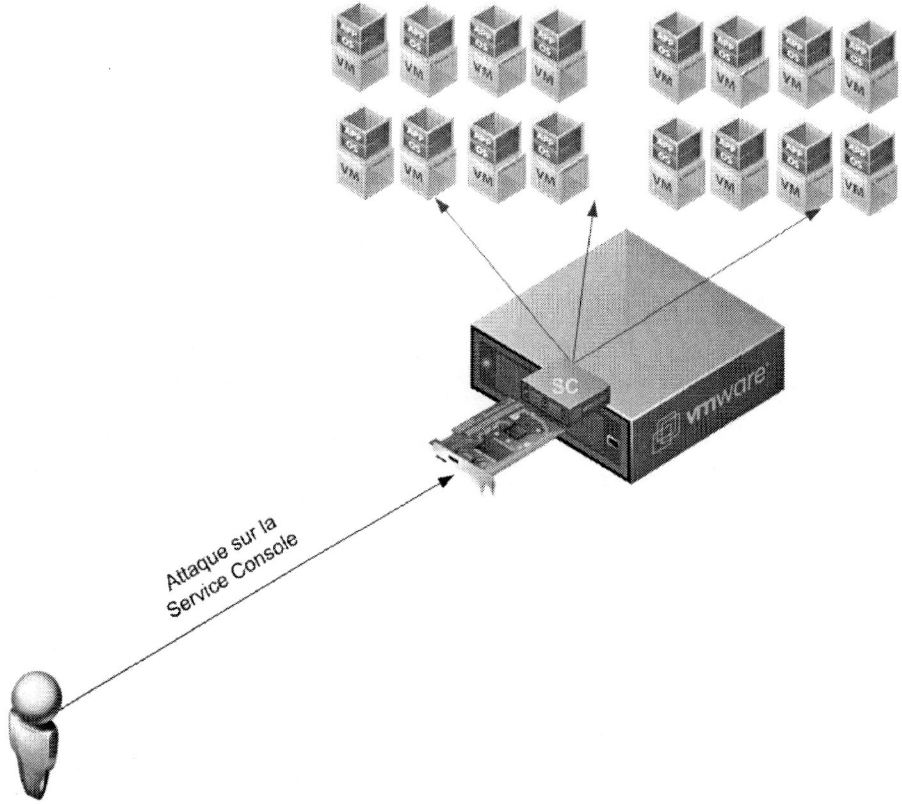
SC
vmware
Attaque sur la
Service Console

Voici également pour vous aider une ébauche d'analyse de risques :

Menace	Probabilité	Impact potentiel	Contre-mesure	Commentaire
Infiltration dans la Service Console depuis un réseau externe	Possible	Disponibilité Intégrité	N'autoriser les connexions que depuis un réseau protégé. Aucune connexion ne doit être reliée directement à Internet.	Par défaut l'ESX possède un firewall configuré pour ne laisser entrer aucune connexion externe. Les seuls ports ouverts en sortie sont les ports strictement nécessaires à la communication entre les différents éléments de VI Infrastructure.
Interception des communications de la Service Console	Possible	Disponibilité Intégrité	Toutes les communications du client sont chiffrées avec SSL (AES 256 et RSA 1024).	La seule possibilité serait que la connexion se fasse via un réseau WAN et qu'une attaque type MIM (*Man In The Middle*) ait lieu (vu que peu de personnes observent les certifications à la connexion).

Menace	Probabilité	Impact potentiel	Contre-mesure	Commentaire
Accès à la Service Console via le Browser Web	Possible	Disponibilité	Le serveur Tomcat installé en interne de VMware ESX a été modifié pour supporter uniquement l'administration et la supervision.	
Attaque de la Service Console via une vulnérabilité Red-Hat	Possible	Disponibilité Intégrité	VMware est très actif afin de sortir rapidement des patchs pour sa Service Console.	La réactivité de VMware en la matière est pour le moment assez exemplaire.
Attaque de la Service Console via des services non sécurisés	Possible	Disponibilité Intégrité	Les services non sécurisés ne sont pas actifs par défaut.	Durant les périodes de maintenance, il est possible que des ports tels que FTP ou SMB soient ouverts. Cependant la fenêtre d'ouverture est très réduite.
Attaque de la Service Console via changement des permissions	Possible	Disponibilité Intégrité	Le nombre d'applications utilisant setuid/setgid a été réduit au strict minimum.	

Menace	Probabilité	Impact potentiel	Contre-mesure	Commentaire
Attaque de la Service Console via SNMP	Improbable	Disponibilité	ESX ne supporte que SNMPv1 et en read-only. Il n'est donc pas possible de paramétrer quoi que ce soit.	
Attaque de la Service Console via un réseau classique	Improbable	Disponibilité Intégrité	Il faut isoler la Service Console sur un VLAN.	
Attaque de la Service Console via des ports classiquement utilisés	Possible	Disponibilité Intégrité	VMware ESX possède un Firewall configuré par défaut pour n'autoriser en sortie que les ports 902, 80, 443, and 22. Rien n'est autorisé en entrée. Un DoS sur ces ports est possible. Mettre en Firewall Hardware devant la Service Console est une option a prendre en considération. Le firewall est basé sur Iptables ce qui permet d'aller très loin dans sa configuration.	

Menace	Probabilité	Impact potentiel	Contre-mesure	Commentaire
Attaque de la Service Console via des applications ou services supplémentaires	Improbable	Disponibilité	La plupart des agents de backup et de supervision testés utilisent des droits réduits ne permettant pas à un attaquant de prendre possession de la Service Console.	Il est vrai que plus le nombre de portes ouvertes est grand, plus le risque augmente.
Utiliser la Service Console comme un système Linux RedHat classique	Probable	Disponibilité Intégrité Confidentialité	Vérification de l'intégrité des fichiers et des processus qui tournent. Exportation des fichiers de logs à un point central de façon automatisée.	La Service Console est un système RedHat complètement customisé et modifié afin de ne lancer que les processus strictement nécessaires à la communication avec le Vmkernel. Toute installation de package RedHat supplémentaire peut éventuellement ajouter des vulnérabilités qui se seront pas traitées par les patchs de VMware.

Menace	Probabilité	Impact potentiel	Contre-mesure	Commentaire
Code malveillant	Possible	Disponibilité	L'isolation sur un réseau protégé réduit largement ce type de menace.	L'utilisation d'un code malveillant est beaucoup plus difficile car la Service Console est une version très restreinte d'un système RedHat 3. VMware, dans ses Best Practices, ne conseille pas aujourd'hui l'utilisation d'un agent antivirus.
Modification non autorisée des services principaux de VMware ESX	Possible	Intégrité	Les fichiers et répertoires suivants devraient être vérifiés régulièrement d'un point de vue intégrité : /etc/profile, /etc/ssh/sshd_config, /etc/pam.d/system_auth, /etc/ntp, /etc/ntp.conf, /etc/passwd, /etc/group, /etc/sudoers, /etc/shadow, /etc/vmware/ Leur sauvegarde peut s'avérer également utile.	

Menace	Probabilité	Impact potentiel	Contre-mesure	Commentaire
Attaque internet ou mauvaise utilisation de la Service Console	Possible	Disponibilité Intégrité	N'utiliser le client VI Infrastructure que depuis un seul endroit. L'utilisation directe de la Service Console n'est pas recommandée. Elle ne doit être utilisée (via SSH) que pour des cas bien précis ne pouvant être résolus via le client VI.	
DoS en remplissant les partitions (Root par exemple)	Possible	Disponibilité	Il faut créer des partitions différentes pour /home, /tmp, et /var/log. Ce sont les seules partitions qui peuvent probablement être remplies de façon automatique.	Si la partition Root est pleine, une DoS est alors possible.

3.1.4 Risque au niveau des machines virtuelles

Bien que la virtualisation avec VMware ESX ne modifie aucunement le système invité, elle introduit tout de même de nouvelles vulnérabilités :

- L'utilisation des VMware Tools permet à une VM de disposer de fonctionnalités type Copy/Paste, Shared Folders, Drag & Drop et Memory Ballooning. Ces fonctionnalités, bien qu'elles soient extrêmement pratiques, permettent la fuite d'information, l'épuisement des ressources d'un système invité ou encore l'erreur humaine...

- Le Snapshot. Bien que cette fonctionnalité soit extraordinaire, sa mauvaise utilisation peut s'avérer rapidement catastrophique.
- La monopolisation des ressources par une seule VM au détriment des autres.

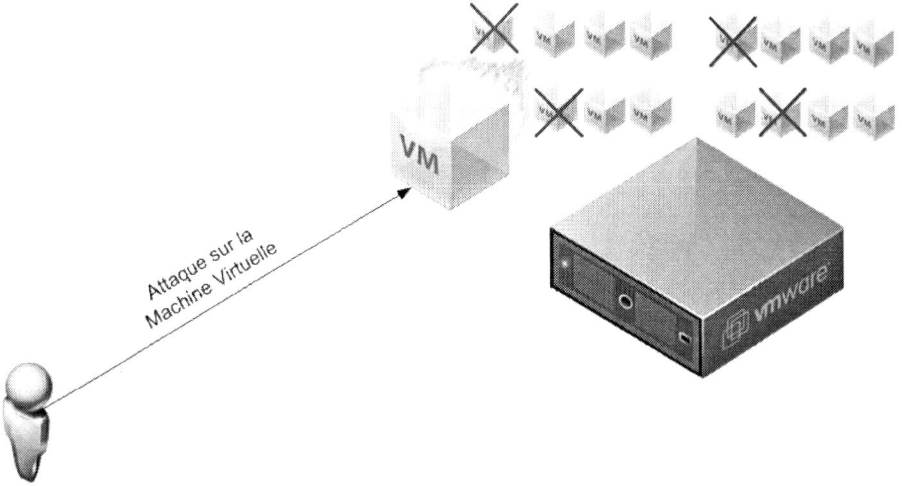

- Les machines virtuelles ne sont désormais plus que de simples fichiers. Il est donc très facile de les importer et les exporter... avec toutes les données qui s'y trouvent !

- Le risque dit de *Rogue Virtual Machine* ou machine virtuelle espion va être monnaie courante...

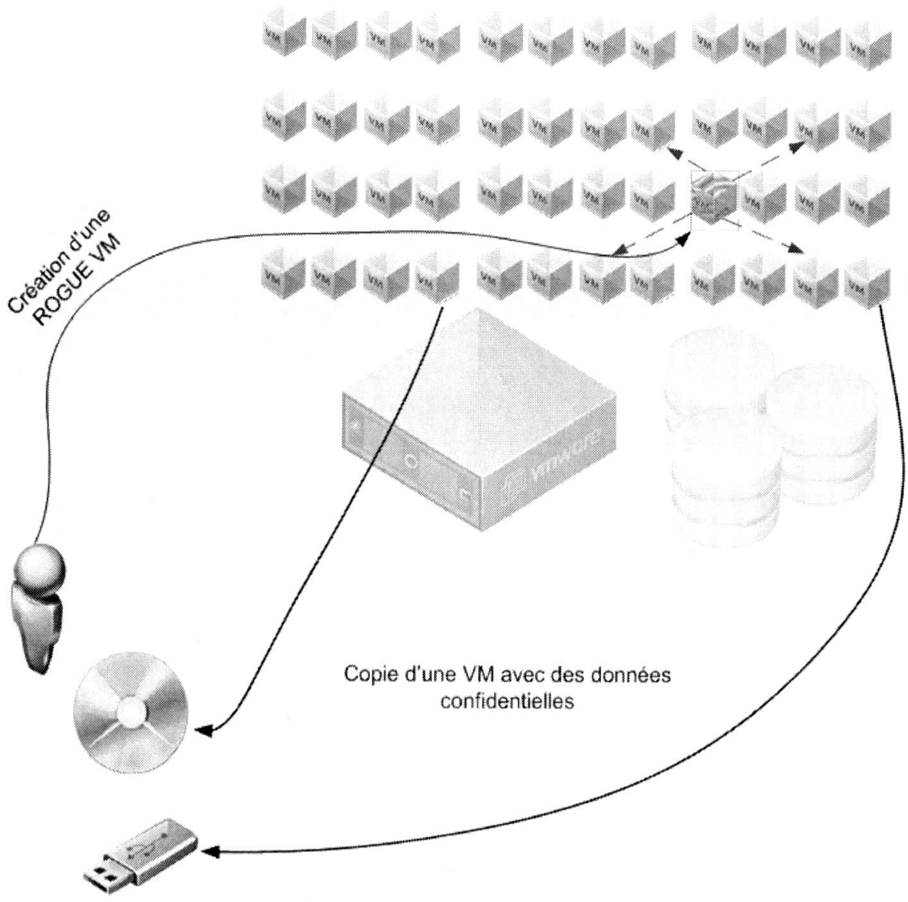

Voici également pour vous aider une ébauche d'analyse de risques :

Menace	Probabilité	Impact potentiel	Contre-mesure	Commentaire
Attaque d'une machine virtuelle via un chemin d'une autre VM sur le même serveur ESX	Impossible	Disponibilité	Le VMkernel et le VMM sont la pour vérifier l'isolation.	Bien évidemment, les machines virtuelles peuvent communiquer ensemble si elles se trouvent sur le même Switch virtuel ou si elles sont reliées sur le même Switch physique.
DoS via une consommation excessive de ressources	Possible	Disponibilité	Il est possible de paramétrer des limites au niveau des ressources ainsi que des réservations.	Si le paramétrage est bien fait, le risque de consommation excessive est largement réduit. Cependant, paramétrer ces options demande de bien connaître son environnement.
Risques classiques des machines virtuelles	Possible	Disponibilité Intégrité Confidentialité	Le fait que les machines soient virtuelles ne doit pas empêcher qu'elles doivent être traitées comme des machines physiques avec un antivirus, un anti spyware, du filtrage, de la détection d'intrusion, du durcissement, etc.	

Menace	Probabilité	Impact potentiel	Contre-mesure	Commentaire
Attaque via la Console VI	Possible	Disponibilité	Le bon paramétrage des droits au niveau des machines virtuelles permet d'éviter ce risque.	

3.1.5 Risque au niveau du stockage

VMware est extrêmement lié au stockage et notamment donc aux constructeurs de baies de stockage. Auparavant, les réseaux SAN étaient bien isolés. Mais avec l'arrivée de la virtualisation, ce ne sera pas forcément le cas. Les baies de stockage supportent une administration basée sur IP, et les protocoles type iSCSI ou FCOE (*FC Over Ethernet*) permettent de communiquer via le réseau IP avec les baies de stockage.

La virtualisation a donc changé les mœurs au niveau des réseaux SAN. Cela les a ouverts au monde IP beaucoup plus qu'ils ne l'étaient auparavant.

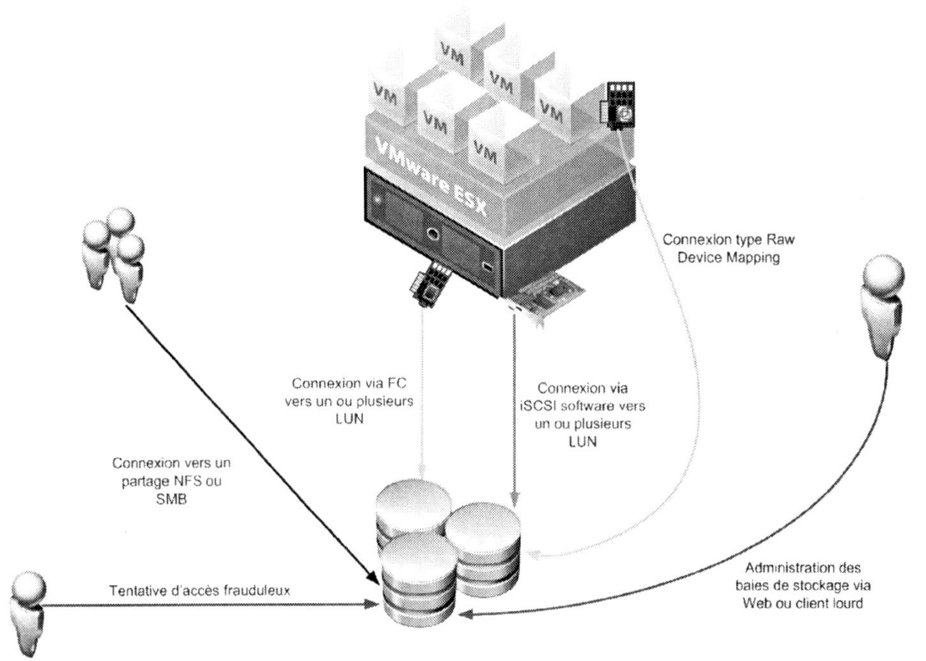

Cette ouverture peut permettre à des individus malveillants d'accéder à des données confidentielles.

Voici également pour vous aider une ébauche d'analyse de risques :

Menace	Probabilité	Impact potentiel	Contre-mesure	Commentaires
Présentation non autorisée de données du SAN	Probable	Intégrité Confidentialité	Le Zoning et le LUN Masking sont des éléments à bien considérer dans un réseau SAN.	Lorsque les SAN permettent l'accès au niveau fichiers (SMB, NFS, etc.), il faudra également veiller à leur bon paramétrage.

Menace	Probabilité	Impact potentiel	Contre-mesure	Commentaires
Capture de données des réseaux SAN via une machine virtuelle	Improbable	Intégrité Confidentialité	Les machines virtuelles ne comprennent pas le protocole FC. Elles ne voient que des périphériques SCSI. Même le Multipathing est géré de manière à ce que la machine virtuelle ne voie rien du réseau SAN.	
DoS d'une machine virtuelle en accédant de manière intensive au SAN	Possible	Disponibilité	Il est possible de restreindre la machine virtuelle au niveau des E/S (avec la notion de SHARE).	
Attaque de l'interface d'administration des réseaux SAN	Possible	Disponibilité Confidentialité Intégrité	Les SAN s'administrent quasiment tous via le réseau IP. Il est nécessaire de bien remplacer les mots de passe par défaut et de créer des mots de passe forts.	

3.1.6 Risque au niveau de Virtualcenter

Virtualcenter est un élément extrêmement critique dans toute architecture VMware ESX. À partir de Virtualcenter, il est possible de diriger l'ensemble des opérations sur tous les serveurs ESX.

La criticité de Virtualcenter

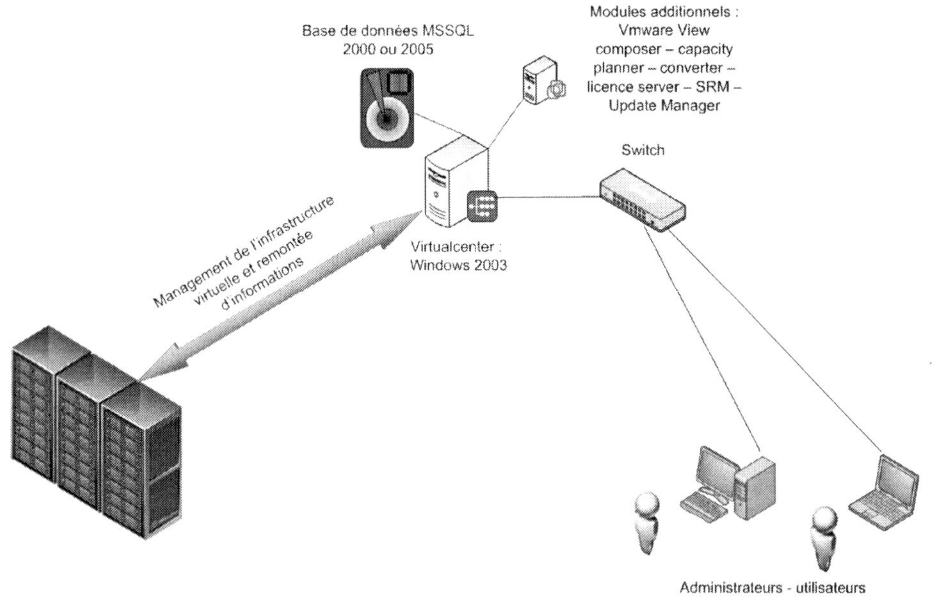

Virtualcenter est malheureusement atteint par le syndrome de l'accumulation des modules. Virtualcenter est composé de :

- Windows 2003-2008 comme système d'exploitation (avec l'arrivée de vSphere). Ce système est soumis à de nombreuses vulnérabilités.
- Une base de données MSSQL 2000 ou 2005. Les attaques sur les bases de données sont nombreuses, surtout sur MSSQL 2000.
- Un nombre de modules complémentaires impressionnants venant de l'écosystème de VMware. Ces modules communiquent et ouvrent des ports (DoS possible).

Pour preuve, voici ce qu'il est possible de retrouver avec un serveur Virtual-center agrémenté de quelques modules :

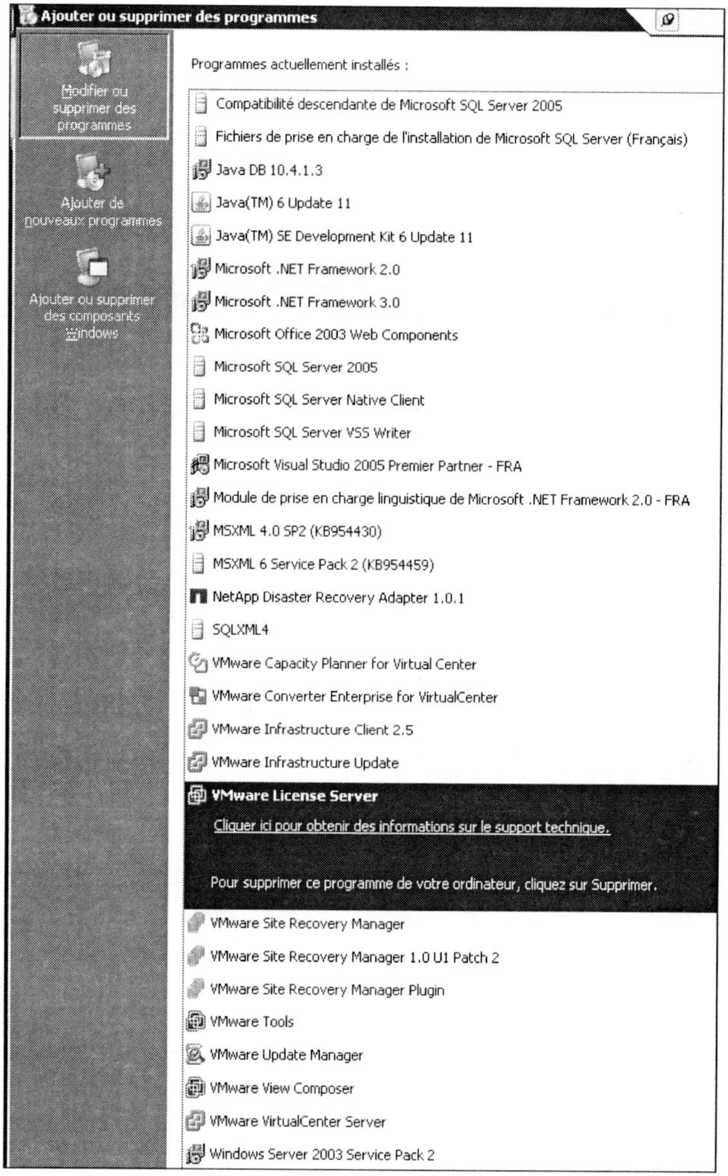

Voici l'ébauche d'analyse de risques :

Menace	Probabilité	Impact potentiel	Contre-mesure	Commentaires
Attaques spécifiques à Windows Server	Probable	Intégrité Confidentialité Disponibilité	Durcissement de Microsoft Windows 2003. Durcissement de MSSQL 2000 ou 2005. Utilisation de détecteurs d'intrusion, d'antivirus, antispyware et gestion de patchs.	
Utilisation de privilèges à cause d'une erreur humaine	Probable	Intégrité Confidentialité Disponibilité	Vu que Virtualcenter peut être intégré à Active Directory, le positionnement par erreur d'un utilisateur est tout à fait possible. Il faut bien faire attention à l'attribution des rôles, privilèges et objets.	

Menace	Probabilité	Impact potentiel	Contre-mesure	Commentaires
Accès à des informations stockées sous Windows permettant de recueillir des informations utiles	Possible	Disponibilité Intégrité	Virtualcenter possède un système de logs élaboré. D'autres fichiers sont également importants : licences, configuration de Virtualcenter (format XML), etc. Ces derniers sont répartis dans de nombreux répertoires où les droits d'accès peuvent être rapidement mal configurés. Il est donc nécessaire de positionner des droits de manière à empêcher un accès frauduleux à ces derniers.	

Menace	Probabilité	Impact potentiel	Contre-mesure	Commentaires
Corruption de Virtual-center via une attaque type Buffer Overflow	Peu probable	Disponibilité Confidentialité Intégrité	Virtualcenter est un logiciel développé par VMware avec .NET. Beaucoup de contre-mesures ont été intégrées afin d'éviter un débordement de tampon. Cependant, la possibilité existe. Il faut activer DEP au minimum et installer un logiciel permettant le contrôle mémoire (détecteur d'intrusion hôte) pour s'assurer que Virtualcenter ne sera pas compromis.	

3.2 Authentification et Autorisation

Il existe deux méthodes permettant d'accéder à un serveur ESX : par la Service Console ou en utilisant Virtualcenter. Le principal problème réside dans le fait que les droits présents au niveau ESX ne se répercutent pas au niveau de Virtualcenter et vice versa. Ce problème est dû au fait que Virtualcenter s'installe sur des systèmes Microsoft et communique avec Active Directory, alors que la Service Console est un système Unix.

Par défaut, au niveau ESX, seul le compte root peut avoir un accès total. Une fois intégré dans Virtualcenter, le compte vpxuser est ajouté localement au serveur ESX et possède des droits d'administrateur. Le compte vpxuser possède un mot de passe généré aléatoirement et change régulièrement (il n'y a donc pas de problème de sécurité à cause de ce compte).

La complexité des mots de passe ainsi que leur expiration est configurable entièrement via la commande **esxcfg-auth**. Il est possible de définir :
- l'âge maximum d'un mot de passe,
- l'expiration des mots de passe,
- la complexité de mots de passe,
- la longueur minimum des mots de passe.

Il faut garder à l'esprit que les comptes présents sur le serveur hôte ne sont que locaux. Il faut donc les effacer manuellement après utilisation.

Une fois intégré dans Virtualcenter, il est possible de gérer tous les serveurs ESX via une seule interface. Le serveur supportant Virtualcenter peut lui-même s'intégrer dans Active Directory de Microsoft. Il devient alors possible d'attribuer des droits au niveau de Virtualcenter à des utilisateurs se trouvant dans l'Active Directory.

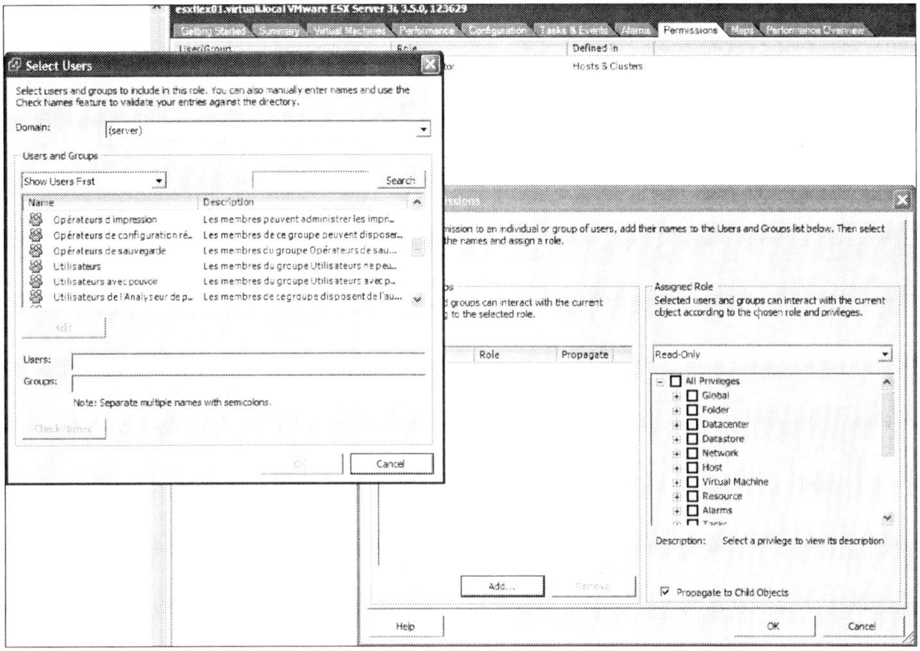

Virtualcenter attribue des droits selon 4 critères :
- les utilisateurs et groupes,
- les privilèges,
- les rôles,
- les permissions sur les objets.

Le principe est le suivant :

Une fois que l'utilisateur a été sélectionné (soit un utilisateur local ou un utilisateur dans Active Directory), il faut lui attribuer un rôle. Il existe de nombreux rôles par défaut ayant le droit de réaliser une ou plusieurs actions ou « privilèges ». Les rôles par défaut sont :
- administrateur de machines virtuelles,
- administrateur de Datacenter,
- utilisateur avec pouvoir de machines virtuelles,
- utilisateur de machines virtuelles,
- administrateur d'un ensemble de ressources.

Il est tout à fait possible de créer des rôles personnalisés ou de modifier ceux déjà existants (sauf le rôle no Access, read-only et administrateur).

Une fois l'utilisateur et le rôle choisis, l'utilisateur se voit accorder des privilèges qu'il convient de modifier ou de laisser tels quels.

En dernier lieu, il faut sélectionner les objets qui vont être concernés. Il est possible d'appliquer des droits sur les objets suivants :
- datacenters
- clusters
- hôtes
- machines virtuelles
- répertoires
- ensemble de ressources

3.3 Les mises à jour et protections à venir

VMware via Virtualcenter propose de mettre à jour l'ensemble des serveurs ESX (y compris ESXi) via le composant VMware Update Manager. VMware Update Manager est un proxy de mises à jour dans le sens où il récupère toutes les mises à jour des serveurs ESX et qu'il est capable de les redistribuer.

VMware Update Manager est capable également de mettre à jour les systèmes d'exploitation suivants :
- Windows
- Linux

Les avantages de VMware Update Manager sont les suivants :
- centralisation des mises à jour,
- possibilité de mettre à jour à la fois les systèmes Linux et Microsoft Windows,
- intégré dans Virtualcenter (pas besoin de machines virtuelles supplémentaires ou de mécanismes types WSUS).

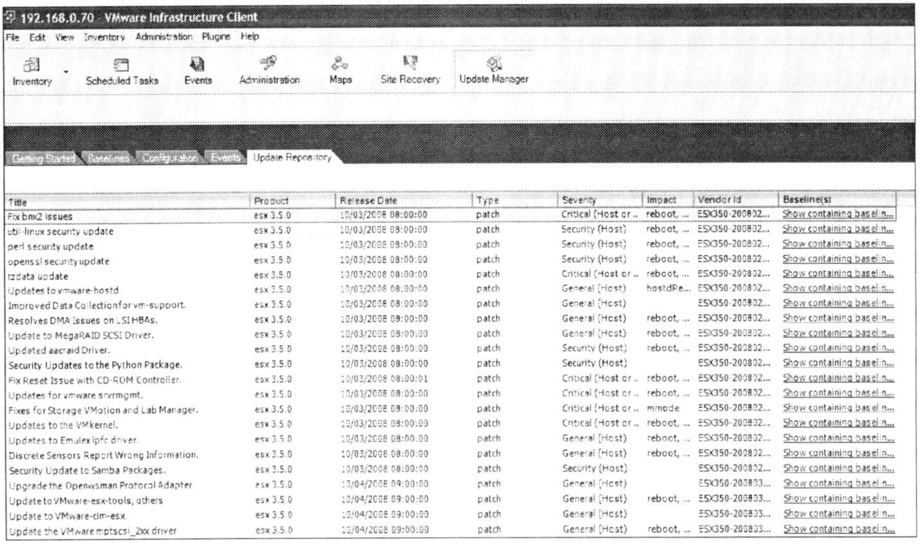

VMware devrait permettre de mieux garantir la protection de ses machines virtuelles via un add-on lorsque VMware ESX 4 sera disponible : vShield.

vShield devrait permettre de superviser, bloquer et tracer les communications inter VM entre serveurs ESX ou entre serveurs dans un même cluster. La granularité promise devrait s'étendre jusqu'au niveau applicatif.

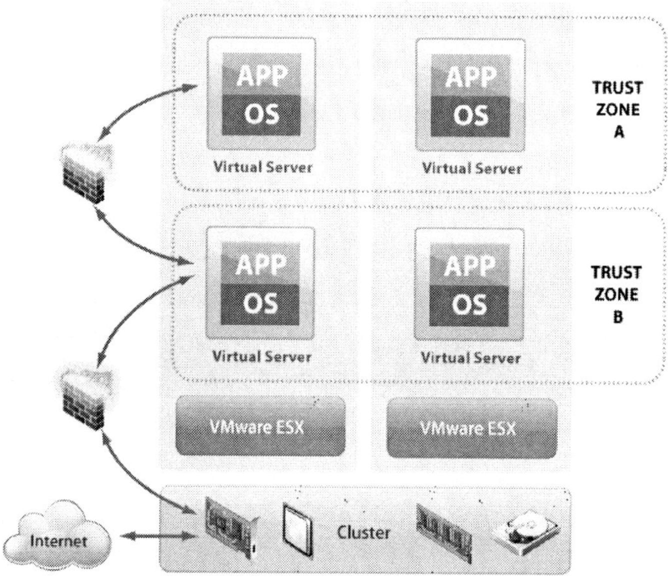

En résumé, vShield devrait permettre de créer des politiques de sécurité réseaux comme un Firewall/IPS/IDS. Reste à savoir s'il tiendra ses engagements et s'il sera suffisamment simple d'utilisation pour éviter les erreurs humaines.

4. Challenge N°3 : lutter contre les conséquences inhérentes de la virtualisation

4.1 La mise à mal de la défense périmétrique

La première conséquence de la virtualisation est la destruction de la défense périmétrique. En effet, la virtualisation crée des réseaux virtuels. Ces derniers redirigent les flux de différentes façons suivant leurs connexions à des réseaux physiques.

Au cours de nombreux audits, deux cas sont apparus :
- Bypass des protections réseau.
- Détection d'intrusions obsolètes.

4.1.1 Bypass des protections réseau

Les protections réseau types Firewall et ACL suivront difficilement les infrastructures virtualisées.

Il peut arriver que la notion de Switch virtuel soit mal comprise par les acteurs réseau (même les experts VMware s'y retrouvent difficilement).

Les firewalls peuvent donc être court-circuités à cause de cette mauvaise compréhension. Afin de mieux s'en rendre compte, voici un schéma issu d'un audit récent :

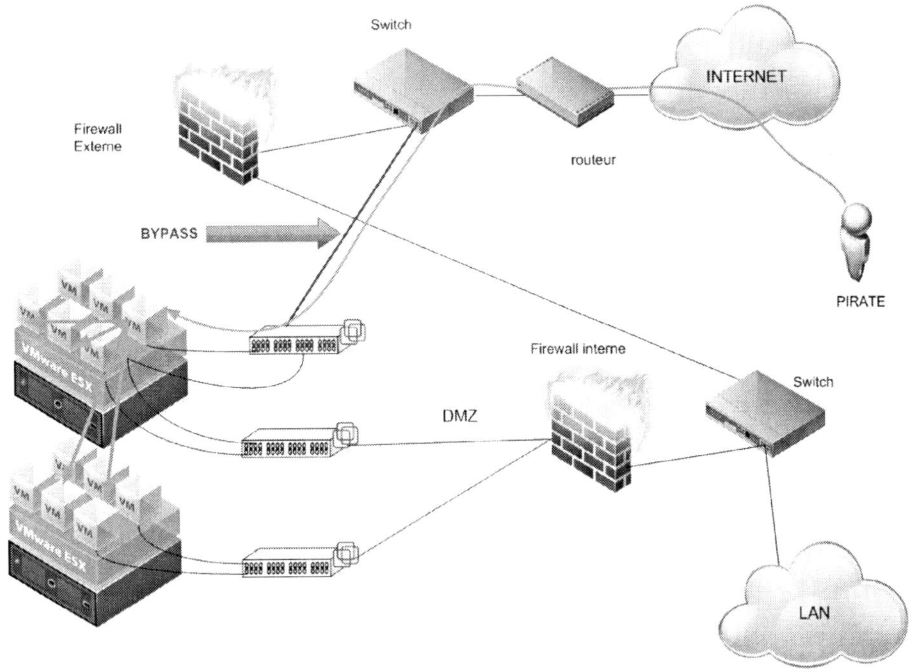

La connexion d'un Switch virtuel vers un Switch physique avait permis de sauter deux firewalls et ainsi laissait libre accès à une machine virtuelle. Depuis cette machine, le pirate avait pu prendre possession de toutes les autres machines virtuelles.

Eu égard à la complexité des réseaux, l'interaction avec des réseaux privés (VLAN), des réseaux virtuels (vSwitch) et des réseaux physiques (Switch, routeur, etc.) va inévitablement conduire à être exposé à ce type de risque. Il conviendra donc d'être particulièrement vigilant vis-à-vis de cette menace.

4.1.2 Détection d'intrusions obsolète

La détection d'intrusions était un sujet particulièrement sensible ces dernières années. Les acteurs du marché ont tout fait pour vendre leurs solutions avec plus ou moins de succès. La technologie de détection d'intrusions est devenue incontournable du fait de la complexification des attaques.

Malheureusement, la virtualisation risque de quelque peu mettre à mal ce marché. En effet, la détection d'intrusions est devenue très difficile dans un réseau virtuel. Les flux ne passent pas forcément où il le faudrait, ce qui rend les IDS/IPS plus ou moins inefficaces.

Voici également un exemple concret :

Le pirate fait partie du réseau interne. Il se connecte de façon tout à fait normale à une machine virtuelle dans une DMZ. À partir de là, le pirate profite du fait que les machines virtuelles sont reliées à des vSwitch internes.

Ce cas est évidemment contestable car l'architecture n'est pas optimisée d'un point de vue sécurité. Mais cela reste une bonne illustration de ce qui devrait se retrouver de plus en plus dans bon nombre d'entreprises, étant donné que la crise financière ne favorise pas l'achat de matériel dédié et que les décideurs vont préférer une isolation virtuelle à une isolation physique en terme de coûts.

4.2 Perte de vision de l'information

La virtualisation est très liée à la notion de Cloud Computing. Il faut imaginer dans quelques années ce que donnera la virtualisation. Les machines virtuelles bougeront d'un Datacenter à un autre sans coupure. Suivant les charges auxquelles elles seront confrontées, elles migreront sur des machines plus puissantes. C'est l'illusion d'un monde parfait, où tout est automatiquement géré, et où l'adaptation est le maître mot.

D'un autre côté, il faut également s'imaginer que vous ne saurez plus où se trouvent votre propre information, ni même vos machines virtuelles. Cela peut constituer un véritable problème.

Qui aujourd'hui garantit que votre machine virtuelle ne se retrouvera pas dupliquée dans un pays contre lequel vous êtes en guerre ?

Qui garantit que votre machine virtuelle ne se situe pas dans un pays sous embargo ?

Qui vous garantit que votre machine virtuelle n'est pas en ce moment dans les mains d'un concurrent ?

Qui vous garantit que le Datacenter où vient de migrer votre machine virtuelle possède la même politique de sécurité que celui où vous étiez auparavant ?

Beaucoup de questions vont se poser !

Il est clairement évident que la virtualisation va largement contribuer à améliorer la disponibilité de l'information. Mais cela ne devra pas se faire au détriment de la confidentialité et de l'intégrité.

La notion de Cloud Computing implique que les données confidentielles vont se retrouver dupliquées dans de nombreux endroits physiques répartis sur le globe, ou tout du moins se retrouveront présentes dans un laps de temps défini dans plusieurs lieux, et pourront ainsi être copiées. C'est d'autant plus de fenêtres et de portes ouvertes vers votre information. C'est l'eldorado de la fuite d'informations...

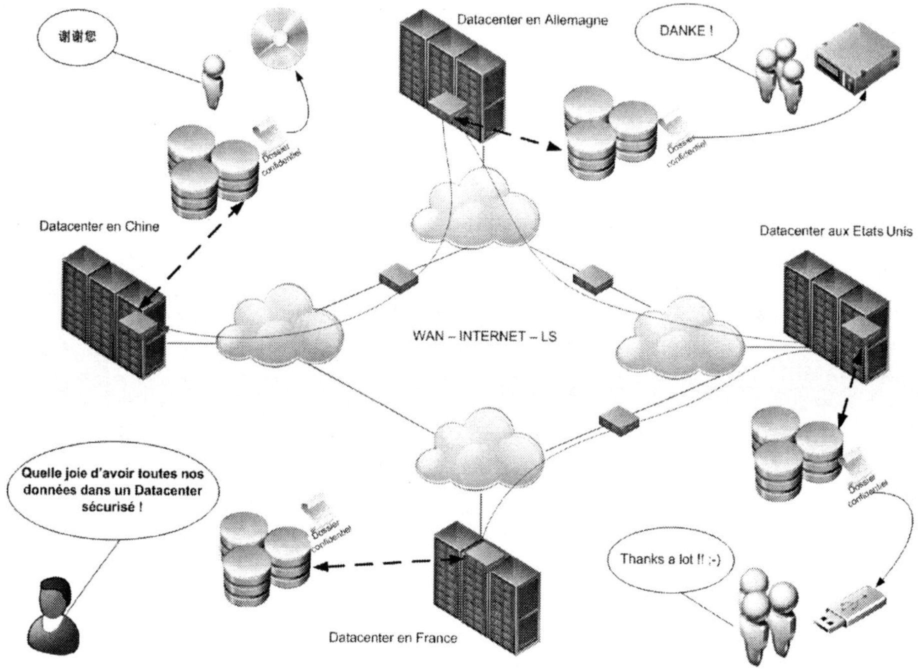

4.3 La réelle criticité des hôtes

Un des problèmes inhérents à la virtualisation concerne l'aspect dynamique et évolutif. C'est un point extrêmement positif dans de nombreux cas, mais ce n'est pas forcément le cas en terme de sécurité. En effet, lorsqu'il s'agit d'analyser la criticité d'un serveur, il faut prendre désormais en compte les machines virtuelles qui s'y trouvent. Cela complexifie largement la tâche de ceux qui doivent réaliser une analyse de risques. Imaginez maintenant que ces machines virtuelles soient mobiles et puissent migrer d'un environnement à un autre. Il est difficile de caractériser dès lors la criticité d'un environnement.

Prenons un exemple :

La machine virtuelle A est très critique et la machine virtuelle B ne l'est pas. Ces machines virtuelles se retrouvent sur le même hôte physique. Qu'en est-il de sa criticité ?

La première réponse à cela consiste à considérer que dès qu'une machine virtuelle confidentielle se retrouve sur un hôte, dès lors, l'hôte devient critique.

Maintenant que l'hôte est critique, la machine virtuelle confidentielle migre vers un autre serveur hôte. Qu'en est-il de sa criticité ?

Vous l'aurez compris, les analyses de risques et la vision même du risque vont devenir beaucoup plus complexes dans les environnements virtuels.

Chapitre 6
Virtualisation et environnements critiques

1. Introduction

Tout d'abord, il faut rappeler la notion d'environnement.

Un environnement est considéré ici comme un ensemble de systèmes et/ou d'applications permettant à une entreprise d'effectuer des tâches diverses.

La virtualisation des environnements critiques est un point capital dans tout projet de virtualisation. Bien souvent, les entreprises qui décident de franchir le pas ont très peur de virtualiser les systèmes vitaux car toute nouvelle technologie comporte son lot de risques, par exemple :
- Une maturité faible, donc des bugs nombreux.
- Un nombre de retours clients insuffisants, donc une potentielle infaisabilité technique.
- La possibilité de tomber sur des effets imprévus.

Prenons un exemple pour un grand compte. Si un bug quelconque touche les serveurs Web internes virtualisés, il ne sera pas possible d'accéder à l'Intranet. Les conséquences potentielles sont :
- L'impossibilité de consulter les profils des collègues et leurs services respectifs.

- Les numéros de téléphone et e-mails des personnes internes sont momentanément inaccessibles.
- Il ne devient plus possible de chercher des documents internes.

Certes, cela peut ralentir le travail de chacun, mais l'effet reste limité.

Prenons un autre exemple pour un grand compte également. Si un bug quelconque touche cette fois les systèmes de production en charge des paiements en ligne. Les conséquences potentielles sont :
- Les clients ne peuvent plus payer en ligne et ne peuvent donc plus rien acheter (perte de chiffre).
- Les clients ne savent plus si leurs paiements sont validés ou non. La panique s'installe (perte d'image de marque).
- Les processus de validation de commandes ne peuvent plus vérifier l'état des paiements (retard de commandes, plaintes de clients, chaîne logistique en panne, etc.).

Dans ce type de scénario, la personne ayant pris la décision de virtualiser risque d'être rapidement convoquée...

En résumé, la décision de virtualiser un environnement critique n'est pas simple. Elle demande une étude approfondie de la faisabilité technique, une analyse de risque minimaliste et une mise en production surveillée et contrôlée.

2. Quelles sont les difficultés concernant la virtualisation des environnements critiques ?

Beaucoup d'entreprises pensent aujourd'hui connaître leurs environnements critiques. Pourtant, tous les consultants sécurité vous le diront : toutes les entreprises, petites comme grandes, ne connaissent pas l'ensemble de leurs vulnérabilités du fait qu'ils ne connaissent pas leurs points vitaux ou « actifs » (assets). Dans le monde de la sécurité des Systèmes d'Information, les actifs représentent tout ce qui a une valeur ou qui permet de créer de la valeur pour l'entreprise. C'est ce qu'il convient de protéger dans tous les cas. Les actifs peuvent être matériels ou immatériels, comme nous l'avons vu.

Un environnement critique est un environnement dépendant d'applications/systèmes dont le mauvais fonctionnement aurait un impact important sur la sécurité ou la vie des personnes, des entreprises ou des biens.

Pour autant, un environnement peut devenir critique du jour au lendemain tout au long du processus de développement de l'entreprise, et inversement. La notion de criticité est en plus relative par rapport à la vision de chacun sur les actifs. C'est pourquoi un avis objectif externe est souvent utile pour une meilleure vision de ses propres actifs.

Voici trois exemples concernant des secteurs d'activités différents. Ces derniers donnent un aperçu des difficultés rencontrées lors de la virtualisation d'environnements critiques.

Remarque

Attention, les retours d'expérience sont toujours sujets à caution. Cela dépend fortement du contexte, de l'environnement et de l'historique de chaque entreprise. Il est possible que de nouveaux éléments aient fait leur apparition entre-temps et que ces derniers permettent de nos jours de traiter différemment les problématiques exposées.

2.1 Première difficulté : déterminer les dépendances fonctionnelles et techniques

Il est possible de se rendre compte de la criticité d'un environnement en se posant la question suivante : qu'arriverait-il si cet environnement venait à manquer ? La question est très simple. Elle permet de replacer dans son contexte l'environnement. L'environnement peut, par exemple, être en relation avec :

- les clients,
- les personnes en interne,
- les actifs matériels de l'entreprise,
- les actifs immatériels de l'entreprise,
- les décisionnaires de l'entreprise,
- des tierces personnes sous contrat.

Malheureusement pour beaucoup d'entreprises, les environnements sont interdépendants les uns des autres. Cette interdépendance a permis de favoriser ces dernières années l'aspect « modulaire », mais elle a aussi complexifié l'ensemble du Système d'Information. Un environnement n'est plus seul, il vit dans un véritable écosystème. Son évolution est liée à l'évolution des autres environnements, et tout changement le touchant impacte l'ensemble des autres environnements qui y sont liés.

Cela peut paraître évident au premier abord, mais il est important de le rappeler afin d'être bien conscient que toucher un environnement vital pour le cœur de métier, peut souvent conduire à des effets de bords imprévisibles.

Prenons un exemple concret issu de retours d'expérience.

Cas d'une entreprise s'occupant de logistique

Une entreprise a pour cœur de métier la logistique. Elle achemine les paquets de tous ses clients à destination, que ce soit au niveau national ou international. Son processus interne d'acheminement des paquets est réalisé via un outil développé en interne reposant sur une base de données centralisée. Cet outil permet à l'entreprise de disposer d'un avantage concurrentiel : la rapidité ainsi que très peu d'erreurs de livraison.

Il semble évident que l'environnement s'occupant de l'acheminement des paquets est critique, tout comme l'est la base de données. En y regardant de plus près, nous nous sommes rendu compte que l'environnement dépendait d'un ensemble de sous-systèmes, dont :
- L'étiquetage des colis.
- La localisation des adresses.
- La synchronisation avec la base de données des entreprises de transport.

Pour autant, le lecteur se pose toujours la question suivante : oui, mais quel rapport avec la virtualisation ?

La réponse est la suivante : le projet consistait à virtualiser l'ensemble des postes de travail ainsi que les serveurs de l'entreprise. À première vue, virtualiser la base de données n'était pas problématique puisque celle-ci ne générait pas de trop nombreuses E/S. L'environnement d'acheminement, en soi, ne posait aucun problème particulier.

Le problème était le suivant : l'étiquetage des colis se faisait via un appareil très spécial relié à un ordinateur par interface type Bluetooth. Il était donc techniquement impossible de virtualiser tous les postes de travail comme prévu. Conclusion : seul 75 % du périmètre pouvait être virtualisé. Seuls les postes de travail s'occupant de l'étiquetage restent en l'état pour le moment et n'ont donc pas été « masterisé » comme le reste du parc, ce qui engendre un problème de sécurité ainsi qu'un surcoût en maintenance. Si la virtualisation avait été vendue dès le début comme « LA » solution miracle, le DSI aurait dû justifier son échec vis-à-vis de sa hiérarchie et assumer toutes les conséquences qui s'en suivent.

2.2 Deuxième difficulté : la compréhension des interactions

Un environnement peut être critique s'il interagit avec des données critiques. En soi, l'environnement peut ne pas être indispensable. Par contre, toutes les données qu'il manipule au jour le jour sont très sensibles.

La question évidente qui vient à l'esprit est : « Mais en quoi la virtualisation va-t-elle changer une interaction ? ». La question a le mérite d'être posée. En effet, la virtualisation n'a pas pour but de changer le mode de fonctionnement (sinon elle ne serait pas massivement adoptée). En revanche, les manipulations qui en résultent peuvent provoquer des effets beaucoup plus dévastateurs que dans une architecture classique.

Prenons encore un exemple concret issu d'un retour d'expérience.

Cas d'une entreprise s'occupant du secteur médical

Une entreprise a pour comme cœur de métier la gestion au jour le jour des plannings des hôpitaux et des prescriptions pour les patients. Un ERP a été créé dans ce but. Ce dernier contient différents modules tous reliés à une base de données centralisée. Les modules communiquent entre eux via un disque partagé (sur un SAN ou NAS) en créant des fichiers temporaires ayant une signification particulière. Par exemple :

Un fichier Go.txt signifie qu'il faut recalculer les plannings pour optimiser les temps de réponse.

Un fichier license.txt contient les licences de l'ERP. Sans ce dernier, le logiciel s'arrête de fonctionner sous 15 jours.

Le nombre d'E/S sur ce disque partagé est assez élevé vu le volume d'informations échangées.

L'entreprise vient de signer un contrat et déploie son nouveau logiciel en collaboration avec l'équipe informatique d'un grand hôpital en France. L'hôpital vient d'investir sur une nouvelle architecture virtuelle et demande donc d'installer l'ERP sur des machines virtuelles, ce qui sera réalisé sans grandes difficultés.

Plusieurs mois passent suite à la mise en production. Les équipes en place gèrent au jour le jour la nouvelle architecture. Les contraintes budgétaires obligent malheureusement le DSI à se séparer d'une baie SAN à cause de son coût de maintenance élevé. Cette Baie SAN s'occupait auparavant du partage de fichiers de l'ERP. La Baie SAN est donc retirée et une machine virtuelle dédiée au partage de fichiers est donc configurée. Cette machine virtuelle contient donc deux disques virtuels : un pour le système et un pour le partage de données.

Une fois la machine créée, un snapshot est effectué afin de garantir un retour en arrière en cas de panne système.

Quelques semaines plus tard, la machine virtuelle « crashe » suite à une mise à jour. Les administrateurs sont alors fiers d'utiliser les fonctionnalités des snapshots afin de rétablir le système en quelques secondes. Un mail est alors envoyé au DSI : « Grâce à la nouvelle architecture virtuelle, nous avons rétabli les opérations en seulement 5 minutes. »

15 jours après, l'ERP se bloque entièrement et personne n'est capable de trouver la cause de la panne. Les activités de l'hôpital sont réduites à leur minimum. La catastrophe va être évitée de peu.

Pourtant, l'explication est logique. La machine virtuelle créée afin de remplacer le partage de fichier SAN a été « snapshotée » après avoir été configurée correctement. Cependant, les données contenues sur le SAN ont été transférées après le snapshot de la machine virtuelle.

Lorsque l'équipe décide de faire un retour arrière, le snapshot a réinitialisé le disque système ainsi que le disque de données à l'état initial, ce qui a permis de reprendre les activités rapidement (la machine virtuelle « snapshotée » était parfaitement opérationnelle) mais a eu pour effet de supprimer toutes les données présentes sur le disque de données (donc le fichier licence.txt).

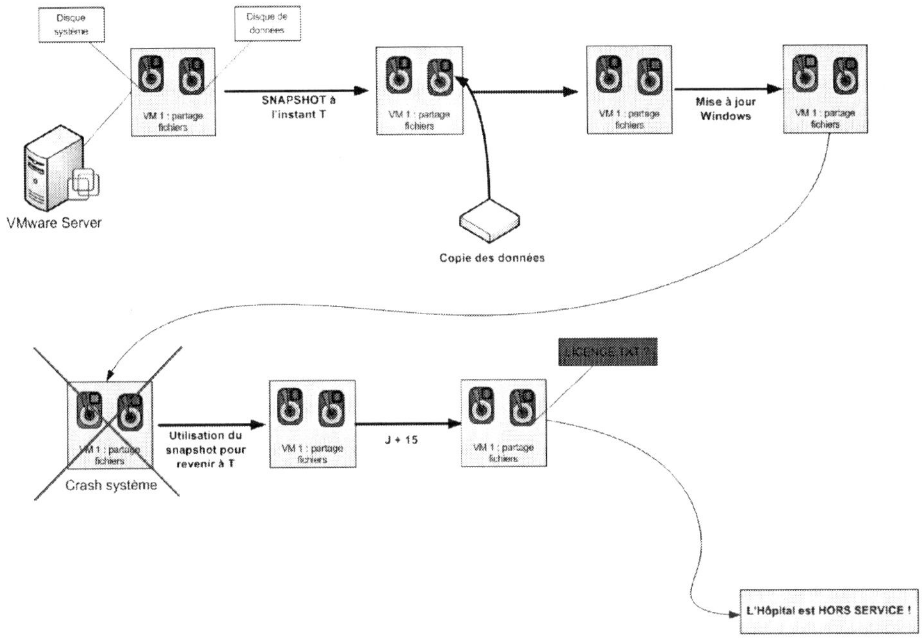

2.3 Troisième difficulté : trouver des métriques fiables

Quand un environnement critique générant de nombreuses E/S doit être virtualisé, il n'est pas forcément simple de s'engager sur les performances de la nouvelle architecture. Il devient nécessaire de posséder un certain nombre de métriques : les KPI (*Key Performance Indicator*).

Tous les constructeurs communiquent aujourd'hui sur des Benchmark montrant des résultats tous meilleurs les uns que les autres. Cependant, bien que ces tests possèdent une certaine validité, il n'en reste pas moins qu'ils ne sont pas souvent très représentatifs de ce qu'une entreprise va réellement mettre en place. Il existe donc plusieurs solutions, suivant les contraintes de temps et de budget, parmi lesquelles :

- Demander un retour client sur ce type d'architecture.
- Faire des simulations en laboratoire.
- Tester directement en production sur un laps de temps bien déterminé.

Chaque solution comporte son lot d'avantages et d'inconvénients.

Cas d'une entreprise dans le secteur industriel

Voici le cas d'une entreprise dans le secteur industriel qui a pour charge de concevoir des puces électroniques. Le DSI, voyant que les postes de travail sont obsolètes, décide de les changer. L'entreprise subissant la crise économique, il décide de virtualiser tous ses postes de travail afin de réduire les coûts. Son entreprise possède un accord-cadre avec des constructeurs de serveurs, et il a donc pu négocier l'achat de nouveaux serveurs en lames afin de mutualiser toute son infrastructure sur ces derniers.

L'entreprise possède 800 postes de travail actuellement. Le DSI souhaite donc créer 800 machines virtuelles dédiées pour les utilisateurs. Il a investi également dans l'achat de 800 terminaux légers.

Le DSI se pose donc la question suivante : combien de machines virtuelles puis-je allouer par lames ?

L'architecture est la suivante :

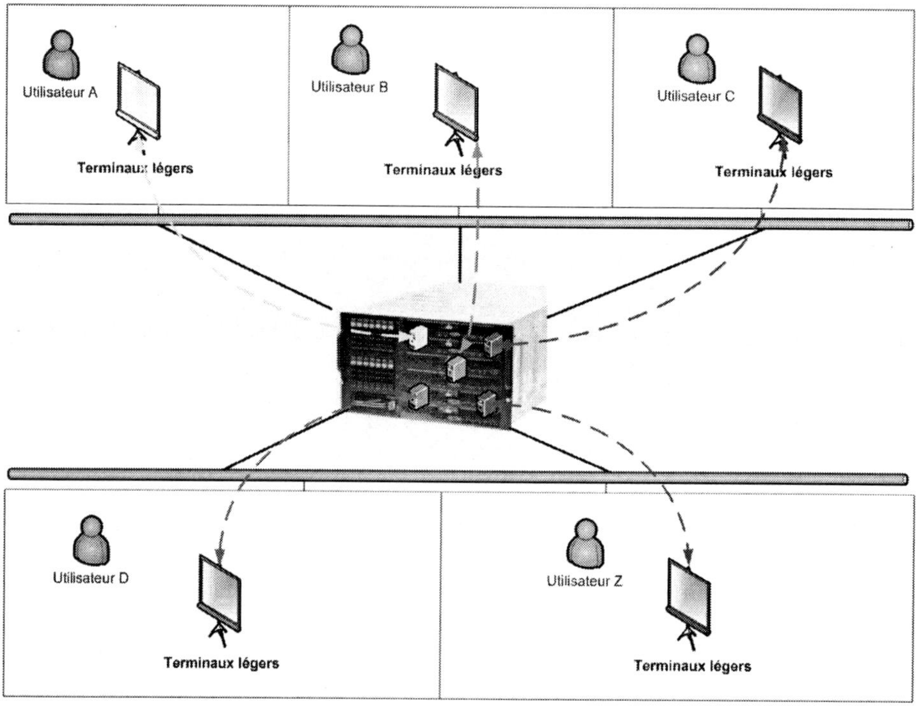

Le DSI décide donc de lancer une étude. Il élimine d'emblée l'option « Tester directement en production sur un laps de temps bien déterminé » car il la considère trop dangereuse.

Les retours sur ce type de configuration étaient trop peu nombreux pour se faire une idée.

Le DSI s'est donc tourné vers des experts externes à l'entreprise. Ces derniers ont rapidement conclu qu'il fallait tester la configuration en laboratoire en simulant la charge de 800 utilisateurs sur 800 machines virtuelles.

Plusieurs problèmes se posent dès lors :

- Comment simuler le comportement d'un utilisateur ?
- Comment déterminer le profil de fonctionnement d'un utilisateur ?
- Quelle est la garantie qu'un utilisateur se comporte au fil du temps de manière identique ?

- Combien y a-t-il de profils de fonctionnement d'un utilisateur ?
- Quelle est la part d'inconnues ? (utilisateurs très consommateurs de ressources, etc.).

L'étude a été alors menée avec des outils expérimentaux. Au lieu de simplement simuler les flux utilisateurs comme le font beaucoup d'entreprises spécialisées, les experts ont créé une intelligence artificielle capable de simuler le comportement d'un utilisateur classique (ouverture de Microsoft Word, lecture de mails sur Outlook, visualisation de sites Web avec IE 7, modification de fichiers Excel, etc.), et cela, en ajoutant un certain aléa sur les tâches complétées. Cette intelligence artificielle, certes rudimentaire, a permis de simuler le comportement de 800 utilisateurs sur 800 machines virtuelles. Bien que cette technique soit certainement la meilleure pour obtenir des métriques fiables, il n'en reste pas moins que la réalité est quelque peu différente.

- La part d'inconnu n'est pas réellement prise en compte comme dans toute simulation.
- Les profils ne sont sûrement pas tous identiques dans la réalité.
- Les profils bougent. Une personne peut modifier son comportement un jour ou l'autre.

En résumé, avoir des métriques fiables est un véritable enjeu. Quel que soit le projet, les métriques ne seront jamais parfaites. La meilleure façon d'agir consistera à choisir la meilleure méthode afin d'obtenir des métriques suffisamment représentatives de ce qui se passe dans la réalité.

3. Comment déterminer l'éligibilité d'un environnement pour la virtualisation ?

Maintenant que les principales difficultés ont été identifiées, il convient de s'intéresser à la notion d'éligibilité. Un environnement critique peut être virtualisé s'il passe tous les critères d'éligibilité. Si ce n'est pas le cas, l'environnement ne sera pas virtualisé ou ne le sera que partiellement.

3.1 Déterminer les caractéristiques de l'environnement

La caractérisation d'un environnement est la première étape. Il est primordial d'observer le contexte technique et fonctionnel de ce dernier afin de posséder un maximum d'éléments en main. Il existe de nombreux moyens de caractériser techniquement un environnement.

Plusieurs outils peuvent aider dans ce cas :

PowerRecon de Platespin

Cet outil permet de recueillir les informations concernant l'environnement cible afin d'aiguiller vers des scénarios de virtualisation. La collecte d'informations se fait de manière non intrusive (donc sans installation d'agent). Il intègre une notion de ROI/TCO assez intéressante.

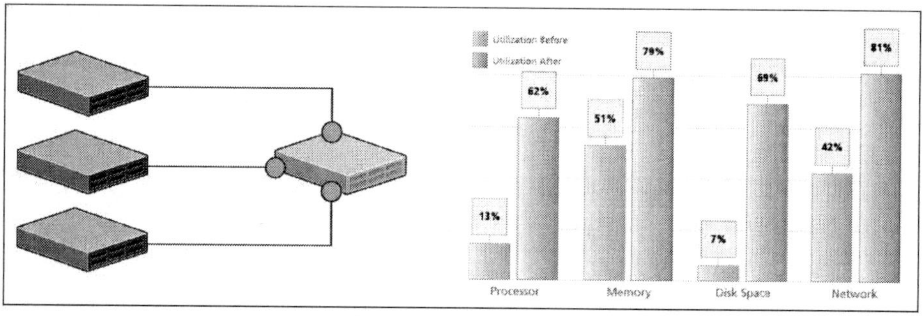

SP Analyst de Sysload Software

Le fonctionnement est identique : recueillir un maximum d'information afin de caractériser l'environnement cible. Sysload est très beau visuellement parlant et possède un nombre de métriques incroyable. Par contre, l'installation d'un agent est obligatoire. Le logiciel est donc quelque peu intrusif. C'est actuellement un des outils les plus aboutis du marché en matière de supervision et de suivi des performances.

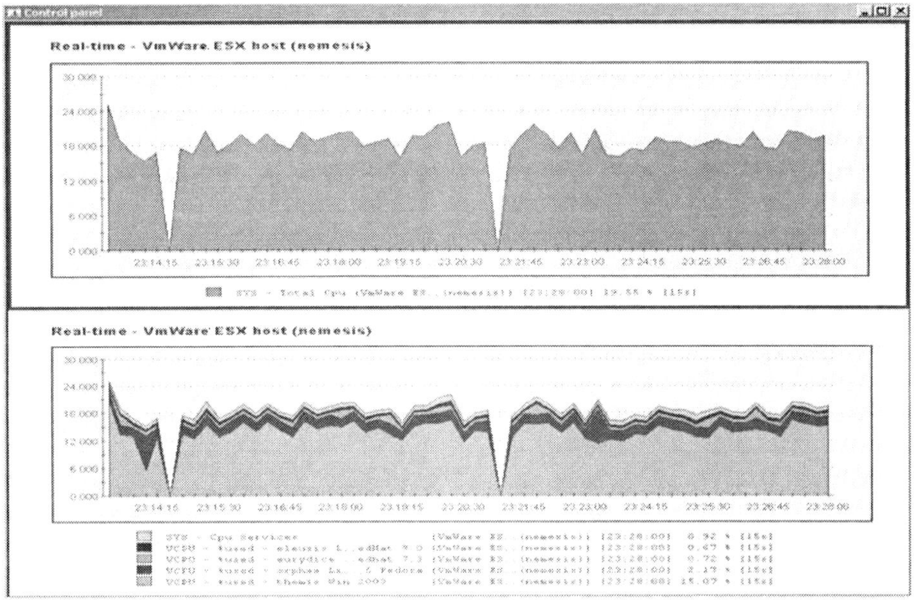

OmniVision de Systar

Moins réputé dans le domaine, cet outil est parfait pour visualiser rapidement les informations essentielles (systèmes surchargés, pannes, uptime, etc.). L'interface graphique n'est pas aussi parlante que ses concurrents mais a le mérite d'aller droit au but.

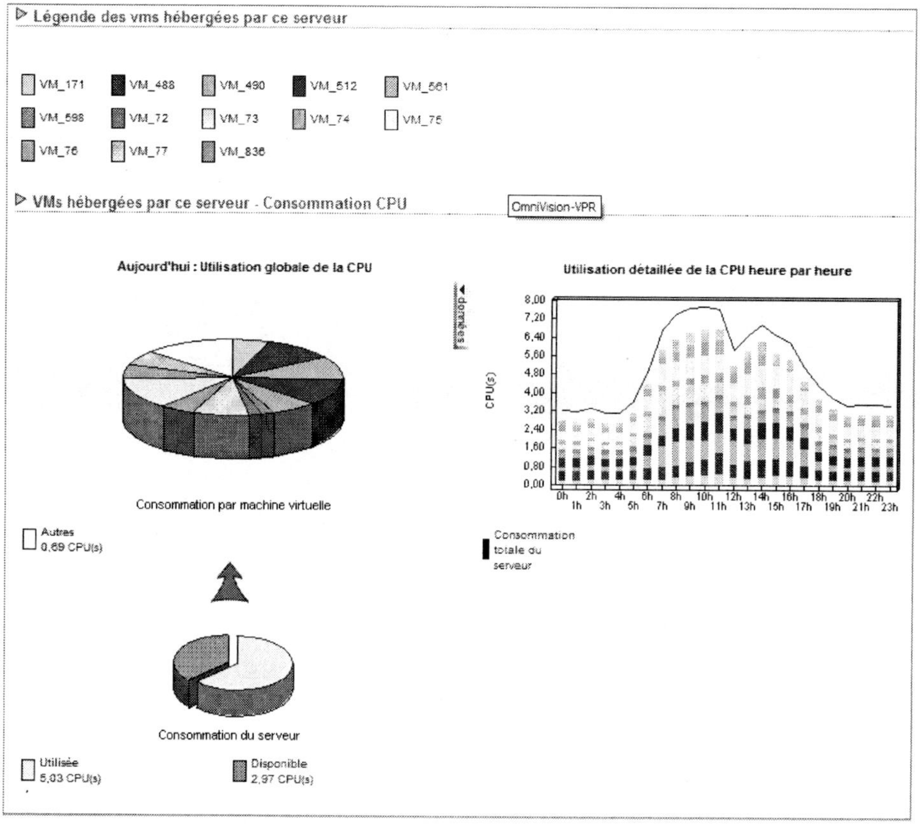

Le principal problème de ces outils réside dans leur impossibilité de remplacer un véritable auditeur. C'est pourquoi ces outils pourront, certes, apporter des métriques fiables, mais ne permettront pas de gérer le côté organisationnel des environnements, et, comme vous l'avez vu auparavant dans les exemples présentés, c'est sûrement l'aspect le plus important.

Si vous ne possédez aucun de ces outils et ne désirez pas investir dedans, l'observation est un excellent moyen. De plus, il existe une panoplie d'outils libres : Nagios, Cacti, MRTG, etc.

3.2 Positionner les optimisations possibles pour répondre au besoin

La construction d'une infrastructure virtuelle demande de nombreuses compétences, ce qui indique que les possibilités d'optimisation sont nombreuses. Ces optimisations permettent principalement :

- D'augmenter les performances ;
- D'assurer un maximum de disponibilité ;
- D'assurer une stabilité accrue.

Dès qu'un environnement devient critique, un certain nombre d'optimisations s'avère nécessaire.

Il suffit de regarder du côté de VMware pour comprendre que l'aspect performances est particulièrement observé. VMware possède un blog dédié aux tests de performance. Ils utilisent les outils les plus renommés du marché afin de garantir la validité de leurs métriques auprès du public. Les outils SPEC par exemple, arrivent à simuler des environnements bancaires, d'e-commerce ou de support.

Ces environnements sont représentatifs de ce qui se trouve généralement dans de nombreuses entreprises. Ces tests remportent donc un franc succès.

Chaque test réalisé par VMware ou par ses partenaires suit un protocole particulier imposé. Cela permet de garantir la reproductibilité de ces derniers.

Lorsque vous regardez les protocoles de tests de plus près, vous remarquerez que les partenaires positionnent à chaque fois un grand nombre d'optimisations afin d'obtenir d'excellents résultats.

February 16, 2009

VMware Sets Performance Record with SPECweb2005 Result

Introduction

We just published the largest SPECweb2005 score to date on a 16 core server. The benchmark was run on an HP ProLiant DL585 G5 with four Quad-Core AMD 8382 Opteron™ processors. This record score of 44,000 includes an Ecommerce component demonstrating 69,525 concurrent connections. In the Support component, this single-host workload drove network throughput on the server to just under 16 Gb/s.

This once again proves the capabilities of the VI3 platform and its ability to service workloads with stringent Quality of Service (QoS) requirements along with a large storage and networking footprint. With continuous advancements in virtualization technology (such as hardware assist for MMU virtualization and NetQueue support for 10 Gigabit Ethernet) performance with the VI3 platform can meet the needs of the most demanding, high traffic web sites.

While record-setting performance of web servers proves the capabilities of ESX, the real story of web server virtualization is the gains due to web farm consolidation and improved flexibility. Infrastructure serving as the web front end today is designed around hundreds or even thousands of often underutilized two and four core servers. Consolidation of these servers onto modern systems with multi-core CPUs reduces costs, simplifies management and eases power and cooling demands. Consolidating web servers makes business sense. This SPECweb2005 result from VMware has shown that the ESX Server can handle loads much more extreme than anticipated in such a consolidated environment.

The Benchmark

The SPECweb2005 benchmark consists of three workloads: Banking, Ecommerce, and Support, each with different workload characteristics representing common use cases for web servers. Each workload measures the number of simultaneous user sessions a web server can support while still meeting stringent quality-of-service and error-rate requirements. The aggregate metric reported by the SPECweb2005 benchmark is a normalized metric based on the performance scores obtained on all three workloads.

Component	Score	Explanation
Banking	80,000	Models online banking. Represents number of customers accessing accounts at a given time that can be supported with acceptable QoS
E-commerce	69,525	Models online retail store. 69,525 is only 75 shy of the highest number reported, which required 50% more processing cores.
Support	33,000	Represents users acquiring patches and downloads from a support web site. In this test network throughput was 16Gb/s.
SPECweb2005 Score	44,000	Normalized metric from the three components.

Depuis peu, VMware a créé un ensemble de tests visant à valider la virtualisation pour les environnements critiques.
Le site est le suivant : www.vmmark.com

L'ensemble des tests vise à valider les performances de systèmes virtualisés réputés lourds tels que :
- un serveur Mail Exchange ;
- un serveur JAVA ;
- un serveur Web dédié ;
- une base de données ;
- un serveur de fichiers.

VMmark est avant tout dédié aux constructeurs de matériel serveurs. Ces derniers se battent pour être en tête de liste, ou tout du moins apparaître dans la liste officielle. VMmark est observé de près par les décideurs afin de se faire une idée des meilleurs compétiteurs du marché.

Dans le quatuor de tête se trouvent actuellement :
- HP
- DELL
- IBM
- SUN

24 Cores

Submitter	System Description	VMmark Version & Score	Processors	Published Date
IBM	IBM System x3850 M2 VMware ESX v3.5.0 Update 3	VMmark v1.1 **20.41@14 tiles** View Disclosure	4 sockets 24 total cores 24 total threads	02/24/09
Dell	Dell PowerEdge R900 VMware ESX v3.5.0 Update 3	VMmark v1.1 **19.99@14 tiles** View Disclosure	4 sockets 24 total cores 24 total threads	02/10/09
Inspur	Inspur NF520D2 VMware ESX v3.5.0 Update 3	VMmark v1.1 **19.67@14 tiles** View Disclosure	4 sockets 24 total cores 24 total threads	01/27/09
Sun	Sun Fire X4450 VMware ESX v3.5.0 Update 2	VMmark v1.1 **19.47@14 tiles** View Disclosure	4 sockets 24 total cores 24 total threads	01/13/09
IBM	IBM System x3850 M2 VMware ESX v3.5.0 Update 2	VMmark v1.1 **19.10@14 tiles** View Disclosure	4 sockets 24 total cores 24 total threads	09/17/08
Dell	Dell PowerEdge R900 VMware ESX v3.5.0 Update 3	VMmark v1.1 **18.69@14 tiles** View Disclosure	4 sockets 24 total cores 24 total threads	12/02/08
HP	HP ProLiant DL580 G5 VMware ESX v3.5.0 Update 2	VMmark v1.1 **18.56@14 tiles** View Disclosure	4 sockets 24 total cores 24 total threads	10/06/08
Dell	Dell PowerEdge R900 VMware ESX v3.5.0 Update 2	VMmark v1.1 **18.49@14 tiles** View Disclosure	4 sockets 24 total cores 24 total threads	09/12/08
HP	HP ProLiant BL680c G5 VMware ESX v3.5.0 Update 2	VMmark v1.1 **16.05 @ 12 tiles** View Disclosure	4 sockets 24 total cores 24 total threads	09/23/08

Ces acteurs sont effectivement les plus reconnus sur le marché de la virtualisation pour le moment. D'autres acteurs comme NEC, Fujitsu ou Cisco devraient apparaître prochainement car la compétition se durcit en Europe.

Le dénominateur commun de tous ces tests est les processeurs, ou plus exactement le nombre de cœurs, puisque seuls AMD et INTEL sont présents sur le marché.

Les tests réalisés par chacun des acteurs présentent de nombreuses optimisations comme le montre la copie d'écran suivante :

- vSwitch3 was attached to vmnic 6 & 8.
- Fileserver/Standby/Mail/Java 0, 1, 4, 5, 8, 9, 12, 13 &16, Database 0-3, 8-11, 16-17, 18-19 and service console are attached to vSwitch0.
- Webserver0, 1, 4, 5, 8, 9, 12, 13 & 16 are attached to vSwitch1.
- Webserver2, 3, 6, 7, 10, 11, 14, 15 & 17 are attached to vSwitch2.
- Fileserver/Standby/Mail/Java 2, 3, 6, 7, 10, 11, 14, 15, 17 and Database 4-7, 12-15 are attached to vSwitch3.
- Network adapter type was set to enhanced vmxnet for all VMs.
- All database VMs were stored on LUNs 40-58 in pairs (numbered 40+First Tile Number).
- All other VMs were stored on LUNs 20-37 each tile on its own LUN (numbered 20+Tile Number).
- Path policy of each LUN storage is set to "Fixed" (default "Most Recently Used), except LUN58
- ESX boot image was on LUN 0.
- Disk.SchedNumReqOutstanding 128 (default 32)
- Disabled ESX logging on all VMs
- Disabled Firewall and IPtables processes on ESX host
- Pegasus CIMOM server was unloaded prior to run
- VMFS2 was unloaded prior to run
- Misc.RunningVCpuLimit = 192 (default 128)
- VMFS3.MaxHeapSizeMB = 64 (default 16)
- COW.MaxHeapSizeMB = 64 (default 32)
- EtherswitchHashSize set to 4 (default 1)

3.3 Chercher un retour d'expérience/faire appel à des entreprises spécialisées

Lorsque vous souhaitez construire une maison, vous vous inspirez de ce qui se fait de mieux ailleurs et vous voulez voir les matériaux qui ont été utilisés. Un décideur en matière de projet de virtualisation doit procéder de manière identique. Il faut toujours aller voir ailleurs ce qui a été fait afin de ne pas payer le prix de l'expérimentation.

Les retours d'expérience en matière de virtualisation sont heureusement très nombreux depuis quelques années. VMware a extrêmement bien compris le phénomène et communique publiquement les retours positifs de nombreux clients. Les constructeurs ont eux aussi bien compris le phénomène.

Une petite astuce bien représentative : VMware a créé un économiseur d'écran regroupant le retour d'expérience de plusieurs utilisateurs sur des architectures importantes.

Les évènements organisés par VMware permettent de communiquer les nouveaux « Business Case » et « Sucess Stories » et les partenaires/constructeurs qui y ont été associés. Tout le monde se retrouve ainsi gagnant.

De nombreux sites recensent les projets de virtualisation. Parmi eux :
- http://www.reseaux-telecoms.net
- http://www.vmware.com/a/customers/
- http://blogs.vmware.com/vmtn/case_studies/

Google reste aussi un ami fidèle...

De nombreuses entreprises spécialisées ont fait leur apparition. Il est difficile de faire un panorama de ces dernières en travaillant pour l'une d'entre elles. Ce qui suit est donc entièrement à prendre avec un certain recul et le lecteur est invité à se faire une idée objective en les contactant directement.

VIRTUALI : société spécialisée dans la sécurité et virtualisation des Systèmes d'Information. Cette société se spécialise sur la mise en place de PRA/PCA, sur les tests de charges et les simulations en laboratoire, sur la mise en place d'infrastructures très hautement disponibles et sur la virtualisation d'applications, le poste de travail et d'environnements critiques. Cette société est la seule qui intègre réellement la sécurité à tous les niveaux sur les infrastructures virtuelles. Site Web : http://www.virtuali.fr

ARUMTEC : société leader sur le marché de la virtualisation en tant qu'intégrateur. ARUMTEC possède de très nombreux retours d'expérience et se spécialise sur les études d'ingénierie : études d'éligibilité, migrations physiques vers virtuelles, etc. ARUMTEC est aujourd'hui la référence pour le conseil et l'accompagnement sur des gros projets de virtualisation. La société compte aujourd'hui de très belles références à son actif, notamment sur de grands comptes. Site Web : http://www.arumtec.net

NWARE : société très active sur le domaine de la virtualisation, NWARE possède de bonnes références sur le domaine bancaire. Nware regroupe des passionnés de la virtualisation au sein d'une communauté nommée GuVirt. GuVirt est notamment connu pour sa grande maîtrise des outils de virtualisation du marché : VMware, Citrix, Hyper-V, etc.
Site Web : http://www.nware.fr/

DELETEC : société possédant une grande maîtrise des technologies et une forte expertise dans les Systèmes d'Information. Cette dernière s'est lancée rapidement dans la virtualisation et a remporté un franc succès dans les banques et le domaine de la finance en général. DELETEC aborde les projets de virtualisation grâce à une méthodologie proche du célèbre PDCA (*Plan Do Check Act*) permettant au client de maximiser ses investissements et de gérer au mieux sa nouvelle infrastructure. Site Web : http://www.deletec.fr/

Remarque

Il existe sûrement d'autres sociétés qui auraient le mérite d'être citées. Les sociétés de prestation de service ou grosses structures n'ont pas été sélectionnées car la virtualisation ne fait pas partie de leur cœur de métier.

4. Deux retours d'expérience sur les études et tests menés

Le but de ce chapitre est de donner aux lecteurs des retours d'expériences sur la virtualisation d'applications ou d'environnements considérés comme critiques et la manière d'aborder ce type de projet. Ces retours d'expérience sont issus de domaines volontairement différents.

4.1 Une application aux interactions complexes

Le client était un leader dans le domaine du transport. Il a développé depuis des années un logiciel en interne, capable de gérer au jour le jour :

- Les horaires de départ et d'arrivée des différents moyens de transport faisant partie des effectifs de l'entreprise.
- Les plannings des personnes en charge des transports.
- Les alertes en temps réel concernant les retards et les décalages qui en découlent.

Le logiciel était architecturé autour d'une solution à base de :
- CITRIX.
- Microsoft SQL SERVER.
- Active Directory.
- Divers modules .NET répartis sur différentes plates-formes.

Le logiciel essuyait à l'époque de nombreuses critiques du fait de ses temps de réponse exécrables. Il fallait donc l'accueillir sur une nouvelle plate-forme, virtuelle ou non. La politique de l'entreprise étant la réduction de coûts, la virtualisation semblait un bon candidat.

Étant donné l'importance du logiciel (sans lui plus rien ne fonctionne correctement), sa criticité a été considérée comme extrême. Il fallut donc procéder à un audit préliminaire permettant de réaliser la matrice des flux et recenser les interactions existantes entre les différents modules. L'aspect organisationnel a lui aussi été très important puisqu'il a fallu prévoir un planning strict, prévenir les différents acteurs, et surtout convaincre la direction de la nécessité de virtualiser une application aussi critique.

À la suite de cette étape, il a été décidé de tester dans un premier temps en laboratoire la bonne marche de l'infrastructure virtualisée. Cela a permis de caractériser les modules manquants dans un premier temps, et de tester les temps de réaction de l'application sur une base neuve dans un second temps. Les résultats furent étonnants. L'application répondait parfaitement avec des temps de réponse exceptionnels.

Les tests en laboratoire réalisés, il a été alors décidé de passer par un environnement dit d'intégration. Cet environnement était dédié à tester l'application avec des utilisateurs et des données provenant de l'environnement de production.

L'environnement d'intégration souffrait des mêmes symptômes que l'environnement de production : lenteurs, temps de réponse inimaginables, etc. Cela provenait donc soit des utilisateurs soit des données manipulées. En approfondissant le sujet, il s'est avéré que l'Active Directory était surchargée par des GPO trop consommatrices et que les profils CITRIX posaient problèmes.

Au-delà de connaissances classiques en virtualisation, le projet demandait donc :

- Des connaissances en Citrix Presentation Server.
- Une maîtrise de Microsoft Active Directory.
- Une maîtrise des GPO et de son interaction avec les produits CITRIX.

Des experts ont donc été sollicités pour chacun des domaines. Au bout de plusieurs mois, l'environnement d'intégration fonctionnait parfaitement. L'environnement fut alors passé en production.

4.2 Une application mêlant politique, budget et problématiques techniques

Le client est leader sur tout ce qui touche à la construction de bâtiments et au gros œuvre. De renommée internationale, il s'occupe de grands projets sur l'ensemble du globe.

Disposant d'une comptabilité centralisée très complexe et coûteuse, un projet émerge au niveau de la DSI. But des opérations : réduire drastiquement les coûts.

La compatibilité repose sur un logiciel leader du marché associé à une base de données Oracle. Cette dernière est configurée en cluster grâce à Oracle RAC (*Real Application Cluster*).

Cette base posait de nombreuses difficultés :

- Elle générait de très nombreuses E/S.
- Elle n'était pas supportée par Oracle si elle devait être virtualisée (la polémique Oracle/VMware est d'ailleurs toujours de mise).
- Elle ne peut pas être arrêtée plus d'une heure.
- Aucun retour d'expérience sur la virtualisation d'Oracle RAC en production connu à ce jour. (Même chez VMware, ce n'est pas virtualisé pour le moment d'après le retour d'expérience du Vmworld 2009 à Cannes).

La décision a pourtant été prise de virtualiser sans tenir compte du support Oracle. En effet, le client considérait que les experts Oracle internes à l'entreprise avaient suffisamment de connaissances pour pallier toutes les éventuelles pannes. De plus, vu le montant du contrat avec Oracle, le client disposait d'un gros moyen de pression.

La première étape du projet a consisté à chercher des métriques fiables afin de dimensionner le matériel nécessaire. E/S disques, opération/secondes, consommation CPU et mémoire, bande passante nécessaire, etc.

Ces métriques étaient très difficiles à recueillir sur un environnement critique de production. Les DBA Oracle en collaboration avec notre équipe ont alors décidé de monter un laboratoire dédié. Cela a permis également de valider le processus de virtualisation. De nombreux outils de surveillance ont été déployés. Les outils de surveillance SAN se sont avérés très efficaces (pour les E/S et opération/secondes). Le Cluster RAC virtualisé a été testé au niveau de la haute disponibilité pour vérifier qu'il n'y a pas d'impact généré par la virtualisation. De nombreux Stress Tests ont donc été menés.

La seconde partie consistait en l'intégration des machines virtuelles Oracle RAC au cluster RAC comme des machines classiques. À terme, toutes les machines purement physiques du cluster seront mises de côté (ce qui n'est pas encore le cas pour le moment).

Le client peut aujourd'hui, grâce à la virtualisation, ajouter des machines virtuelles au Cluster RAC grâce à un Template prédéfini. Il gagne 1 mois minimum sur chaque mise en production (son prestataire peut déployer beaucoup plus rapidement) et cela lui coûte beaucoup moins cher (aucune machine physique à racheter, prestation minimaliste, consommation en jour/homme largement diminué en interne). Par ailleurs, les erreurs de configuration n'ont plus lieu d'être et les DBA Oracle se retrouvent dans des environnements totalement identiques ce qui facilite leur travail de tous les jours.

Chapitre 7
Virtualisation et PRA

1. Le plan de reprise d'activité

1.1 Qu'entend-on par PRA ?

1.1.1 Définition

Le PRA (Plan de Reprise d'Activité) est aujourd'hui un enjeu majeur pour les Systèmes d'Information. Depuis les récents évènements, le 11 septembre notamment, les dirigeants de nombreuses entreprises se sont soudainement rendu compte de l'importance de leur Système d'Information. La simple sauvegarde ne suffit plus comme c'était le cas auparavant. Le Système d'Information est devenu un élément critique de l'entreprise, et à ce titre, il doit toujours être disponible. Comme le font remarquer tous les responsables de PRA, « afin d'être paré à toutes éventualités, il faut imaginer le pire ».

Avant d'aller plus loin, il faut rappeler la différence entre PRA et PCA.

Le PCA est le Plan de Continuité d'Activité. Il est souvent associé à la notion de haute disponibilité. Le PCA a pour principal objectif d'assurer la disponibilité des informations quels que soient les problèmes rencontrés.

Contrairement au PCA, le PRA ne permet pas d'assurer une disponibilité totale au niveau des informations. Le PRA permet uniquement de s'assurer que les activités pourront être reprises dans un laps de temps prédéfini.

La différence peut sembler parfois mince, le PCA étant souvent lié au PRA. Il faut simplement considérer que le PRA intervient quand le PCA se trouve face à un scénario grave ou un désastre, d'où l'équivalent anglais du PRA : DRP ou *Disaster Recovery Planning*.

Voici quelques chiffres issus du CLUSIF (Club de la sécurité de l'information français) permettant de comprendre pourquoi le PRA/PCA est si important :

- 95 % des salariés d'entreprises déclarent avoir déjà perdu des fichiers informatiques, représentant 1 heure à plusieurs jours de travail.
- 80 % des PME non préparées ne survivent pas à un crash informatique majeur.
- 20 % des ordinateurs portables font l'objet d'un sinistre (bris ou vol).
- 70 % des PME ne sauvegardent pas leurs données.
- 60 % des PME qui ont vécu un sinistre informatique disparaissent dans les 5 ans.
- 98 % des entreprises de + de 200 salariés ont une dépendance modérée ou forte vis-à-vis de l'informatique.
- 42 % des entreprises de + de 200 salariés n'ont pas de processus formalisé et entretenu de gestion de la continuité d'activité, et 32 % ont un processus qu'en partie réalisé.

1.1.2 Les différents types de désastres

Il existe de nombreux désastres à travers le monde chaque année... Imaginer tous les scénarios de désastres pour une entreprise est difficile. Cependant, il est concevable d'en imaginer les conséquences.

Voici une liste, non exhaustive, des conséquences possibles en cas de désastre :

La défaillance d'un logiciel ou d'une application

Ce cas arrive fréquemment et peut s'avérer critique suivant l'importance de l'application. Une application peut s'arrêter du fait qu'elle n'a pas été correctement écrite ou qu'elle subit une attaque externe (DoS, Buffer Overflow, etc.).

La défaillance d'un système d'exploitation

Cas assez fréquent également suivant les systèmes (certains sont, semble-t-il, plus défaillants que d'autres), la défaillance d'un système d'exploitation entraîne bien souvent la perte des applications installées et des données s'y trouvant.

■ Remarque

Le nombre de défaillances au niveau d'un système est bien souvent lié à l'incompétence des personnes qui en ont la responsabilité...

Perte des communications réseau

La perte des communications est très souvent due à une mauvaise configuration des éléments constituant le réseau, notamment les Switch, routeurs ou pare-feu. Lorsque les communications sont coupées, les systèmes reliés sont alors incapables d'échanger leurs informations, ce qui peut conduire à différents types de scénarios : coupure, perte de données, saturation, perte de synchronisation, panique système, arrêt des activités.

Perte d'un ensemble de système ou d'un rack

Dans le cas où plusieurs systèmes sont simultanément défaillants ou qu'une armoire type rack contenant plusieurs serveurs tombe en panne, les activités se retrouvent souvent partiellement ou totalement arrêtées. Statistiquement parlant, ce phénomène est souvent lié à un problème électrique ou à une surchauffe généralisée.

Perte d'un immeuble ou d'un local

La probabilité de perdre un immeuble ou local est assez élevée contrairement à ce que pense la plupart des personnes. Il est possible de perdre un immeuble suite à un feu, une simple coupure électrique, une inondation, etc. Les immeubles et locaux commerciaux sont obligatoirement assurés, mais le coût résultant de la perte d'activité n'est souvent pas pris en charge.

Perte d'un centre de données

La perte d'un centre de données est un évènement très grave. Un centre de données est souvent protégé contre les désastres communs : inondation, coupure électrique, feu, tempête, cyclone ou autre. Cependant, de nombreux scénarios ne sont souvent pas couverts, comme par exemple, la malversation interne, les attentats, la propagation de maladies contagieuses, etc. La perte d'un centre de données impacte évidemment de nombreux clients et engendre des répercussions extrêmes.

Perte d'une ville entière

Ce cas est très rare (heureusement) mais reste néanmoins plausible suivant les pays. Les tremblements de terre ou les bombardements peuvent, par exemple, couper toutes les activités informatiques d'une ville. Quelques exemples récents : le cyclone Katrina ou encore les tremblements de terre au Japon.

Désastre régional

Certaines régions possèdent une probabilité d'occurrence de désastre beaucoup plus forte que d'autres. Certaines régions sont par exemple, aux États-Unis, régulièrement ravagées par des cyclones. Le désastre régional peut impacter de nombreux Datacenter et villes. Les conséquences peuvent donc être catastrophiques.

SUN a développé un concept intéressant pour répondre à ce type de désastre : la Blackbox. La Blackbox est un véritable DataCenter Mobile servant à assurer la continuité des services informatiques suite à un désastre majeur. L'initiative mérite d'être soulignée.

Désastre national

Lorsque le pays est suffisamment petit, un désastre national est une hypothèse réaliste. Le Luxembourg, Monaco ou encore Singapour peuvent donc être potentiellement victimes de ce type de désastre.

Désastre planétaire

Ce scénario ne s'est jusqu'à maintenant jamais réalisé. Pourtant, des hypothèses existent : collision avec un météore, guerre nucléaire généralisée, contamination bactériologique globale, etc.

■ Remarque

Cela n'empêche pas que certaines sociétés se soient spécialisées dans les analyses de risques sur ce type de scénario catastrophe.

1.1.3 RPO et RTO

L'approche des responsables de PRA consiste actuellement à envisager un certain nombre de scénarios catastrophes validés par les plus hautes instances. La meilleure approche actuellement consiste à suivre les recommandations du DRI (*Disaster Recovery Institute*).

Il faut distinguer deux éléments extrêmement importants dans tout PRA :
- Le RTO : *Recovery Time Objective*.
- Le RPO : *Recovery Point Objective*.

Le RTO spécifie le délai maximum que l'entreprise tolère avant de reprendre son activité. Il est compris entre quelques secondes à quelques jours.

Le RPO désigne, pour sa part, la durée maximum d'enregistrement des données qu'une entreprise considère acceptable de perdre lors d'une avarie. Cette durée varie de zéro à plusieurs jours.

Le RTO définit bien souvent le type d'infrastructure nécessaire afin de pallier aux pannes et désastres. Par exemple, un RTO de plusieurs jours pourra être facilement mis en place grâce à un serveur de secours. Par contre, un RTO proche de zéro forcera l'utilisation, par exemple, d'un mécanisme de Clustering couteux. Le RTO est donc extrêmement lié à la notion de haute disponibilité.

Petit calcul sur l'aspect disponibilité :

Indisponibilité (minutes par an)	Pourcentage de disponibilité	Classe
50.000 (34 jours, 17 heures et 20 min)	90 %	1
5.000 (3 jours, 11 heures et 20 min)	99 %	2
500 (8 heures 20 minutes)	99,9 %	3
50 (un peu moins d'une heure)	99,99 %	4
5 minutes	99,999 %	5
0,5 (30 secondes)	99,9999 %	6
0,05 (3 secondes)	99,99999 %	7

Le RPO est fonction de la criticité des informations manipulées. Si ces dernières ne sont pas critiques, il n'y a pas besoin d'investir dans un système de sauvegarde complexe avec de nombreuses procédures. Cependant, si les données ou systèmes sont critiques, il faudra mettre en place, par exemple, un mécanisme de réplication synchrone très coûteux.

1.2 Le PRA : Guide projet

Le PRA, comme tout projet, est lié à la taille du périmètre et au métier de l'entreprise. Cependant, la trame reste quasiment la même pour toutes les structures. Le PRA consiste en une réunion de lancement qui sera suivi par un BIA (*Business Impact Analysis*). Le BIA est composé de 3 phases : l'étude fonctionnelle, l'audit de vulnérabilités et l'analyse de risques.

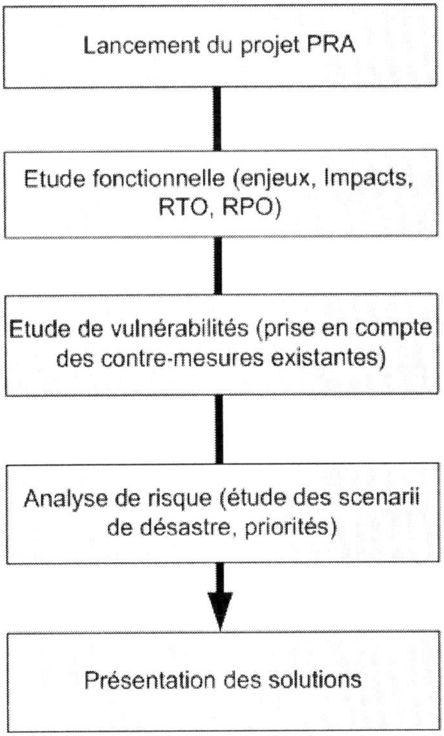

1.2.1 Phase 1 : lancement du projet de PRA

Avant de commencer une étude de PRA, il est essentiel d'en préciser le périmètre. Il convient en particulier de faire valider par la Direction de l'entreprise, via un comité de pilotage, les activités concernées et les types de risques à prendre en compte. Il peut s'agir de l'ensemble des activités ou au contraire d'un plan de secours limité à un domaine stratégique.

Pour chaque activité concernée, on désignera un correspondant PRA de l'équipe projet. La difficulté de ce type d'étude réside essentiellement dans la mise en œuvre d'un PRA adapté à l'environnement. L'adoption d'une méthodologie personnalisée facilitera l'appropriation par les responsables concernés.

Il est nécessaire de faire préciser par la Direction les risques qu'elle souhaite couvrir. Selon les choix exprimés, les « objets à risque » concernés (matériels informatiques, matériels de téléphonie, fournitures externes, personnel, locaux...) et la nature des risques (faut-il par exemple traiter le risque social ?) seront précisés.

1.2.2 Phase 2 : étude fonctionnelle (BIA)

La phase d'étude fonctionnelle a pour but de définir pour chaque activité les exigences concernant le RPO et RTO. Il convient pour cela d'examiner les enjeux, d'identifier les activités essentielles et d'évaluer les conséquences d'interruption ou de dégradation de ces activités (arrêt temporaire ou définitif, perte de données, dégradation du service). La comparaison de ces différentes situations doit permettre d'échantillonner les niveaux d'impacts (définition du caractère « non supportable » d'une situation) qui seront utilisés ultérieurement, dans la phase d'analyse des risques. En résumé, il faut :

- Répertorier les éléments du Système d'Information indispensables à la poursuite de l'activité (applications, serveurs, données, réseaux, etc.).
- Préciser au mieux par activité le RPO et RTO.
- Déterminer les applications critiques.
- Faire appel aux ressources humaines.
- Auditer et qualifier les locaux.

- Faire un inventaire des équipements (postes de travail, téléphones, imprimantes, réseau...).
- Prévoir le niveau de dégradation du service acceptable (temps de réponse, activité pouvant être manuelles...) ou mode dit « dégradé ».
- Préparer les conditions de retour à la normale.
- S'occuper des fournitures externes indispensables.

L'inventaire devrait être réalisé avec les correspondants et responsables de chaque métier de l'entreprise. Dans ce cas, il est nécessaire de procéder ensuite à des consolidations et de vérifier la cohérence globale des besoins exprimés.

■ Remarque

Une tendance naturelle conduit souvent les employés à considérer que leur activité est stratégique.

Si nécessaire, un arbitrage sera réalisé par la Direction Générale.

On déduira de cette phase la liste des applications constituant le noyau stratégique du PRA.

1.2.3 Phase 3 : audit des vulnérabilités (BIA)

Comme dans tout audit de sécurité, il est nécessaire d'évaluer les dispositifs de sécurité actuels ou prévus. Si cette évaluation n'a pas déjà été réalisée dans le cadre d'un audit global, il faut au minimum faire une revue des thèmes suivants :

- L'organisation de la sécurité.
- La couverture au niveau des assurances concernant les risques informatiques.
- La sécurité générale (environnement, accès physiques, sécurité incendie et dégâts des eaux, consignes de sécurité).
- Les moyens de secours en place ou prévus (serveurs, réseau, terminaux, alimentation électrique, climatisation, fournitures, personnel, etc.). Il est important à ce stade du projet d'apprécier le degré de confiance qu'il est possible d'accorder à ces moyens de secours (les délais de mise en œuvre sont-ils garantis ? Ces moyens sont-ils documentés et testés ?).
- Les moyens de protection des informations stockées.

- Supports informatiques : sauvegardes de secours, archives (accompagnés de procédures de restauration fiables).
- Supports papier (dossiers, archives, documentation...).
- Les moyens mis en œuvre pour assurer la sécurité des échanges extérieurs (protection du réseau...).
- Les contrats de maintenance des matériels et des logiciels (vérification du degré d'engagement des prestataires).
- Les contrats fournisseurs pour les fournitures sensibles (garanties de rétablissement de service en cas d'interruption).
- Les moyens d'administration et d'exploitation des systèmes (audit des vulnérabilités des systèmes et des applicatifs, suivi des alertes...).

1.2.4 Phase 4 : analyse des risques (BIA)

La phase d'analyse des risques a pour objet la classification des risques d'indisponibilité totale ou partielle du Système d'Information et la mise en évidence des priorités dans le traitement des risques. Le PRA étant souvent lourd à mettre en place, la définition de priorités peut faciliter sa réalisation par tranches.

L'analyse des risques peut être décomposée en deux étapes :
- Une étape technique d'étude des scénarios de sinistres.
- Une étape fonctionnelle d'étude d'impact.

L'étude technique consiste, en s'appuyant sur le constat de la phase précédente, à répertorier pour chaque objet à risque un ou plusieurs risques significatifs, puis pour chaque risque retenu, à étudier et décrire les conséquences directes de sa réalisation sur le Système d'Information. À ce stade, on ne se préoccupe pas encore de l'impact du sinistre. L'objectif est de réaliser un bilan des conséquences directes en termes :
- De durée d'indisponibilité des moyens (applications, services...).
- De perte d'information (dernières mises à jour, flux, archives...).
- De potentialité du risque. Selon la méthode utilisée lors de la phase précédente, la potentialité sera soit directement attribuée, soit calculée.

L'étape fonctionnelle consiste à mesurer l'impact des risques potentiels à l'aide de critères définis lors de la phase de lancement. Cette évaluation doit être réalisée avec le concours de responsables fonctionnels afin de tenir compte des moyens de contournement existants éventuels.

1.2.5 Phase 5 : présentation des solutions

Les solutions retenues sont alors validées en comité de décision. Ces dernières sont différentes suivant tous les critères vus auparavant. En voici les grandes lignes :

- La mobilisation des ressources nécessaires :
  - Ressources humaines : mobilisation des équipes d'intervention.
  - Réservation des moyens de secours (réquisition de moyens, alerte d'un prestataire externe...).
  - Récupération des sauvegardes.
  - Récupération de la documentation.
- Le secours des équipements informatiques :
  - Restauration des environnements système.
  - Adaptations techniques (le matériel de secours n'est pas toujours identique au matériel d'origine).
  - Restauration des applications.
  - Validation des restaurations.
- Le secours des réseaux :
  - Mise en place des équipements de secours.
  - Basculement sur liaisons de secours.
  - Paramétrage des différents équipements.
- Le secours de la téléphonie :
  - Reroutage des appels.
  - Mise en place d'équipements de secours.
  - Paramétrage.
- La reprise des traitements :
  - Adaptations logicielles.
  - Adaptation des procédures d'exploitation.
  - Récupération de flux et synchronisation des données.
  - Traitements exceptionnels.
  - Validations fonctionnelles.

- La logistique :
  - Transports.
  - Fournitures.
  - Gestion de crise du personnel (choix des personnels à mobiliser, rotation des équipes, prise en compte des situations individuelles...).
- Le relogement :
  - Organisation du relogement d'urgence.
  - Préparation des sites d'accueil.
- La reprise des activités des services utilisateurs :
  - Tâches utilisateurs avant mise en place des moyens de secours.
  - Organisation d'un service minimum.
  - Travaux exceptionnels (procédures de contournement, rattrapages...).
- La communication de crise :
  - Interne (personnel, autres entités...).
  - Externe (clients, partenaires, public...).
- Les dispositifs de post-reprise :
  - Dispositifs préalables et d'accompagnement (assurance, remise en état des locaux, sauvetage des matériels...).
  - Dispositifs de retour à la normale (constituent un plan spécifique).

2. La synergie « Virtualisation & PRA/PCA »

2.1 Le PRA à budget réduit

La virtualisation va permettre de créer des PRA de manière beaucoup plus simple tout en rationalisant les coûts. Pourquoi donc ? Plusieurs raisons peuvent être invoquées :

La plupart des plans de reprise d'activité considère que les activités doivent être reprises sur un site secondaire. Ce site secondaire doit être capable d'accueillir une partie ou la totalité de la charge des serveurs du site primaire. Il faut donc bien souvent investir sur du matériel... qui ne servira probablement jamais. Si les serveurs sont virtualisés, l'investissement en matériel est donc largement inférieur.

La virtualisation simplifie énormément les processus de réplication et de synchronisation en stockant les machines virtuelles sur des baies de stockage supportant la réplication synchrone ou asynchrone.

Les postes de travail peuvent également être virtualisés. Il suffit alors simplement de terminaux « dormants » sur le site secondaire pour qu'une grande partie des utilisateurs puissent continuer à travailler.

Les serveurs n'étant plus que de simples fichiers, ils sont donc beaucoup plus faciles à sauvegarder et à transporter. La logistique est donc beaucoup moins importante. La restauration suit également le même principe.

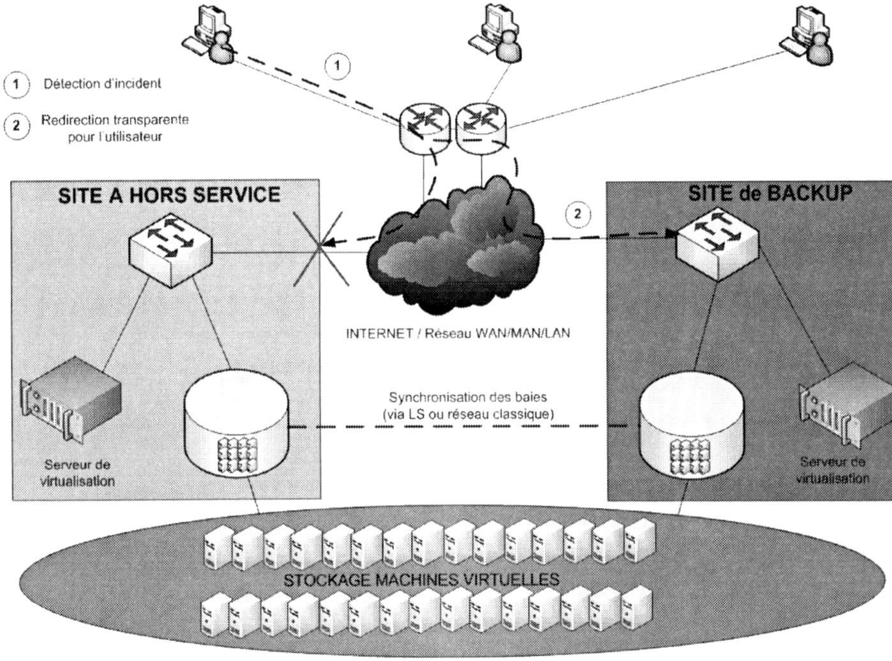

2.2 S'affranchir de l'aspect matériel

Le matériel n'est plus une problématique lorsqu'il s'agit de virtualisation. En effet, un serveur n'est plus lié à l'aspect matériel. Cela signifie qu'un serveur virtuel peut être déposé sur n'importe quel hôte physique. Il pourra être relancé sans qu'aucune incompatibilité matérielle n'interfère.

De plus, les PRA conduisent souvent à ce qui est communément appelé «période dégradée ». En effet, suite à un désastre, les activités ne vont pas aller aussi vite. Le personnel est bien souvent sous le choc, il ne retrouve pas son environnement, la place n'est plus garantie, les performances sont moindres, toutes les applications ne sont pas reprises, etc. En résumé, durant une période plus ou moins longue, les performances peuvent être très impactées.

La virtualisation permet de prioriser les activités critiques. Par exemple, imaginez qu'un serveur virtuel reprenne 30 % des activités globales d'une grosse entreprise. Il va sûrement avoir du mal à tout relancer car la charge est haute. Il peut être capable de prioriser certaines machines ou certaines applications par rapport à d'autres. Les activités sont donc dégradées, certes, mais tout ce qui est critique pourra fonctionner correctement.

PRA dégradé

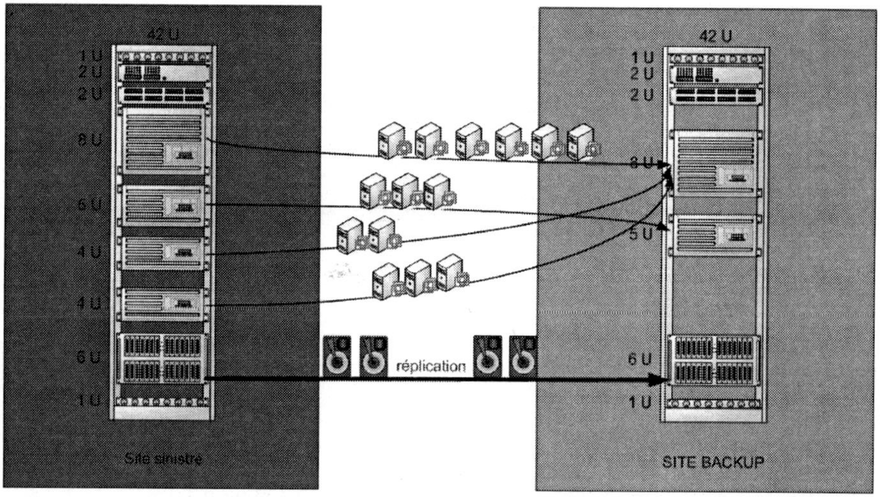

La plus grosse contrainte lorsqu'un PRA est mis en place concerne les utilisateurs. Ces derniers doivent absolument pouvoir continuer à travailler. Il leur faut donc des postes de travail avec leur environnement. Dans un PRA classique, cette problématique était majeure car il fallait obligatoirement un poste de travail par utilisateur, ce qui induisait des coûts souvent rédhibitoires. Une solution consiste à s'accorder avec un constructeur sur une livraison rapide de machines neuves prêtes en cas de coup dur.

Avec l'arrivée de la virtualisation, la révolution est en marche. Les postes de travail ne sont plus que de simples fichiers, et il n'est pas nécessaire d'acheter des postes de travail mais uniquement de simples terminaux légers beaucoup moins onéreux. Comme tous les postes de travail virtualisés sont centralisés, les utilisateurs retrouveront instantanément leur environnement de travail quel que soit le terminal où ils se connecteront.

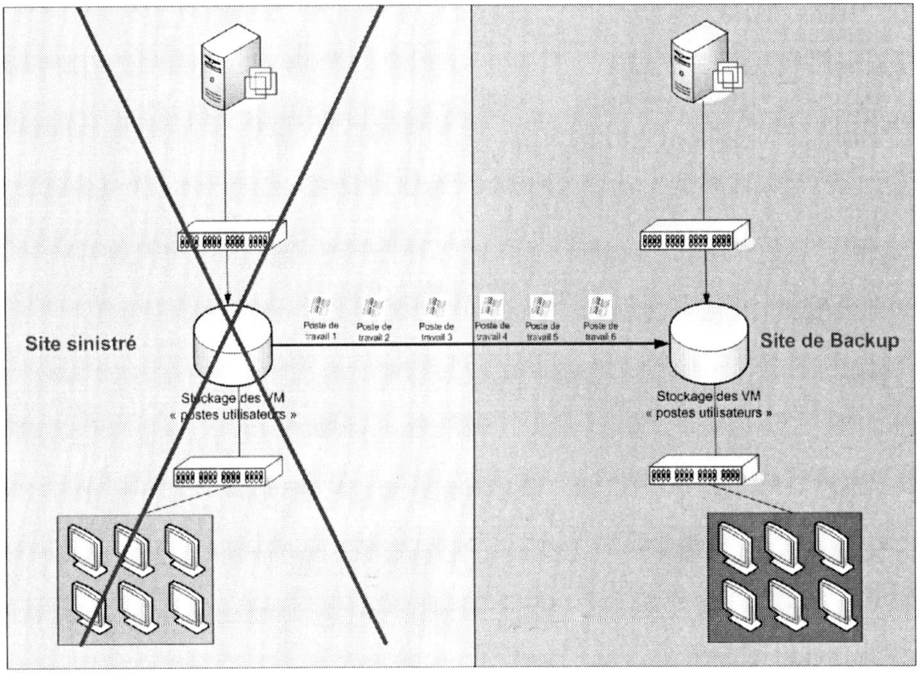

2.3 La virtualisation et le RPO/RTO

La virtualisation permet de considérer les systèmes comme de simples fichiers. Dès lors, la restauration d'un système devient quasiment aussi rapide que la restauration d'un gros fichier.

Il suffit de demander aux administrateurs systèmes le temps qui leur est nécessaire afin de restaurer un système, Windows ou Unix. Suivant les procédures et processus internes, cela peut aller de plusieurs heures à plusieurs jours, voire semaines. La restauration d'un fichier prend, elle, suivant sa taille, quelques minutes à quelques heures.

Cela permet de calculer dans un premier temps le gain en RTO.

Voici un exemple concret :

Un serveur sous Microsoft Windows 2003 Serveur brûle. L'administrateur a besoin de :

- Plusieurs heures à plusieurs jours pour provisionner un nouveau serveur (passer par la centrale des achats, valider la commande, trouver le modèle identique, etc.).
- Plusieurs heures pour réinstaller une image système (en espérant qu'il y en ait une et qu'elle fonctionne correctement).
- Plusieurs heures supplémentaires pour reconfigurer le système avec les sauvegardes (différentielles, complètes, etc.).
- Plusieurs heures, voire jours pour restaurer les données sur le système.

Nous sommes dans le meilleur des cas. La machine pourrait très bien ne pas être sauvegardée au niveau du système ! Il faudrait donc réinstaller totalement Windows 2003 et le reconfigurer comme à l'origine à la main avec l'aléa que cela comporte. (il n'y a pas de garantie que la reconfiguration se fasse à l'identique).

Prenons maintenant un exemple dans le monde virtuel :

Un serveur physique brûle. Il contenait une à plusieurs machines virtuelles.

Au pire des cas, les machines virtuelles étaient stockées localement. Il faudrait donc restaurer les machines virtuelles sur un autre hôte physique (au risque de le surcharger et d'entrer dans un mode dégradé temporaire). Cela peut nécessiter plusieurs heures à restaurer les machines virtuelles sur un autre hôte physique.

Au mieux, les machines étaient stockées sur une baie de stockage centralisée. Il suffit de réenregistrer les machines virtuelles sur un autre hôte physique ayant accès à la baie de stockage. Moins d'une heure en totalité est nécessaire.

Quoi qu'il en soit, le gain de temps est considérable.

Au niveau RPO, prenons le même exemple.

Dans le cas purement physique, le serveur doit être restauré avec les dernières données. Plusieurs possibilités :
- Les données sont centralisées et les pertes seront donc minimes.
- Les données sont stockées localement. Il faut les restaurer depuis la dernière sauvegarde (plus ou moins de perte suivant le processus de sauvegarde utilisé).

Au niveau du système, soit celui-ci est sauvegardé selon une période déterminée, auquel cas, la perte de modification sera moindre. Soit le système n'est pas sauvegardé, ce qui implique qu'il y aura donc une perte des modifications systèmes ou des applications installées.

Dans une architecture classique, la perte de données reste minimum pour peu que la sauvegarde ait été mise en place correctement. Au niveau système, cela reste beaucoup plus difficile. Il y a souvent des pertes de configuration ou des applications installées.

Voici les différences avec la virtualisation en place :
- Les données sont centralisées et cela ne change rien par rapport à une architecture classique.
- Les données ne sont pas centralisées et il faut les restaurer depuis la dernière sauvegarde. Ici aussi, pas vraiment de changement...

Au niveau du système, par contre, le changement est radical. Lorsque les systèmes sont virtualisés, ils sont plus faciles à sauvegarder. Le processus de sauvegarde garantit qu'il n'y aura pas de perte de configuration ou d'applications. Il n'est pas nécessaire de restaurer le système puis de restaurer la sauvegarde système, ce qui implique potentiellement des problèmes et des pertes.

La perte de configuration ou d'applications est donc moindre grâce à la virtualisation, les systèmes étant considérés comme des données classiques.

Voici un tableau récapitulatif pour mieux s'y retrouver :

Comparatif	RTO	RPO
Mode classique local	Très mauvais	Très mauvais
Mode classique avec données déportées	Mauvais	Bon
Mode virtualisé avec données locales	Bon	Bon
Mode virtualisé avec machines virtuelles déportées	Très bon	Très bon

Remarque

Il est possible que certains produits du marché permettent d'obtenir un RTO ou RPO bien meilleur dans une infrastructure classique.

2.4 Limiter la perte de données

La perte de données est un problème auquel tout le monde a été confronté. Les infrastructures virtuelles répondent à cette problématique autant pour les serveurs que pour les postes de travail.

Il est relativement facile de créer des infrastructures dites « Full Mesh », c'est-à-dire des architectures où quel que soit l'élément en panne, l'architecture continuera à être exploitable. Cela permet également de garantir un excellent RPO.

Voici un type d'architecture souvent déployé chez les clients souhaitant à la fois une haute disponibilité, mais également une garantie de ne jamais perdre de données.

Les données sont répliquées grâce à des technologies propriétaires aux baies de stockage. On peut citer par exemple :

Chez NetApp : MetroCluster ou SnapMirror (voir également SnapManager for VI).

Chez EMC : SnapView ou Sancopy (voir également Replication Manager for VI).

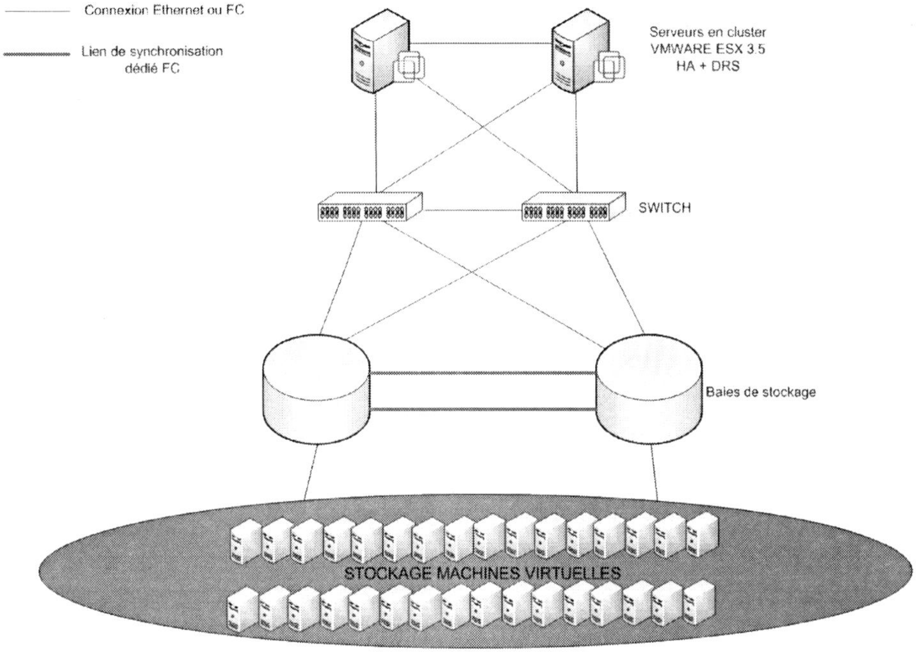

Une des plus grandes peurs des administrateurs est la perte des données utilisateurs stockées localement. Dans la plupart des infrastructures actuelles, des palliatifs sont présents, entre autres :

- Déporter « Documents and Settings » des postes de travail vers un serveur centralisé.
- Empêcher les utilisateurs d'écrire sur des disques locaux en cachant les disques en question.
- Installer des agents sur les postes de travail pour sauvegarder les documents utilisateurs.

Bien que ces solutions fonctionnent correctement, elles n'en restent pas moins très lourdes en terme d'administration.

La virtualisation des postes de travail répond à cette problématique. Étant donné que les postes de travail sont remplacés par des terminaux légers, plus aucune donnée n'est présente localement. Le vol de postes de travail n'a plus lieu d'être puisqu'aucune donnée, même résiduelle, n'est présente. De plus, cela limite largement le facteur « fuite d'information ». Les ports USB ou autres peuvent être facilement désactivés. Toutes les informations restent centralisées dans l'entreprise et peuvent difficilement en sortir.

La virtualisation des postes de travail limite donc la perte de données à plusieurs niveaux. En résumé :

	Poste de travail classique	**Poste virtualisé**
Perte de données locales	Toutes les données locales sont perdues ou doivent être restaurées.	Impossible
Vol	Le poste et toutes les données qui s'y trouvaient sont définitivement perdus.	Le vol est possible mais le terminal seul ne servirait à rien.
Sinistre	Les postes de travail sinistré sont perdus ainsi que les données qui s'y trouvaient.	Seul le terminal est perdu. Il suffit d'en acheter un neuf pour pouvoir travailler à nouveau.
Fuite d'information	Au choix : port USB, bluetooth, firewire, etc. Au pire, arrachage du disque dur.	Il est très difficile de rapatrier des données pour peu que le terminal soit bien configuré.

3. Retours d'expérience

3.1 Exemple avec VMware SRM

VMware a pris l'excellente initiative de sortir un produit dédié au plan de reprise d'activité. Il était difficile de passer à côté de ce dernier car ce chapitre est entièrement consacré au PRA.

VMware Site Recovery Manager est un plug-in pour Virtualcenter permettant de mettre en place une stratégie de recouvrement des activités. VMware n'ayant la main que sur le matériel serveur et non sur les baies de stockage, ils ont décidé de faire communiquer le plug-in SRM avec l'outil propriétaire de réplication inter baie de chaque constructeur.

Les avantages sont nombreux :

- La réplication est rapide puisque les mécanismes sont propriétaires. Il n'y a pas de surcouche « VMware ».
- Il se crée une synergie entre les constructeurs de baies de stockage et VMware (entre EMC et VMware, c'est plutôt normal...).
- Le plug-in est léger et s'intégre avec toutes les baies tant que les constructeurs respectent les préconisations de développement de VMware.
- La réplication est transparente pour VMware. Il n'y a pas besoin de vérifier que cette réplication ait lieu. Les constructeurs se chargent de cette tâche sans impacter les ressources serveur.

SRM permet de définir un plan de recouvrement d'activité en préconfigurant toutes les étapes et en les automatisant jusqu'à un certain niveau. En résumé, SRM se présente comme un coordinateur permettant de créer un véritable PRA sur l'infrastructure virtuelle existante avec 2 sites distants.

Il est évident que SRM ne s'occupe nullement des aspects organisationnels du PRA. Seul un expert pourra donc coordonner l'aspect technique de SRM avec les implications au niveau organisationnel.

SRM fonctionne de la façon suivante :

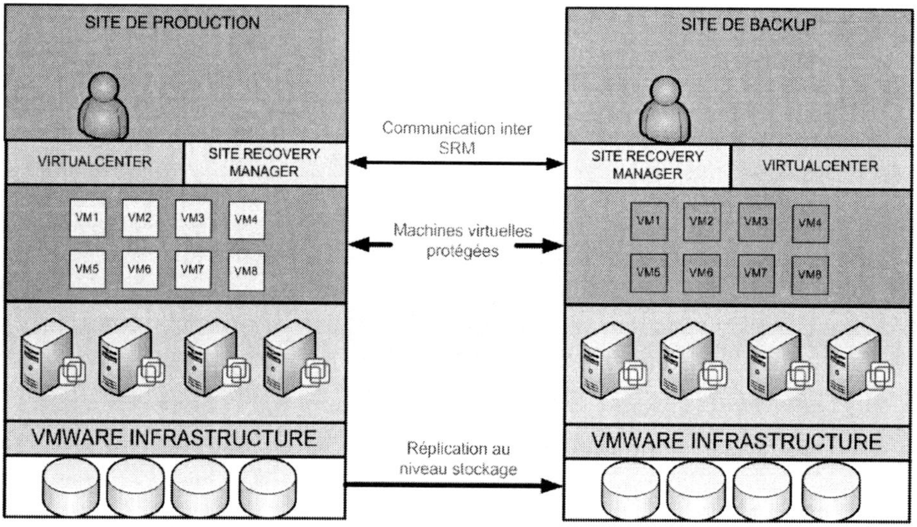

VMware Virtualcenter est installé sur 2 sites distincts. Un site de production et un site de backup. Il faut créer une synchronisation entre les deux, c'est-à-dire faire comprendre que l'un des Virtualcenter est dit primaire (site de production) alors que l'autre est secondaire. Une fois que la synchronisation est faite, ils peuvent échanger des informations sur les machines virtuelles présentes.

Le site primaire peut communiquer au site secondaire les machines virtuelles dites protégées. En effet, SRM permet d'être granulaire. La protection peut se faire jusqu'au choix des machines virtuelles. Plus un nombre important de machines virtuelles est sélectionné, plus la réplication inter baies de stockage sera longue. Les machines dites protégées se trouvent sur un LUN répliqué.

Quelle que soit la technologie de réplication et la connectique utilisée, les LUN sont répliqués du site de production vers le site de backup. Sur le site de Backup, les LUN sont en lecture seule. Le Virtualcenter de Backup est donc capable de voir les machines virtuelles sans pour autant les lancer. En cas de désastre, les baies de stockage sur le site de backup passent le ou les LUN en mode READ/WRITE. S'en suit alors un processus d'enregistrement des machines virtuelles afin de pouvoir les relancer.

L'avantage de SRM est qu'il est totalement indépendant du type de stockage. Cela permet d'imaginer des configurations permettant de reprendre les activités, certes de manière dégradée, mais avec un coût largement inférieur.

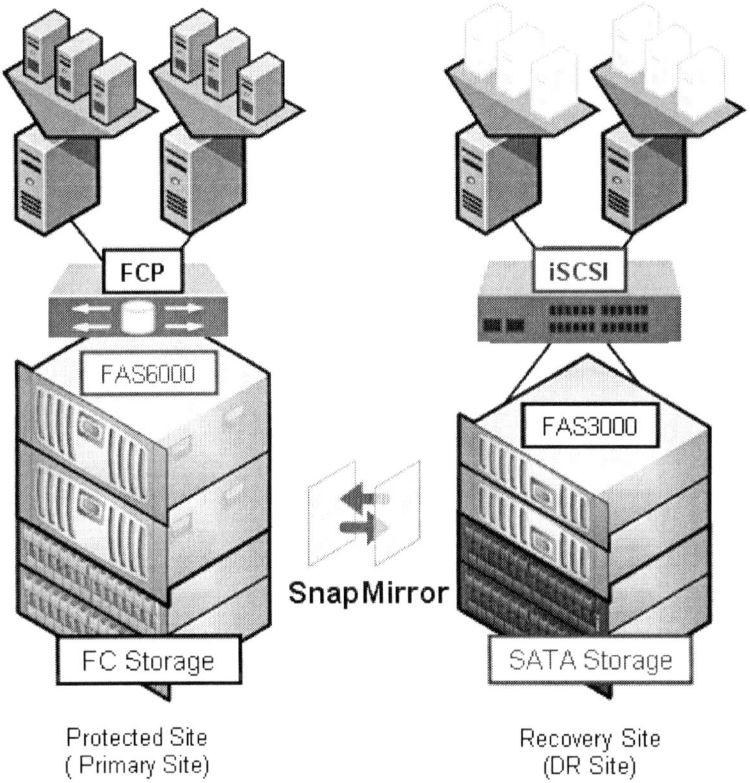

SRM possède des particularités intéressantes, notamment la possibilité de :

- Simuler le basculement afin de vérifier que tout se passe correctement.
- Basculer les machines virtuelles sur un réseau particulier afin de ne pas créer de conflits au niveau de l'adressage.
- Prioriser le démarrage de certaines machines afin de relancer immédiatement les services critiques.

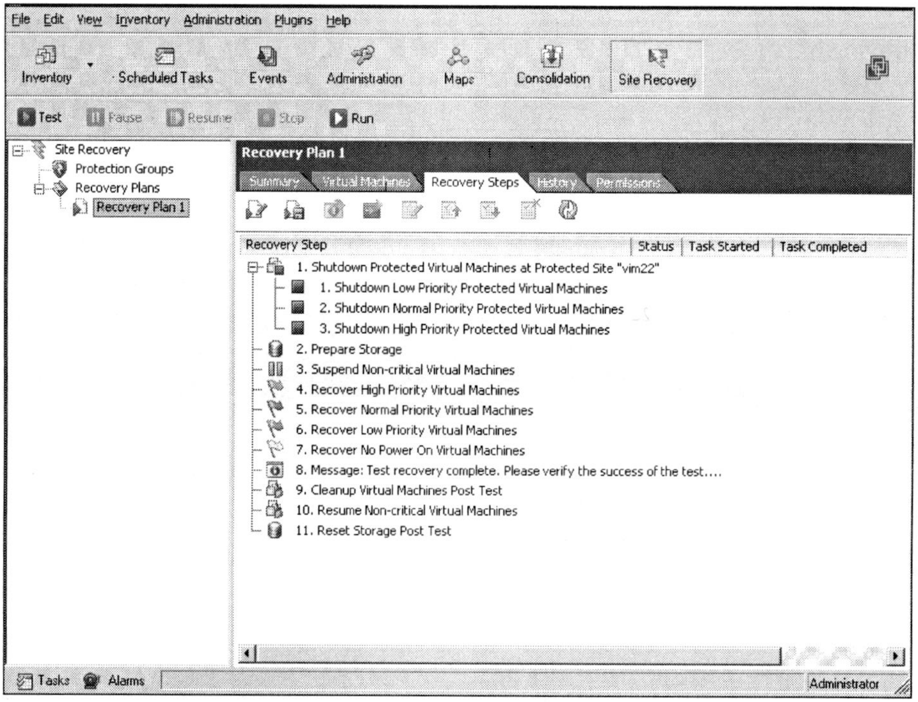

- Suivre en temps réel le basculement avec toutes les étapes prévues.
- Inclure des scripts personnalisés.

Un des points négatifs concernant SRM serait son impossibilité de gérer le « Failback ». Il faudrait que VMware améliore son outil pour qu'il soit possible de revenir en arrière une fois que le site primaire a la capacité de reprendre les opérations.

3.2 Cas clients

En dernier lieu, afin de convaincre les lecteurs des bienfaits de la virtualisation lors de la mise en place d'un PRA, voici un retour concernant la mise en place d'un PRA au niveau mondial sur une entreprise du CAC40 dans le secteur industriel.

Le client possédait deux Datacenter espacés de plusieurs kilomètres, reliés entre eux par la fibre optique. La mise en place du PRA avait été programmée depuis longtemps eu égard à la criticité des serveurs dans la première salle machine. Ces derniers permettaient de faire fonctionner toutes les usines de production au niveau mondial.

À l'époque, le client venait de licencier 3000 personnes suite à un remaniement. La tension était donc palpable et la réduction des coûts, une ligne directrice. Le PRA était donc un enjeu majeur mais il était également soumis à cette même réduction des coûts. Il a donc été décidé de virtualiser la salle de secours.

Le principe était relativement rudimentaire. Les machines critiques ont été « ghostées » ou reconstruites dans un environnement virtuel. Il n'était pas possible de faire un PRA « Full VMware » puisque la première salle n'était pas virtualisée. Pour autant, avec un peu d'astuce et de nombreux scripts, il a été possible de construire un environnement opérationnel dans la deuxième salle serveur.

Le client eut la mauvaise surprise de subir une coupure électrique globale suite à un feu de forêt. Le fournisseur d'électricité avait fait l'erreur de couper toutes les arrivées, même celles pour les sites critiques (en l'occurrence, les sites de l'entreprise étaient des sites SEVESO).

Conséquence directe, la production de toutes les usines a été arrêtée et toutes les salles informatiques ont été coupées. Malheureusement, ce jour-là, les onduleurs étaient en maintenance.

Remarque

Il faut avouer que le client a joué d'une malchance particulière... Dans son malheur, il a pu valider son PRA !

Tous les serveurs sont donc tombés en panne d'un seul coup. Le responsable PRA a donc décidé de basculer les activités dans l'autre salle machines. Le basculement s'est opéré correctement sans trop de problèmes. Il y a toujours des imprévus, mais avec la supervision « en temps réel » qui avait été mise en place, il a été très facile de réagir rapidement aux problèmes détectés.

La reprise des activités au niveau serveur marchait donc parfaitement. Il ne restait qu'à faire basculer les lignes réseau vers le nouveau site. Malheureusement, le basculement des lignes n'a pas été opéré dans de bonnes conditions. Les engagements des fournisseurs d'accès n'étaient pas clairs concernant la notion de rétablissement. Il a donc fallu attendre près de 5 heures pour que le basculement soit effectif.

Une fois le basculement réalisé, les activités ont pu reprendre normalement.

Ce qu'il faut retenir de ce cas client, est qu'un PRA est un projet complexe relié à de nombreux acteurs, et qu'il est indispensable de vérifier si chacun des acteurs est capable d'assumer son rôle. Il existe quasiment dans tous les cas des solutions techniques, cependant, il est souvent difficile de contractualiser des engagements forts avec des partenaires ou prestataires.

Chapitre 8
Sauvegarde et restauration

1. La sauvegarde multiniveaux

1.1 La sauvegarde de l'Hyperviseur

Lors des précédentes versions de VMware ESX, la Service Console avait une importance capitale. VMware a beaucoup investi afin de détacher la Service Console du VMkernel, ce qui a pour effet de rendre « moins capitale » sa sauvegarde. VMware a aussi publié VMware ESXi, version allégée de VMware ESX ne possédant pas de service console.

Il existe trois composants primaires à sauvegarder sur un hôte ESX :
- La configuration de la Service Console.
- La configuration de VMware ESX.
- La configuration des Machines virtuelles.

La question qui se pose est la suivante :

Si vous stockez toutes vos machines virtuelles sur une baie de stockage, avec la même configuration pour tous les hôtes ESX, y a-t-il vraiment un intérêt à sauvegarder un hôte ESX ?

Suivant vos procédures et méthodes de configurations, il se peut que la sauvegarde de vos hôtes ESX ne soit pas nécessaire, d'autant plus que la réinstallation est très rapide.

1.1.1 La sauvegarde de la Service Console

VMware espère pouvoir dans les prochaines versions, constituer un système quasiment statique. Cela permettra de constituer un socle solide au niveau sécurité. Cependant, pour le moment, la Service Console doit toujours être sauvegardée. Comme vous pourrez le remarquer, la service console est en fait une distribution RedHat Linux 3 dépouillée de tous les packages inutiles et optimisée pour la communication avec le VMkernel. Les répertoires ou fichiers à sauvegarder sont donc les suivants :
- /etc/profile
- /etc/ssh/sshd_config
- /etc/pam.d/
- /etc/ntp/
- /etc/ntp.conf
- /etc/passwd
- /etc/group
- /etc/shadow
- /etc/syslog.conf

1.1.2 La sauvegarde de VMware ESX

La configuration de VMware ESX et du VMkernel est stockée dans le répertoire /etc/vmware. Mis à part quelque cas particuliers, la sauvegarde de VMware ESX n'est pas une nécessité. L'utilisation de VMware ESXi va favoriser ce phénomène.

1.1.3 La sauvegarde de la configuration des machines virtuelles

La configuration des machines virtuelles n'est absolument plus dépendante de l'hôte où elle se trouve. La configuration des machines virtuelles est stockée dans un seul répertoire. Ainsi, ce point est traité à part dans la sauvegarde des machines virtuelles.

1.2 La sauvegarde de Virtualcenter

Virtualcenter ne doit pas être oublié au niveau de la sauvegarde. Virtualcenter est en fait une base de données (ou plusieurs si des modules complémentaires sont installés). Il faut donc sauvegarder Virtualcenter comme toute machine hébergeant une base de données. Virtualcenter contient les options, permissions et métriques utilisées tous les jours par les administrateurs.

Depuis que Virtualcenter peut être également installé sur une machine virtuelle, il est possible de l'inclure dans la sauvegarde des VM. Cependant, il est également conseillé de sauvegarder les bases de données indépendamment.

1.3 La sauvegarde des VM

Bien que la virtualisation permette d'obtenir un RPO bien meilleur que dans les environnements classiques, il n'en reste pas moins que la sauvegarde est un élément clé de toute infrastructure virtuelle.

Il existe deux moyens de traiter la sauvegarde des machines virtuelles :

La sauvegarde des machines virtuelles peut être effectuée comme auparavant avec les machines physiques. Il est possible d'utiliser les possibilités des OS invités comme par exemple : VSS, TAR, les commandes shell, etc.

Il est également envisageable d'utiliser la portabilité des machines virtuelles. Celles-ci étant considérées comme de simples fichiers, leur copie est très facilement réalisable.

Le choix n'est pas simple car bien souvent, chaque machine possède ses avantages et inconvénients. La capitalisation sur des outils de sauvegarde interne est un argument majeur faisant souvent pencher la balance du côté des agents propriétaires. La maturité des agents et leurs capacités de traçage et de vérification sont également des points très importants. Mais, du fait de la crise économique notamment, cela pourrait changer. Pourquoi utiliser un agent (payant) alors qu'il est possible de sauvegarder entièrement un système grâce à une simple commande ?

2. Les différents types de sauvegarde

2.1 La sauvegarde par agent

La sauvegarde par agent est la méthode la plus classiquement utilisée dans les environnements physiques. Un agent est installé dans l'OS invité. La sauvegarde est alors lancée de manière régulière ou alors contrôlée par un serveur de backup externe.

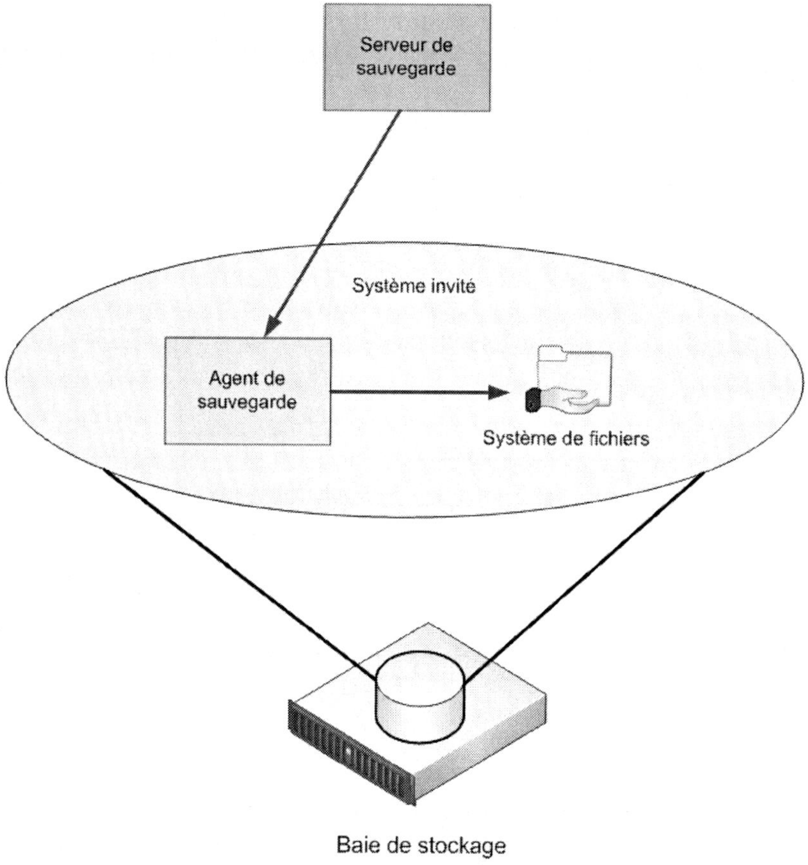

Voici les avantages et inconvénients :

Avantages

- Permet la sauvegarde au niveau « fichiers ». La granularité est largement meilleure. Il est possible de sauvegarder de simples fichiers ou répertoires de manière individuelle.
- Permet de sauvegarder les données présentes dans les disques type RDM en mode physique.
- Est indépendante de l'Hyperviseur.
- Ne nécessite pas de connaissance particulière sur VMware, ce qui est intéressant pour les équipes de sauvegarde déjà en place (pas de formation supplémentaire, les agents sont les mêmes pour les machines virtuelles, tous les processus mis en place restent identiques, etc.).
- Compréhension des applications internes, ce qui permet de sauvegarder des applications transactionnelles (Bases de Données par exemple).

Inconvénients

- Il est très difficile de sauvegarder entièrement le système.
- La portabilité des machines virtuelles n'est pas exploitée.
- Le coût !

2.2 La sauvegarde au niveau image via agent

La sauvegarde au niveau image permet de préserver la totalité d'un système invité et est appelé communément sauvegarde « Bare Metal » dans le monde physique, elle requiert une forte consommation en ressource et en outre, il est extrêmement difficile de la réaliser quand le système est en ligne.

La virtualisation permet d'effectuer une sauvegarde Bare Metal d'une manière totalement révolutionnaire. La Service Console voit les machines virtuelles comme un ensemble de fichiers. Il est donc très simple de les conserver via les commandes classiques de sauvegarde de fichiers UNIX.

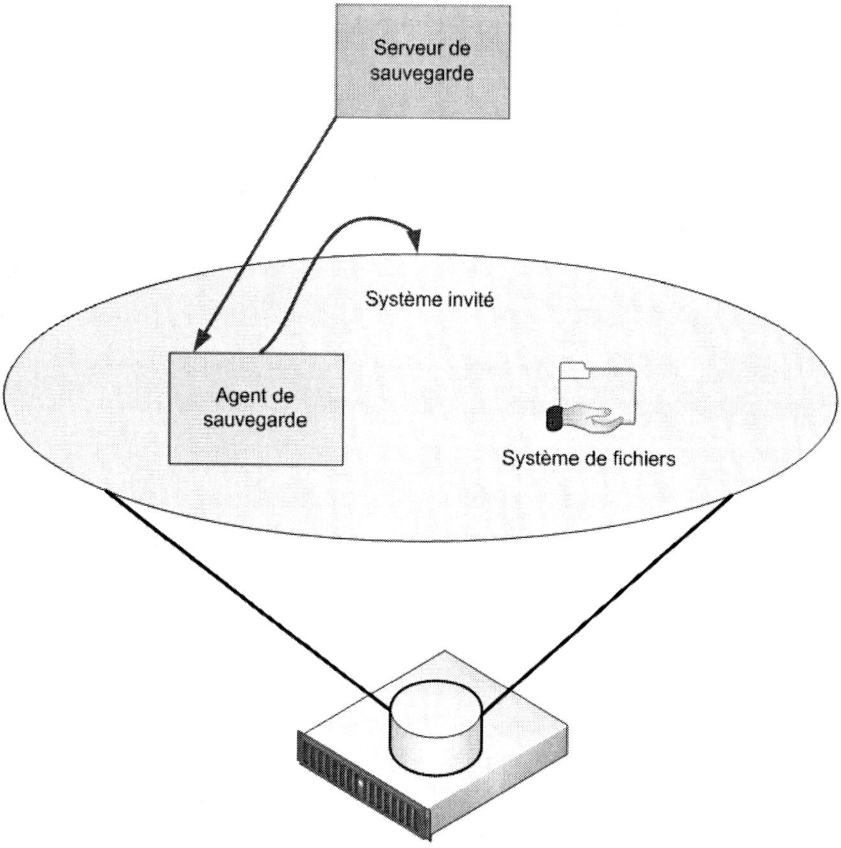

Une machine virtuelle est composée au maximum en production, sauf cas exceptionnel, d'une dizaine de fichiers (hors fichiers logs). La restauration sera donc très rapide contrairement à des restaurations Bare Metal classiques.

Il existe diverses manières de concevoir la sauvegarde au niveau image. Là encore, elles ont toutes leurs avantages et inconvénients.

La sauvegarde Bare Metal peut se faire par un agent. La sauvegarde système doit être effectuée en corrélation avec la création d'un CD-Rom de démarrage. Un serveur peut être démarré sur ce CD-Rom afin d'être totalement restauré. Le CD-Rom ne contient aucune image, il ne sert qu'à charger un environnement minimal (souvent basé sur Windows PE ou LinuxPE) permettant de récupérer une image sur le réseau ou sur un support local type disque USB, Firewire, etc.

Comme l'environnement est virtuel et qu'il faut appliquer une méthode Bare Metal traditionnelle, il est indispensable de posséder certaines connaissances en environnement VMware.

Voici les avantages et inconvénients :

Avantages

- La sauvegarde peut se faire via le même agent que celui utilisé pour la sauvegarde au niveau fichier.
- S'intégre parfaitement dans l'infrastructure existante.
- Les procédures et processus mis en place restent semblables.

Inconvénients

- Le processus de restauration reste manuel du fait de sa complexité (il est possible de le scripter néanmoins).
- Le coût.

2.3 La sauvegarde au niveau image via VMware

Comme vous l'avez remarqué auparavant, la sauvegarde peut donc se faire via la Service Console. Grâce aux snapshots, les fichiers VMDK peuvent être parfaitement sauvegardés alors même qu'ils sont en cours d'utilisation. Ils sont alors exportés vers tout type de support.

Le principe est le suivant :

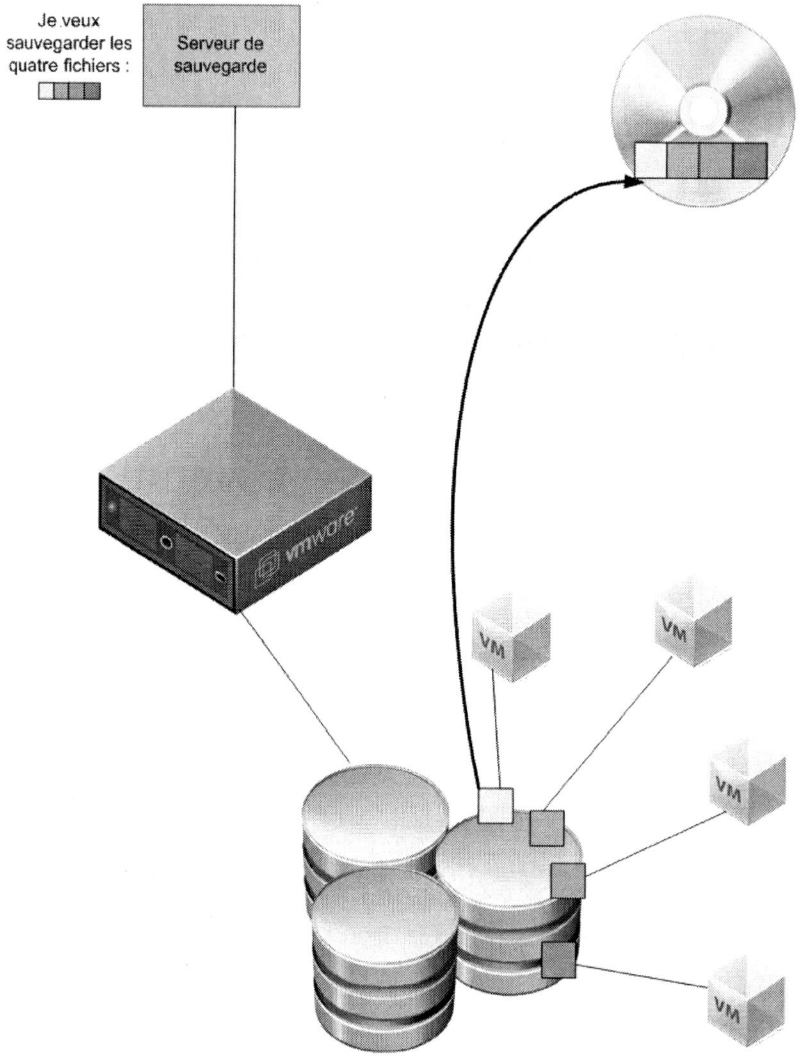

Voici les avantages et inconvénients :

Avantages

- La sauvegarde est simple et peu coûteuse.
- Peu d'impact au niveau performance par rapport à la méthode classique Bare Metal.
- Non intrusive car aucun agent n'est nécessaire. Seuls les mécanismes de VMware sont utilisés.
- Beaucoup plus fiable.

Inconvénients

- Impossibilité de sauvegarder au niveau fichiers.
- Nécessite un remaniement des procédures et processus actuels.

3. L'optimisation de la sauvegarde

3.1 La sauvegarde incrémentale

Dans une infrastructure traditionnelle, la sauvegarde incrémentale ne prend en compte que les fichiers qui n'ont pas été modifiés depuis le dernier passage de l'outil de sauvegarde. Mais dans une infrastructure virtuelle, seul le fichier .VMDK est modifié, et ce, de manière constante. La sauvegarde incrémentale n'a donc pas réellement besoin d'exister a priori.

Afin de répondre à ce besoin, les éditeurs de logiciels ont décidé de considérer les fichiers VMDK comme des fichiers spéciaux, qu'il faut décomposer en plusieurs parties. Le fichier VMDK est en fait visualisé au niveau bloc. Seuls les blocs modifiés sont sauvegardés.

Afin de pouvoir comparer les blocs, il est nécessaire de sauvegarder entièrement le fichier .VMDK au moins une fois.

Voici un exemple concret :

Le fichier .VMDK est entièrement sauvegardé le week-end.

Lundi, les blocs 1 à 3 sont modifiés.

Mardi les blocs 4 et 7 sont modifiés.

Jeudi, seul le bloc 8 est modifié.

Vendredi, les blocs 8 et 9 sont modifiés.

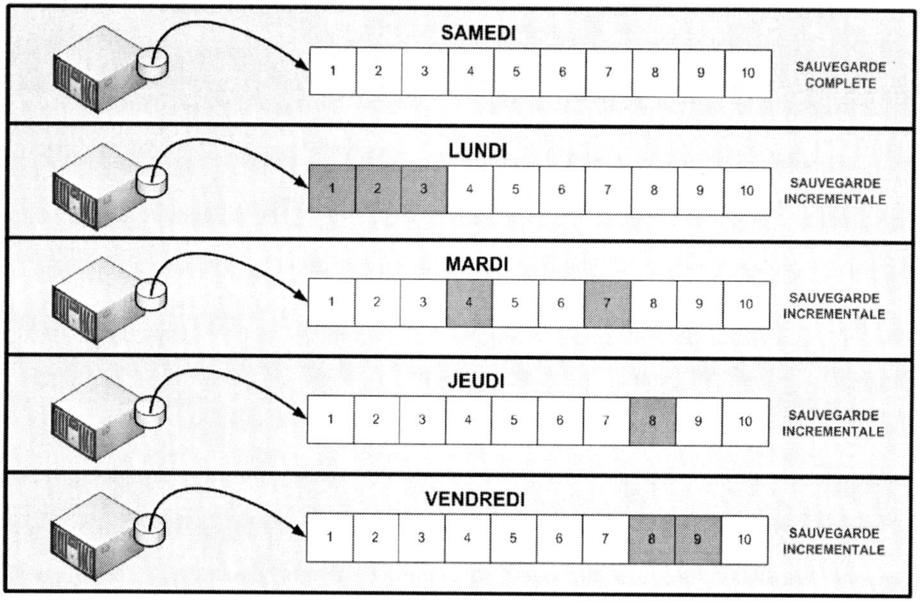

Il est alors facile de comparer l'espace de stockage sauvé par rapport à une sauvegarde complète.

Sauvegarde complète

Jour	Blocs modifiés
Samedi	10
Lundi	10
Mardi	10
Mercredi	10
Jeudi	10
Vendredi	10
TOTAL	60

Sauvegarde incrémentale

Jour	Blocs modifiés
Samedi	10
Lundi	3
Mardi	2
Mercredi	0
Jeudi	1
Vendredi	2
TOTAL	18

Ici, dans cet exemple, l'espace de stockage est divisé par 3 environ.

Malheureusement, la sauvegarde incrémentale n'est pas très pratique pour la restauration. En effet, celle-ci est considérée comme la plus économique, mais aussi celle ayant le pire RTO. Il faut imaginer le cas où un administrateur souhaite restaurer des fichiers corrompus en semaine, par exemple, jeudi. Il va devoir tout d'abord restaurer la sauvegarde complète, puis il devra restaurer chacune des sauvegardes incrémentales, c'est-à-dire Lundi, Mardi, Mercredi et Jeudi.

Voici les avantages et les inconvénients :

Avantages

- Seules les données modifiées sont prises en compte.
- L'espace de stockage est maximisé. Cela permet bien souvent de réduire par 3 ou 4 l'espace normalement consommé par une sauvegarde complète.

Inconvénients

- Le RPO est très mauvais. Il est nécessaire de restaurer la sauvegarde complète ainsi que chacune des sauvegardes incrémentales jusqu'au point de récupération souhaité.
- Étant donné que chaque bloc est sauvegardé de façon indépendante et qu'un seul bloc altéré peut conduire à la corruption complète du fichier VMDK, la probabilité de corrompre ce même fichier est beaucoup plus importante.

3.2 La sauvegarde différentielle

La sauvegarde différentielle consiste à sauvegarder tous les blocs modifiés depuis la dernière sauvegarde complète. La comparaison est donc faite à chaque fois avec la sauvegarde complète.

Voici un exemple concret identique à celui utilisé auparavant :

Le même fichier .VMDK est entièrement sauvegardé le week-end.

Lundi, les blocs 1 à 3 sont modifiés.

Mardi les blocs 4 et 7 sont modifiés.

Jeudi, seul le bloc 8 est modifié.

Vendredi, les blocs 8 et 9 sont modifiés.

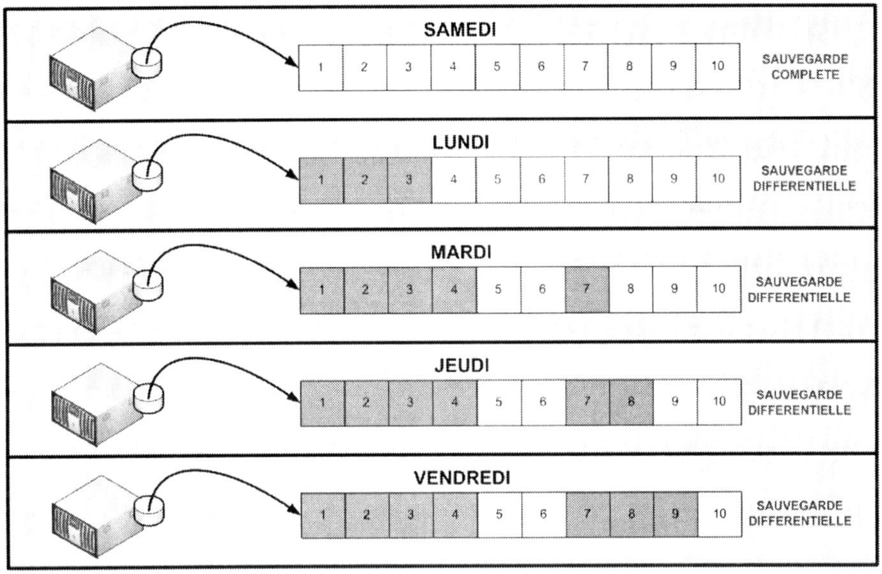

Il est alors facile de comparer l'espace de stockage économisé par rapport à une sauvegarde complète.

Sauvegarde complète

Jour	Blocs modifiés
Samedi	10
Lundi	10
Mardi	10
Mercredi	10
Jeudi	10
Vendredi	10
TOTAL	60

Sauvegarde incrémentale

Jour	Blocs modifiés
Samedi	10
Lundi	3
Mardi	5
Mercredi	5
Jeudi	6
Vendredi	7
TOTAL	36

Ici, deux différences notables par rapport à la sauvegarde incrémentale. Mercredi, aucun changement n'a été effectué. Cependant, 5 blocs sont sauvegardés car il y a eu 5 blocs modifiés depuis la dernière sauvegarde complète.

Vendredi, le bloc 8 est modifié une seconde fois. Contrairement à la sauvegarde incrémentale, la sauvegarde différentielle considère que le bloc 8 est modifié depuis la dernière sauvegarde mais n'enregistre pas la modification entre jeudi et vendredi, elle ne sauvegarde que la différence entre la sauvegarde complète et vendredi.

Ici, l'espace sauvé est d'environ 40 % par rapport à des sauvegardes complètes. La sauvegarde différentielle n'est pas aussi efficace en termes d'espace que la sauvegarde incrémentale.

Par contre, la restauration est beaucoup plus pratique. Il suffit de restaurer la sauvegarde complète puis la dernière sauvegarde différentielle.

Voici les avantages et les inconvénients :

Avantages

- Le RTO est meilleur. Seuls deux étapes sont nécessaires afin de pouvoir restaurer un fichier .VMDK.

- L'espace de stockage est tout de même réduit par rapport à la sauvegarde complète.
- La probabilité de corruption est réduite.

Inconvénients

- La sauvegarde différentielle possède un effet boule de neige. Plus les jours passent, plus les données sont modifiées ce qui aura pour conséquence de grossir la taille de l'archive.
- Théoriquement, si tous les blocs sont modifiés, la sauvegarde différentielle peut avoir la même taille que la sauvegarde complète. Cette probabilité est faible sur les fichiers VMDK cependant.

3.3 La déduplication

La déduplication pourrait être comparée à la technologie utilisée par VMware pour le partage de pages mémoire. La déduplication permet d'éliminer les informations redondantes qui existent sur des systèmes présentant des similitudes.

Chaque fichier est découpé en partie. Chaque partie est associée à un identifiant unique. Les identifiants sont stockés dans un index. L'objectif de la déduplication est de ne stocker qu'une seule fois une même partie du fichier. À chaque fois qu'une partie identique est repérée, elle est remplacée par un pointeur vers l'identifiant correspondant.

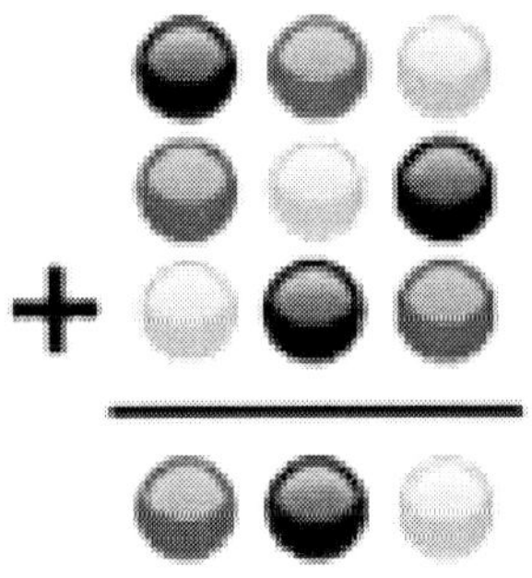

Lorsqu'une architecture virtuelle est mise en place, les systèmes invités installés dans les machines virtuelles seront souvent identiques ou présenteront de nombreuses similitudes. Les seules différences se situent alors au niveau du paramétrage de chaque système invité.

D'après les tests effectués récemment avec des clients sur la virtualisation de postes de travail avec VMware View 3 et des baies de stockage NetApp FAS 3040, la réduction de la consommation d'espace disque était de l'ordre de 90 %. L'explication est logique : la virtualisation des postes de travail implique l'utilisation de Template, ce qui signifie que les systèmes invités seront quasiment tous identiques.

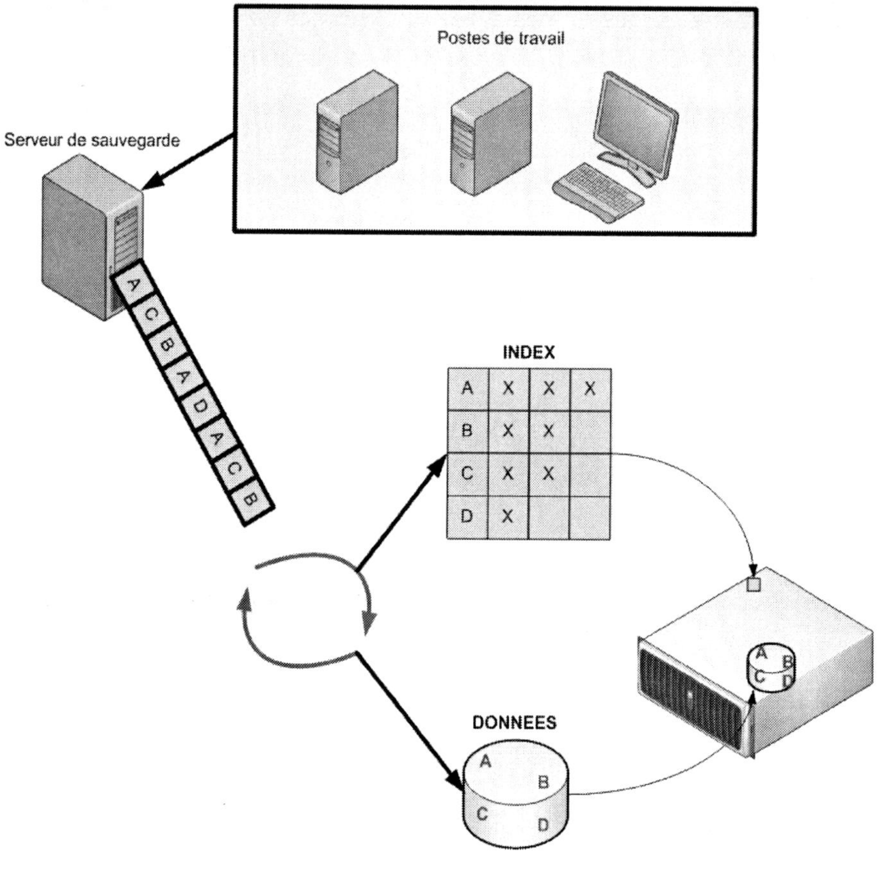

La déduplication est différente de la sauvegarde, mais permet de réduire énormément la quantité de données à sauvegarder. Malheureusement, cette technologie possède une vulnérabilité de taille. L'index généré est vital. S'il devait être altéré, il serait impossible de récupérer les machines virtuelles.

Voici les avantages et les inconvénients :

Avantages

- Réduction extrême de la quantité de données à sauvegarder.
- La sauvegarde des machines virtuelles est de fait très rapide.
- La déduplication n'impacte que très peu les performances.

Inconvénients

- La vulnérabilité de l'index généré.
- En cas de crash total, tout doit être restauré avant de pouvoir reprendre les activités.
- Le manque de déterminisme. Il n'est pas possible de connaître le gain en terme de place sans l'utiliser directement.

4. Les solutions de sauvegardes optimisées pour les VM

4.1 VCB

VCB ou *VMware Consolidated Backup* est un plug-in édité par VMware permettant aux éditeurs de logiciels de sauvegarde de disposer des commandes et contrôles nécessaires afin de pouvoir sauvegarder les machines virtuelles au niveau fichier comme au niveau image.

Une erreur commune consiste à considérer que VCB est un logiciel de sauvegarde. VCB a été créé afin d'éliminer le besoin d'agent classique dans les machines virtuelles. VCB est en fait un proxy de sauvegarde. Il permet de lire un fichier .VMDK en mode lecture seule et le monte sur un serveur Windows afin de pouvoir y rechercher les données souhaitées. Malheureusement, contrairement aux agents classiques, le proxy VCB ne peut lire que les partitions Windows. Pour tous les autres systèmes, la restauration au niveau fichier via VCB sera donc impossible.

Il faut distinguer VCB pour les deux modes de sauvegardes : au niveau image ou au niveau fichiers.

4.1.1 VCB au niveau fichiers

Afin de comprendre le mode de fonctionnement de VCB pour la sauvegarde au niveau fichier, voici un résumé des étapes :

- VCB est déclenché par un utilisateur ou un logiciel de sauvegarde tierce.
- Un script peut être exécuté afin de geler les E/S.
- Un snapshot est effectué pour chaque disque VMDK. Si les disques ne peuvent pas être snapshotés, la sauvegarde via VCB ne pourra être effectuée.

Les disques RDM type physique ou non persistant ne peuvent être sauvegardés avec VCB !

- Une fois le snapshot effectué, les E/S reprennent.
- Les disques VMDK sont montés sur le proxy de sauvegarde.
- L'agent Tierce partie sauvegarde les données à l'intérieur des fichiers VMDK montés.
- Les répertoires sont démontés.
- Les snapshots sont réappliqués aux fichiers VMDK afin de pouvoir reprendre les activités.

Voici les avantages et inconvénients :

Avantages

- Réduit le besoin d'agent sur les machines virtuelles.
- L'impact au niveau performance est très minime.
- Tout se passe au niveau du SAN, l'impact au niveau réseau sera donc lui aussi minime.
- Permet à une entreprise de n'utiliser qu'une seule plate-forme Proxy afin de sauvegarder tout son environnement.

Inconvénients

- Requiert l'utilisation d'un SAN.
- Tout est coordonné depuis le Proxy VCB. Cette machine est donc critique et sera très impactée en cas de restauration.
- C'est un système Windows qui accède aux LUN VMFS. Ce qui peut engendrer un potentiel risque de corruption.
- Restauration au niveau fichier uniquement pour Microsoft Windows.

4.1.2 VCB au niveau image

VCB peut effectuer des sauvegardes complètes des fichiers VMDK sans pour autant les monter. Comme VCB n'a pas besoin de regarder à l'intérieur des fichiers VMDK, la sauvegarde au niveau image est compatible avec tous les systèmes invités.

Voici un résumé des étapes :
- VCB est déclenché par un utilisateur ou un logiciel de sauvegarde tierce.
- Un script peut être exécuté afin de geler les E/S.
- Un snapshot est effectué pour chaque disque VMDK. S'il n'est pas possible de snapshoter les disques, la sauvegarde via VCB ne pourra être effectuée.

Les disques RDM type physique ou non persistant ne peuvent être sauvegardés avec VCB !

- Une fois le snapshot effectué, les E/S reprennent.
- Les disques VMDK sont exportés vers un répertoire spécifié par l'utilisateur de VCB.
- Les snapshots sont réappliqués aux fichiers VMDK afin de pouvoir reprendre les activités.

Voici les avantages et inconvénients :

Avantages

- Permet de sauvegarder facilement toutes les machines virtuelles.
- L'impact au niveau performance est très minime.
- Tout se passe au niveau du SAN, l'impact au niveau réseau sera donc lui aussi minime.
- Le coût ! (par rapport à une solution Bare Metal classique).

Inconvénients

- Demande un espace de stockage conséquent pour toutes les machines virtuelles.
- Impossible de restaurer des fichiers depuis une sauvegarde au niveau image.
- C'est un système Windows qui accède aux LUN VMFS : potentiel « risque de corruption ».
- Génère de nombreuses E/S au niveau du proxy comme du SAN.

4.2 Vizioncore vRanger

vRanger est un outil édité par Vizioncore permettant de sauvegarder les machines virtuelles. Il est capable de s'intégrer avec VCB pour profiter de tous ses avantages et possède un driver VSS permettant de sauvegarder au mieux les machines virtuelles ayant des applications transactionnelles. Voici en détail quelques avantages de vRanger :

Sauvegarde différentielle

vRanger est capable de réaliser des sauvegardes différentielles via VCB afin de réduire la taille des archives à leur minimum.

Utilisation de VSS

Un driver VSS est intégré pour sauvegarder les applications transactionnelles de manière consistante. Typiquement, cela permet de sauvegarder les bases de données et de les restaurer au niveau fichier.

Intégration avec VCB

L'intégration avec VCB permet de répartir le travail sur des serveurs Proxy. L'infrastructure reste donc cohérente puisque tout partira des machines VCB.

4.3 Veeam Backup

Veeam Backup est un outil particulièrement intéressant et facile à tester puisque disponible en libre téléchargement (pour la version gratuite).

Veeam Backup supporte :

- La sauvegarde d'ESX et ESXi.
- La restauration à la fois au niveau image et fichiers dans une seule sauvegarde. Il n'est donc plus nécessaire d'effectuer deux types de sauvegarde...
- Le support de VSS afin de pouvoir sauvegarder correctement les applications transactionnelles.
- La déduplication. Lorsque les machines virtuelles présentent des similitudes, Veeam Backup est capable de réduire l'espace de stockage nécessaire (même si la déduplication est active au niveau SAN).
- L'intégration avec VCB.

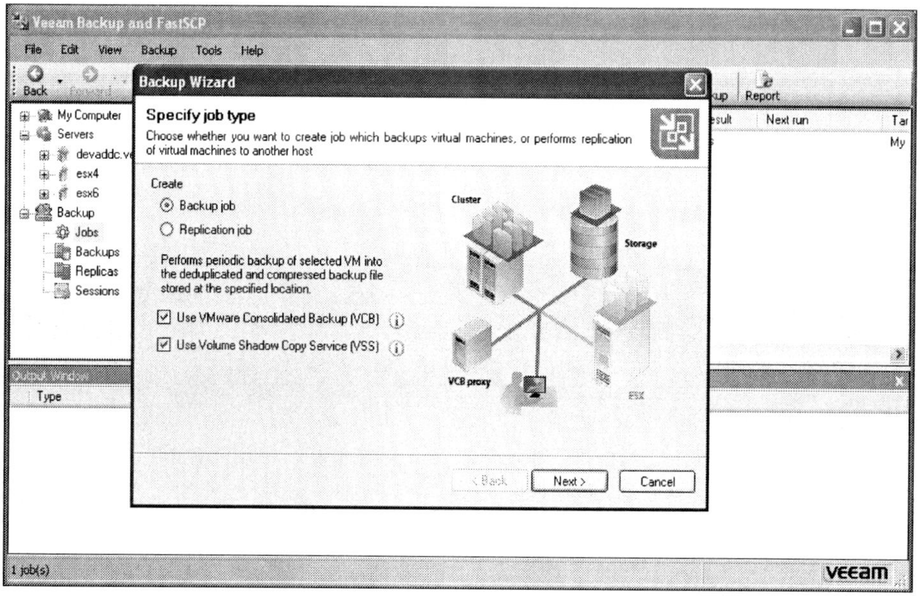
Veeam Backup and FastSCP
File
Edit
View
Backup
Tools
Help
Back
Report
My Computer
Servers
devaddc.v
esx4
esx6
Backup
Jobs
Backups
Replicas
Sessions
Backup Wizard
Specify job type
Choose whether you want to create job which backups virtual machines, or performs replication of virtual machines to another host
Create
Backup job
Replication job
Performs periodic backup of selected VM into the deduplicated and compressed backup file stored at the specified location.
Use VMware Consolidated Backup (VCB)
Use Volume Shadow Copy Service (VSS)
Cluster
Storage
VCB proxy
ESX
< Back
Next >
Cancel
Next run
Type
1 job(s)
veeam

Chapitre 9
Futurs challenges et évolutions de la virtualisation

1. Le Provisioning

1.1 Définition

Le Provisioning consiste à allouer des ressources de façon plus ou moins automatique suivant les besoins. Grâce à la virtualisation, le provisioning prend tout son sens. Il est possible d'allouer des ressources « on demand ». L'avantage du provisioning est évident. Il n'est pas nécessaire d'allouer des ressources tant que le besoin ne se fait pas sentir, ce qui permet de ne pas dépenser inutilement.

D'un autre côté, la facilité de créer des machines virtuelles a bouleversé la façon de travailler de nombreuses directions des Systèmes d'Information. Dès qu'un projet émerge, une machine virtuelle est provisionnée. Dans des entités gérants des milliers de projets sur une année, vous imaginez que de nombreuses machines virtuelles se retrouvent orphelines car personnes ne sait ni quand, ni pourquoi elles existent.

Il va donc devenir obligatoire de mettre en place un véritable processus de gestion de vie des machines virtuelles. VMware a beaucoup travaillé sur le sujet avec VMware Lifecyle Manager et VMware Orchestrator. Malheureusement, ces outils sont trop peu mis en place bien que la demande soit réelle.

Une fois parfaitement industrialisés, ces outils permettront de gérer au jour le jour l'ensemble de l'infrastructure virtuelle. Une machine virtuelle est crée pour un besoin spécifique, elle possède une durée de vie (extensible ou non) et est automatiquement retirée une fois la période passée.

Mais il est également possible d'aller encore plus loin.

Tout comme un logiciel (voir le *Software Development LifeCyle* : SDLC. http://tinyurl.com/6gt5os), une machine virtuelle doit également posséder un véritable cycle de vie. Il est possible, par exemple, de mettre en place le processus suivant :

Étape 1 : le besoin émerge. Une étude de faisabilité est lancée. Suite à cette dernière, les architectes décident de créer une machine virtuelle.

Étape 2 : l'équipe réseau valide la machine virtuelle et assigne une ou plusieurs adresses IP.

Étape 3 : l'équipe chargée de la sauvegarde vérifie le besoin en terme d'espace disque. Ils assignent alors les disques à la machine virtuelle.

Étape 4 : l'équipe sécurité valide l'ensemble de la machine virtuelle et vérifie que cette dernière soit en conformité avec la politique de sécurité interne.

Étape 5 : les architectes reçoivent la confirmation que la machine virtuelle a été validée par tous les partis. Ils peuvent lancer sa création.

Étape 6 : la machine virtuelle créée est allouée à son propriétaire.

1.2 Les Templates

Les Templates permettent de créer de nouvelles machines virtuelles à partir d'une image existante. Il est tout à fait possible de créer des machines virtuelles dites de référence et de les customiser suffisamment pour créer des machines virtuelles totalement indépendantes. Il est tout à fait possible de créer des Templates de machines Linux, Windows, Solaris ou autres. Cependant, le paramétrage des machines Windows est beaucoup mieux géré par VMware, grâce aux outils tels que SYSPREP.

Les Templates sont d'un grand secours pour les exploitants car :

- Ils permettent de déployer très rapidement de nouvelles machines sans passer par les étapes classiques : installation par CD-Rom ou image ISO, descente des drivers, etc.
- Cela permet de garantir que la machine virtuelle déployée à partir d'un Template comprend tout le paramétrage effectué lors de la création du Template. Par exemple, de nombreuses entreprises ont énormément investi sur ce qu'elles appellent communément un MASTER. Un MASTER est une image type déployée dans un environnement particulier. Un MASTER bureautique sera, par exemple, déployé sur tous les environnements PC bureautiques.
- La sécurité est renforcée car les Templates sont déployés de façon totalement automatisée. Cela permet de réduire énormément le risque d'erreur humaine. Les paramètres de sécurité sont intégrés aux Templates et ne seront pas entrés ou reconfigurés par un intervenant.
- Les Templates sont facilement reconfigurables. Il suffit de déployer une machine virtuelle à partir d'un Template, de faire évoluer cette dernière (mise à jour, installation de produits, etc.), puis de reconvertir la machine virtuelle en Template.

D'un point de vue organisationnel, les Templates garantissent que le travail des exploitants se borne à utiliser ce qui a été défini par les architectes. Les Templates permettent de bien séparer les rôles de chacun. Habituellement, les exploitants ont souvent la responsabilité de l'installation et la configuration des machines. Ces derniers n'ont pas forcément été formés sur les tous les produits qu'ils installent ou qu'ils configurent. Une incertitude pèse donc sur la garantie que tout soit fait correctement dans les normes imposées par les architectes, quand bien même les processus, guides et procédures aient été réalisés de manière à réduire la marge d'erreur.

Si les Templates ont été fabriqués par les architectes ou les personnes ayant les capacités requises pour la configuration des machines, cela réduit largement la possibilité d'erreur humaine du côté des exploitants.

Dans un futur proche, il serait souhaitable que les Templates s'intégrent encore mieux avec les systèmes invités (paramètres supplémentaires, intégration automatique d'outils, mise à jour, etc.) et qu'il soit beaucoup plus simple de déployer de nombreuses machines virtuelles de façon totalement automatisée (autrement que par des scripts...).

1.3 Le Thin Provisioning

Le Thin Provisioning est une technologie provenant du monde du stockage consistant à allouer les ressources uniquement lorsque celles-ci sont demandées. C'est donc une évolution par rapport au provisioning classique. Cette technologie présente un espace de stockage à une application, mais n'alloue physiquement que ce qui est réellement utilisé. Cela permet donc d'économiser une grande quantité d'espace de stockage.

Le Thin Provisionning est souvent lié à la capacité dite d'Over Allocation. Cette technologie permet de faire croire à un système qu'il dispose d'un espace de stockage infiniment plus grand que ce qui est réellement présent physiquement parlant. Les avantages sont les suivants :

- Il n'est plus indispensable de réfléchir à l'évolution des applications et des systèmes. Le stockage physique sera alloué dynamiquement suivant ce que les applications et systèmes demandent au jour le jour.

- Il n'y a plus de contraintes complexes liées à l'augmentation ou la diminution de partition. Qui n'a pas un jour été confronté au célèbre problème de la partition système arrivant à saturation ?

VMware intègre la notion de Thin Provisioning depuis la version 3 de VMware Workstation. Depuis l'arrivée de VMware ESX 3, il est possible de créer des disques dits « thin ». De plus, des éditeurs de logiciels sont arrivés sur le marché afin de proposer du Thin Provisioning avancé.

Datacore est un acteur du marché incontournable sur ce point.

2. La notion de support

2.1 Pourquoi est-ce un challenge ?

Lorsqu'on parle de virtualisation, une simple question peut échauffer les esprits : la notion de support. Beaucoup d'acteurs du marché n'ont pas vu d'un bon œil l'arrivée de la virtualisation. Plusieurs raisons à cela :

- Les éditeurs de logiciels ont imaginé que la virtualisation allait apporter son lot de problèmes (ralentissements, bug, problèmes d'E/S, etc.). Le fait de ne pas supporter un logiciel sur un environnement virtualisé permet de se prémunir contre de nombreuses pannes potentielles...
- Certains éditeurs y ont vu un intérêt stratégique. Oracle, par exemple, a refusé de garantir, dans un premier temps, le support de ses produits dans un environnement virtualisé. D'un autre côté, ses propres produits étaient parfaitement supportés uniquement sur son propre système de virtualisation : Oracle VM. De même, il est évident que Microsoft, possédant son propre système de virtualisation, va assurer un support bien meilleur pour tous ses produits s'ils sont installés sur son propre hyperviseur.

L'enjeu est donc majoritairement stratégique. Les éditeurs de système d'exploitation deviennent progressivement des éditeurs de logiciels de virtualisation. Un des seuls acteurs n'ayant pas son propre système d'exploitation est leader sur le marché de la virtualisation, en l'occurrence VMware. C'est donc une faille majeure sur laquelle tous les autres acteurs vont forcément jouer et attaquer à coup d'annonces plus ou moins ambiguës. L'important sera de distinguer le vrai du faux dans les discours marketing de ces derniers.

2.2 Comment s'oriente le marché ?

Le marché est pour le moment dominé par VMware de par son avance technologique mais également ses nombreux retours d'expérience clients. Cependant, les concurrents commencent à avoir quelques belles références et rattrapent au fur et à mesure leur retard. Pour le moment, la notion de support sur des machines virtuelles reste quelque peu floue.

Il est évident que face au raz-de-marée de la virtualisation, les éditeurs de logiciels, quels qu'ils soient, ne peuvent résister bien longtemps. Cependant, malgré tout, il n'existe pas de garantie que les éditeurs veuillent investir afin de faciliter cette transition. (Voir http://tinyurl.com/phqowk).

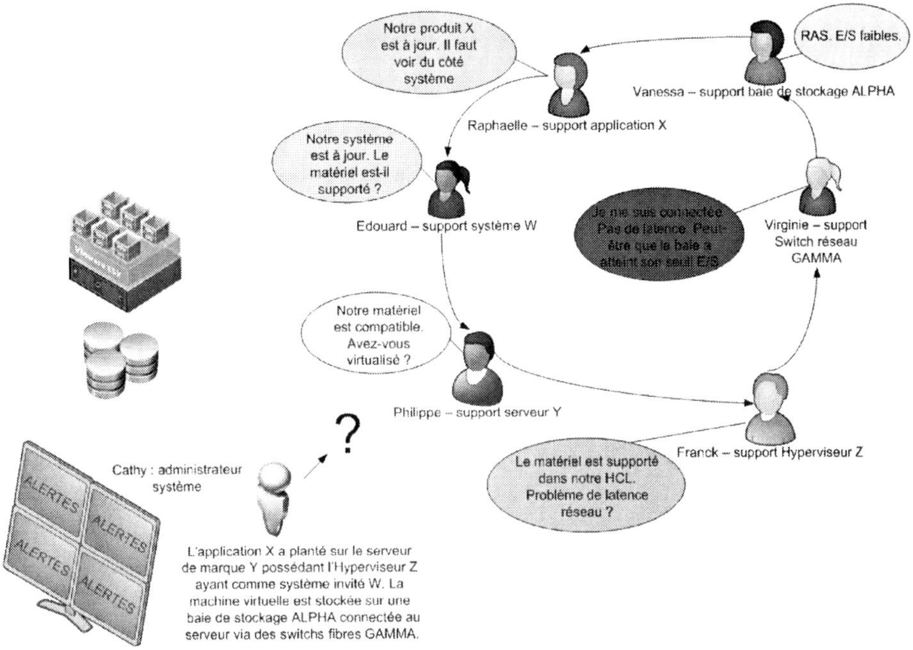

La virtualisation introduit des architectures distribuées complexes mais très robuste. Le problème dans les architectures complexes concerne bien souvent le support. Chacun des acteurs peut potentiellement reporter la faute sur les autres. C'est ce qui est couramment appelé le « Ping-Pong » dans le jargon informatique.

3. Le Capacity Planning

3.1 Des métriques fiables

La plupart du temps, les exploitants peinent à fournir une vision de la capacité globale du Système d'Information afin d'absorber la charge courante. Cela se traduit par une boulimie sur l'achat de matériel. Plus il y a de serveurs, d'espace de stockage, plus il sera possible d'accueillir les nouvelles applications.

Cette réflexion atteint sa limite, surtout dans un contexte de crise économique. Aujourd'hui, la place est à la consolidation. Il devient hors de question pour les décideurs d'acheter de nouveaux matériels alors que 75 % de la puissance de leur Système d'Information est bien souvent totalement inexploité.

Le problème est dû en général à l'hétérogénéité de tous les systèmes historiquement mis en place. Ces derniers communiquent différemment et sont utilisés de manière disparate. De plus, les alertes et métriques remontées ne sont pas au même format, ce qui empêche la mise en place d'un système de collecte centralisée.

La virtualisation répond à cette problématique. La couche de virtualisation étant la même sur tous les serveurs, les remontées sont identiques quels que soient les systèmes invités (ce qui n'empêche pas de mettre en place une remontée pour chacun des systèmes invités par ailleurs).

Il est donc tout à fait possible de mettre en place un véritable Capacity Planning. La virtualisation, comme vous l'avez vu auparavant, se concentre sur les CPU, la mémoire, les disques et les cartes réseaux. Les métriques concernant ces quatre éléments sont donc parfaitement standardisées. L'interface de centralisation se trouve être Virtualcenter ou vCenter plus récemment chez VMware. Toutes les informations sont stockées dans une base de données SQL, ce qui permet de forger des requêtes personnalisées si besoin.

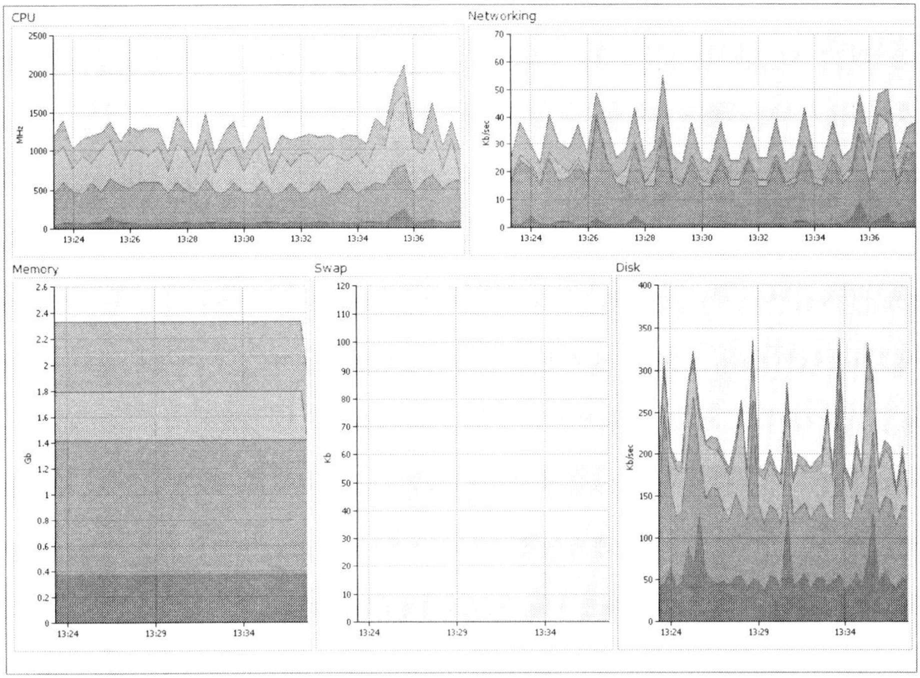

3.2 Anticiper les évolutions

La mise en place d'un système de Capacity Planning permet de prévoir les évolutions de son propre Système d'Information. Bien que cela reste un calcul de probabilités, les indicateurs sont très parlants et méritent une attention particulière.

Par exemple, il est possible de calculer :

- La moyenne d'utilisation de l'ensemble des CPU, mémoire, disques ainsi que la consommation réseau.
- Les pics de charges, l'impact des mises à jour et des sauvegardes.
- L'impact des batchs et autres systèmes de processing.

Il est tout à fait envisageable d'anticiper la croissance de son Système d'Information comme le ferait les analystes dans les secteurs financiers.

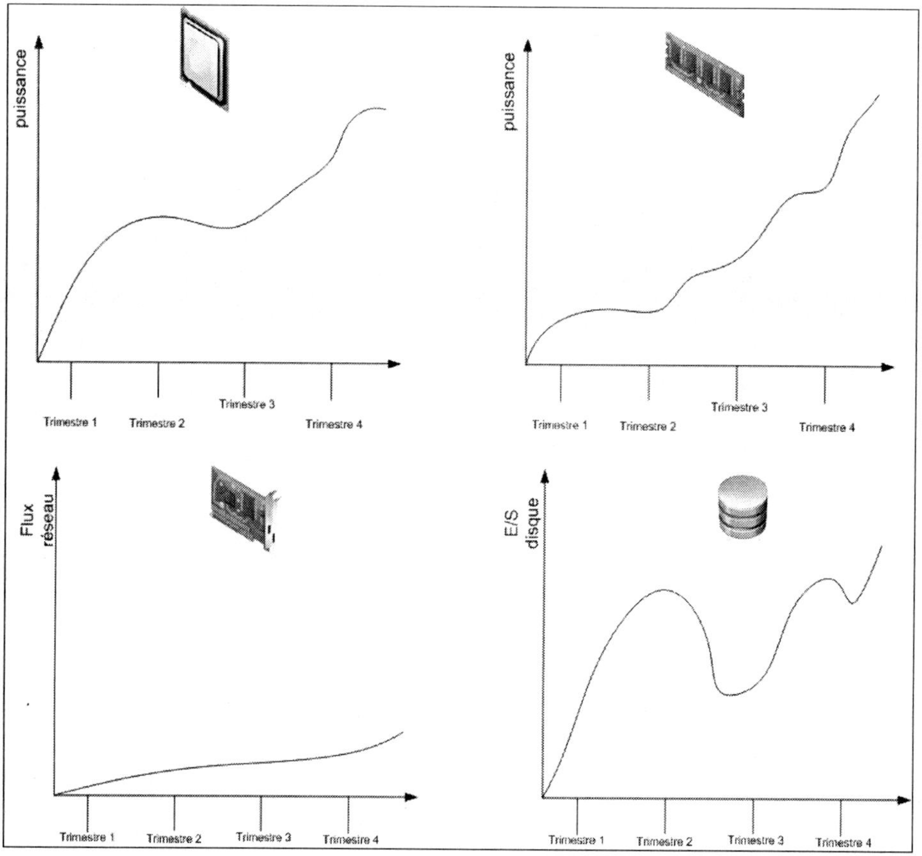

Un éditeur s'intéresse particulièrement à ce secteur :
Vkernel http://www.vkernel.org

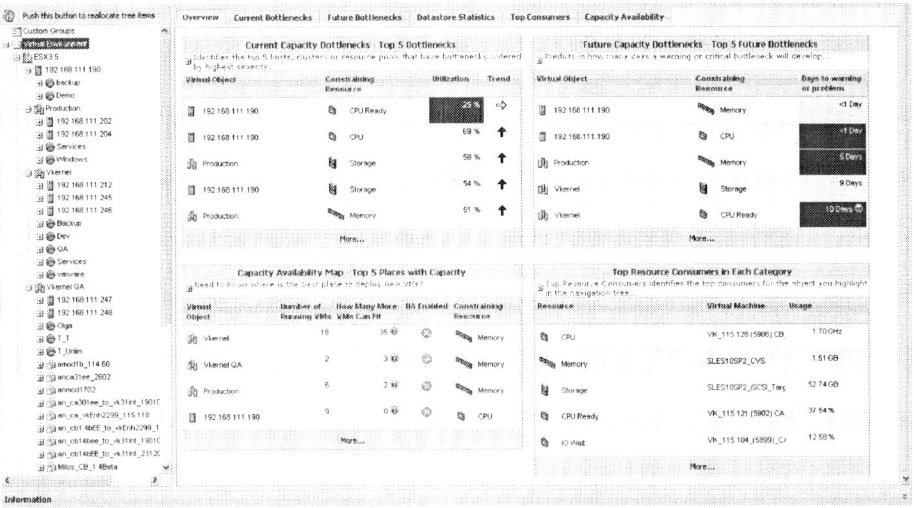

4. Vers une concentration des architectures

4.1 Les initiatives des constructeurs

Les constructeurs ont bien compris que la consolidation n'était parfaitement effective que s'ils pouvaient allier la concentration des serveurs avec la virtualisation. Les systèmes Blade, comme les Bladesystem chez HP ou Bladecenter chez IBM, permettent de concentrer de nombreux serveurs dans un espace réduit. De plus, l'administration se fait d'un point central au niveau du matériel, ce qui permet de réduire le temps d'administration bas niveau.

Les systèmes Blade communiquent généralement via un réseau très puissant (fibre optique ou FCOE), avec des baies de stockage. Les constructeurs rivalisent d'ingéniosité afin d'allier virtualisation et systèmes blade. Ils proposent par exemple des couches d'abstraction supplémentaires au niveau matériel.

Parfois, les constructeurs intègrent le stockage ou permettent de virtualiser le réseau. Quoi qu'il en soit, les initiatives sont nombreuses. L'enjeu est important pour plusieurs raisons :

- Les constructeurs sélectionnés vont investir dorénavant le domaine du réseau, des systèmes, de la supervision et de l'administration. C'est donc une assurance de pouvoir revendre une quantité phénoménale de prestation.
- Les entreprises souhaitent communiquer avec peu d'acteurs à la fois, d'où le système actuel dit de « référencement ». Cela permet de réduire les coûts car les acteurs sélectionnés s'engagent à fournir des prix défiant toute concurrence. Ainsi, les constructeurs sélectionnés savent qu'ils ont la possibilité d'investir tous les domaines sans être gênés par d'éventuels concurrents. Le but, une fois retenu, est de vendre un maximum de matériel, quitte à le vendre à perte, afin de pouvoir proposer de nombreuses prestations par la suite. C'est pour cette raison que les constructeurs de matériel (HP et IBM en tête) se sont transformés en société de services ces dernières années.
- La maîtrise du Système d'Information repose malgré tout sur l'architecture physique. Si le constructeur ne valide pas d'un point de vue hardware, il sera impossible de tenter quoi que ce soit. C'est donc le hardware qui aura le dernier mot.

4.2 De nouveaux acteurs... la révolution est elle en marche ?

Jusqu'à présent, les leaders de la virtualisation de serveurs étaient :

- HP
- Dell
- IBM

Ces derniers vont être challengés par de nouveaux acteurs qui investissent le marché de la virtualisation. Tout récemment, l'acquisition de SUN par Oracle laisse présager que les serveurs SUN vont être optimisés pour les applications Oracle et notamment pour la virtualisation (n'oublions pas que, bien que leurs produits n'aient jamais percé, SUN et Oracle ont développé leurs propres outils de virtualisation).

Ce rachat a été une surprise pour tout le monde, d'autant plus qu'IBM avait fait une offre pour racheter SUN. Si tel avait été le cas, un acteur aurait progressivement disparu du marché des serveurs. L'inverse devrait donc se produire, avec l'émergence d'un nouvel acteur dans la virtualisation de serveur ayant une grande maîtrise des applications critiques. Il est désormais envisageable d'imaginer des bundles « serveurs SUN – couche de virtualisation – applications Oracle ».

Récemment, Cisco a annoncé vouloir conquérir le monde des serveurs grâce à l'offre Cisco UCS (*Unified Computing System*). Ce dernier se veut totalement novateur.

L'arrivée de Cisco dans le monde des serveurs est crainte pour plusieurs raisons :

- Cisco possède des actions de VMware. Il y a donc une forte probabilité que leur collaboration va bien au-delà du simple partenariat classique.
- Cisco maîtrise le réseau. Bien que de nombreux constructeurs aient leur propre technologie réseau (notamment HP avec les Procurve), ils ne font bien souvent pas le poids face au leader du marché.
- Cisco a travaillé sur VMware ESX 4 avec les switchs Nexus1000v. Il va donc devenir rapidement indispensable pour toute infrastructure virtuelle.

- Cisco s'est allié, pour l'UCS, à un challenger du stockage afin de créer une offre totalement compétitive : NetApp. Cette volonté de choisir un challenger est bien évidemment calculée. Cela montre que Cisco veut casser les règles établies sur le marché des serveurs et va devenir très agressif commercialement.
- Cisco a collaboré avec Intel en incorporant plusieurs mois à l'avance des processeurs Nehalem. L'UCS a donc été développé en collaboration avec Intel dans un cadre très secret. À l'heure où ce livre s'écrit, l'UCS est testé dans une seule entreprise en Europe et 6 entreprises aux États-Unis. Après avoir travaillé sur l'UCS pendant quelques temps en avant première sur sa mise en place au niveau européen, il devient évident que :
  - L'UCS est extrêmement puissant et modulable. L'utilisation du FCOE sur des interfaces 10 Gbits permet de maximiser les coûts tout en assurant une performance hors norme.
  - L'UCS ajoute une couche d'abstraction supplémentaire au niveau réseau. Il est possible d'avoir des adresses Mac et WWN virtuelles.
  - Cisco veut faire oublier totalement le hardware. La notion de profil a été créée pour cela. Il est tout à fait possible de créer des profils ayant des composants hardware différents sans aucune couche de virtualisation. La virtualisation se rajoute au dessus des profils créés.
  - L'UCS est extrêmement complexe car il regroupe tout en un seul bloc. L'interface créée pour l'occasion est pour le moment assez difficile à gérer. Cette interface était en version Beta, et a évolué selon les besoins remontés. Cisco a été très attentif à nos demandes, ce qui se trouve être un excellent point.

D'un autre côté, certains acteurs arrivent également à tirer leur épingle du jeu. Nec communique sur le Flexpower, serveur type Blade regroupant espace de stockage (vue comme un SAN) et lames classiques. Les avantages sont nombreux :

- Les prix sont tirés vers le bas. Les disques sont beaucoup moins chers que des disques SAN.
- Le serveur est totalement autonome.
- L'interface de configuration est extrêmement intuitive.

Quoi qu'il en soit, les leaders vont subir une forte concurrence dans les années à venir.

5. Que reste-t-il à améliorer ?

5.1 Vers un Hyperviseur intégré

Les Hyperviseurs sont pour le moment la propriété des éditeurs de logiciels de virtualisation. Ils doivent :

- Être de plus en plus légers.
- Être de plus en plus performants.
- Supporter de plus en plus de matériels.

Plusieurs solutions sont à envisager. Beaucoup pensent que l'Hyperviseur va migrer au niveau des processeurs, car ces derniers possèdent des instructions dédiées à la virtualisation, et devraient intégrer de plus en plus de mémoire rendant ainsi possible l'intégration de l'Hyperviseur au cœur du processeur. Cette possibilité, bien que pour le moment non envisagée officiellement, serait proposée comme une option dans le BIOS ou autre.

Cette possibilité est envisageable mais induit de nombreux problèmes politiques. En effet, quel sera l'hyperviseur intégré dans le processeur ? Intel ayant eu de nombreux problèmes juridiques, notamment en ce qui concerne l'abus de position dominante, ne pourrait pas s'allier avec un seul éditeur.

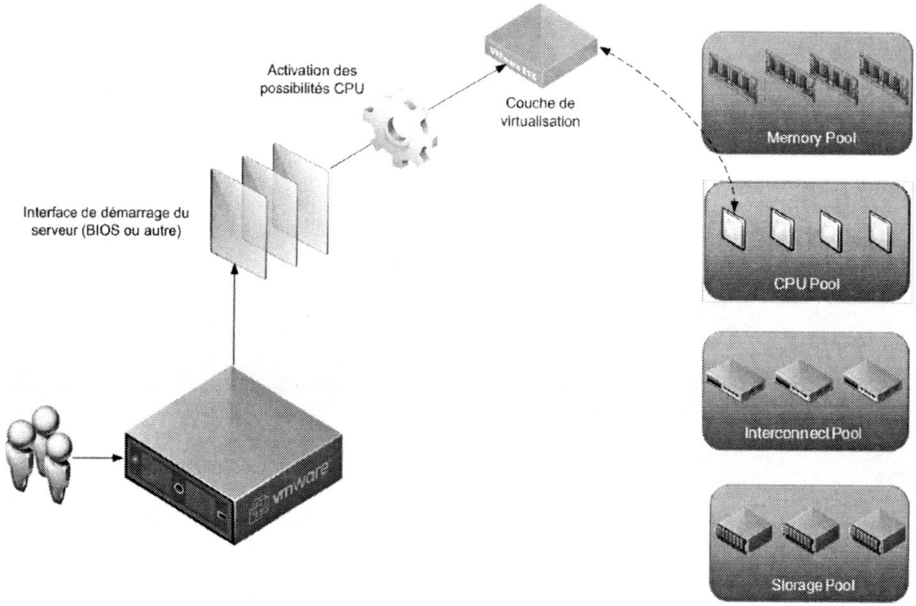

D'autres pensent que la couche de virtualisation va être installée sur une partition spéciale des serveurs. Cette partition sera uniquement réservée à l'Hyperviseur. Les avantages seront également nombreux. Cette partition bénéficiera d'une protection particulière et pourra être optimisée de diverses manières.

Une option intéressante serait la possibilité de paramétrer à bas niveau les serveurs afin qu'ils s'enregistrent automatiquement dans le gestionnaire des ressources virtualisées. Ainsi, l'ajout de serveurs serait perçu uniquement comme l'ajout de ressources à un ou plusieurs pools. Il y aurait véritablement une abstraction totale vis-à-vis du matériel.

Une question reste néanmoins en suspens : quelle sera l'interopérabilité de l'Hyperviseur intégré ?

5.2 La standardisation

La standardisation est un sujet sensible dans le milieu de la virtualisation. En effet, chacun des acteurs a intérêt à devenir l'Hyperviseur de référence, quitte à être totalement gratuit, et ce afin de pouvoir revendre l'écosystème associé. Cependant, les décideurs ont très peur de se retrouver rapidement coincé par une seule technologie. L'interopérabilité entre les différents produits de virtualisation ainsi que la standardisation est donc une étape majeure avant d'atteindre une véritable maturité du marché de la virtualisation.

Aujourd'hui, nombre de travaux ont été menés dans ce sens :

- Les machines virtuelles deviennent de plus en plus interopérables. Bien que des logiciels soient encore nécessaires afin de convertir ces dernières, il devient imaginable d'ici quelques années que les machines virtuelles puissent être exportées de façon transparente vers n'importe quel Hyperviseur.
- Le standard OVF avancé par Dell, HP, IBM, Microsoft, VMware and Citrix. Ce dernier permet de déployer des machines virtuelles préconfigurées indépendamment de l'Hyperviseur.
- L'accord Citrix-Microsoft. Ce dernier permet de garantir que l'Hyperviseur de Microsoft ou Citrix sera supporté par l'une ou l'autre des plates-formes de gestion des environnements virtualisés.

Tous les experts se posent la question suivante :

Sera-t-il possible de créer des environnements interopérables virtuels afin de ne pas être enfermé dans une seule technologie ?

Pour le moment, la réponse est non. Les enjeux financiers de la virtualisation étant absolument énormes pour les années à venir, il est évident que des accords vont être signés. Mais ces derniers resteront fragiles tant que le marché ne sera pas stabilisé.

5.3 L'ajout de fonctionnalités et le support matériel

La montée en puissance des machines conduit les éditeurs de logiciels de virtualisation à redoubler d'ingéniosité.

Lorsque ce livre sera édité, VMware vSphere 4 devrait être accessible à tous. De nombreuses fonctionnalités ont été apportées, notamment :

- Vmsafe
- Vshield
- Le module Fault tolerant
- Les vNetwork Distributed Switch

Le support matériel sera également de la partie :

- 255 Gb de Ram par machine virtuelle
- Jusqu'à 64 CPU logiques
- 1 Tb de Ram par serveur physique
- Support de nombreux matériels
- Support de nombreux systèmes invités

Pour plus d'informations, allez voir du côté de http://tinyurl.com/cxw782

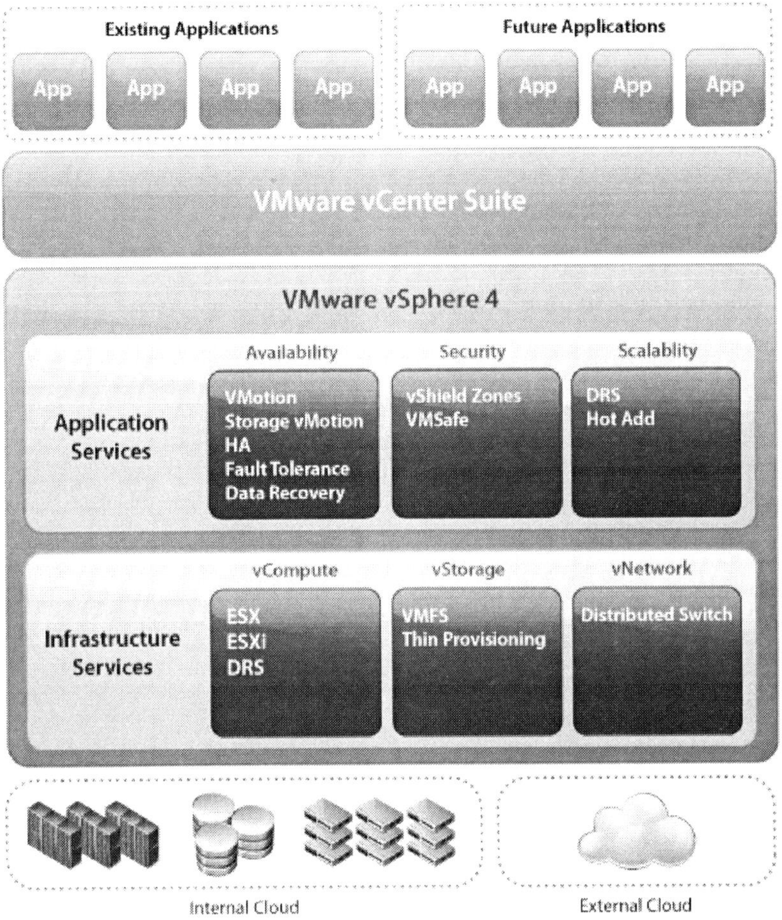

(Image Copyright VMware)

5.4 Virtualisation et multimédia

Le multimédia et la virtualisation n'ont pour le moment pas été de bons amis. Bien que certains efforts récents ont été menés, force est de constater qu'il est pour le moment, par exemple, impossible de jouer ou de lire une vidéo HD dans une machine virtuelle.

La donne devrait changer d'ici quelques années.

L'accélération matérielle au niveau des postes de travail virtualisés est une idée qui séduit. Dans la plupart des entreprises, il n'est pas rare de trouver des employés naviguant sur http://www.youtube.com ou http://www.dailymotion.fr ou autre fournisseur de contenu numérique. D'autres ont l'habitude de jouer à des jeux en Flash. D'autres encore, utilisent leurs postes de travail pour concevoir des jeux, des images de synthèse ou encore pour retoucher des photos (infographistes et autres...). Jusqu'à présent, la virtualisation ne répondait pas à cette demande. L'adoption de la virtualisation des postes de travail a donc été quelque peu freinée.

Remarque

Le fait que les employés ne puissent plus visionner de vidéos est parfois perçu comme un avantage...

Réçemment, plusieurs détails ont été révélés comme quoi VMware travaillait sur le sujet. Premièrement, au VMworld 2009 à Cannes, une démonstration a été réalisée sur un poste de travail virtualisé. Ce dernier permettait de faire tourner GoogleEarth sans aucune latence ou ralentissement. Le protocole PCoIP de la société Teradici a ainsi vu le jour et permet de doter le poste de travail virtualisé de fonctions multimédia.

Des rumeurs courent sur la future intégration de PCoIP dans la nouvelle version de VMware View, la solution de virtualisation des postes de travail de VMware. Cette solution serait totalement software, bien que l'ajout de cartes graphiques spécialisées soit une option permettant d'aller éventuellement beaucoup plus loin.

De plus, lors des phases de Beta Test de Vsphere 4, nous avons remarqué que des options avaient été ajoutées dans les machines virtuelles concernant la carte graphique intégrée. Voici une capture d'écran montrant la différence entre la version 3.5 et 4 de VMware ESX.

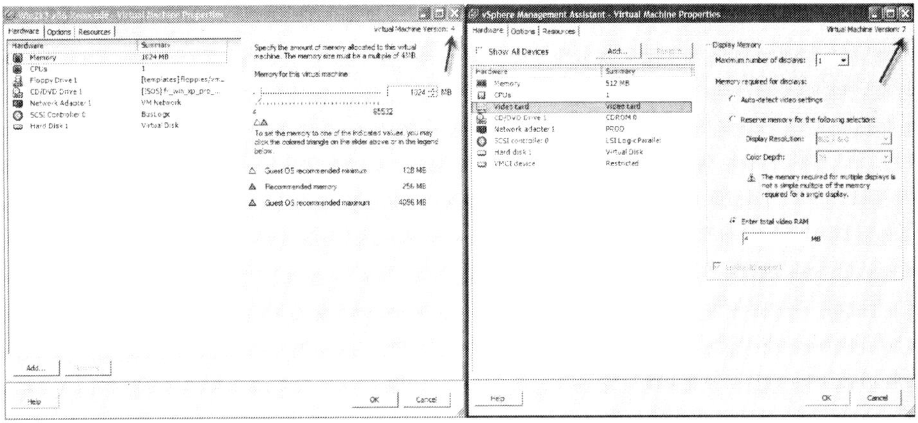

6. La virtualisation à portée de main des TPE-PME

Bien que la virtualisation réduise les coûts de manière drastique, elle a souvent été considérée comme réservée aux grosses entreprises. De nombreuses PME-TPE passent donc à côté des bienfaits de la virtualisation par manque de connaissance du marché.

De nombreuses sociétés se sont créées ces dernières années et proposent de véritables solutions robustes et fiables tout en réduisant les coûts de manière drastique.

6.1 SYSTANCIA

Systancia est une société française commercialisant une solution équivalente à Citrix XenAPP. La solution a été testée et validée dans notre laboratoire et est une véritable alternative à CITRIX.

Systancia possède les avantages suivants :
- Solution beaucoup plus légère que ses concurrents ;
- Prix des licences largement inférieur ;
- Support protocolaire excellent ;
- Gestion des impressions beaucoup plus abouties ;
- Performances souvent supérieures.

Systancia possède d'ores et déjà de nombreuse références en France. Il est vivement conseillé de regarder leur solution afin de se faire une opinion.

6.2 Neocoretech

Neocoretech propose depuis 2008 sa solution NDV (*Neocoretech Desktop Virtualisation*) exclusivement dédiée à la virtualisation des postes de travail qu'ils soient sous environnement Microsoft Windows ou Linux.

Un des principaux atouts de cette solution est sa simplicité d'installation et d'utilisation. Il est possible, en quelques clics, de déployer des centaines de PC virtuels complètement sécurisés aussi bien pour l'utilisateur que pour le service informatique. L'administrateur peut à tout moment mettre à jour les PC Virtuels NDV de façon centralisée, donner plus de ressources physiques à des groupes d'utilisateurs et préparer par exemple des salles de formation en seulement quelques secondes. Par ailleurs, il est possible d'ajouter des serveurs de virtualisation à chaud sur une infrastructure NDV existante ce qui représente une réelle souplesse dans le dimensionnement du parc de PC Virtuels.

La solution NDV permet de réaliser des économies de stockage importantes tout en offrant nativement la Haute Disponibilité à l'infrastructure sans recourir à un SAN et sans surcoût de licences.

Pour gérer l'ensemble, une console intuitive permet de prendre en main la solution rapidement.

Issue de la recherche française, Neocoretech fait partie des sociétés qui propulsent la virtualisation au niveau PME. Pour preuve, de nombreux hôpitaux et organismes de formation ont déjà franchis le pas. La solution NDV devrait rapidement séduire l'ensemble des secteurs d'activité avec un positionnement tarifaire très attractif.

7. Le Cloud Computing

7.1 Définition

Le Cloud Computing est un concept relativement récent. Il repose sur un espace virtuel, le nuage, qui concentre des architectures puissantes. Ce nuage représente un ensemble de ressources qui est utilisable, à la demande, par les utilisateurs. Ce nuage est réparti dans le monde entier. Il ne possède pas de frontière. Il est relié grâce à Internet ou des réseaux dédiés.

Ce nuage permet aux utilisateurs de disposer d'une puissance considérable modulable suivant les besoins métiers.

Le Cloud Computing, c'est la possibilité de disperser un Système d'Information sur des infrastructures prises en charge par un ou plusieurs prestataires. La localisation géographique de ces ressources virtuellement illimitées n'importe plus du tout.

Il est possible de faire la comparaison avec la consommation électrique actuelle. Des sociétés spécialisées proposeraient des « Cloud », et la puissance de calcul ainsi que le stockage de l'information serait proposée à la consommation par ces dernières. Ainsi, les entreprises ne nécessiterait plus de DSI (c'est en tout cas la vision à terme), et ne nécessiterait plus d'informatique propre. Les postes de travail deviendraient de simples terminaux légers pouvant afficher un poste de travail présent dans un Cloud, alors que les serveurs ne seraient que de simples objets, gérés par ce qu'il conviendrait d'appeler le « reste » de la DSI.

Le Cloud Computing est issue de modèles comme le mode SaaS (*Software As A Service*) ou le Grid Computing. Ces derniers n'ont pas vraiment donné encore toute leur pleine mesure.

7.2 Virtualisation et Cloud Computing ?

La virtualisation va devenir la pierre angulaire du Cloud Computing. Plusieurs raisons à cela :

- Pour proposer la création de machines virtuelles dans le Cloud, il est nécessaire de virtualiser.
- Les interfaces de gestion du Cloud devront communiquer avec les outils de virtualisation pour automatiser l'ensemble.
- Le Cloud doit permettre de facturer uniquement ce qui est consommé. Sans virtualisation, cela ne serait absolument pas rentable pour les sociétés proposant du Cloud Computing (achat de matériel trop conséquent, obsolescence, consommation électrique, etc.).
- La virtualisation va permettre de mettre en place des architectures hautement disponibles. Dans le principe du Cloud Computing, les DSI deviendront très exigeantes sur les SLA. Ayant tout externalisé, elles n'accepteront plus les coupures ou incidents comme elles le faisaient auparavant.
- Afin de proposer tout type de système quel que soit le hardware, il est nécessaire de passer à la virtualisation.

La virtualisation va enfin permettre techniquement de mettre en place ce type d'infrastructure. Cependant, le coté technologique n'est que le coté visible de l'iceberg.

7.3 Mode de facturation

Le mode de facturation du Cloud Computing est un des principaux freins à son adoption. Bien que le Cloud Computing soit censé faire baisser les coûts, il n'en reste pas moins que rien n'est pour le moment réellement prouvé. Les simulations qui sont effectuées actuellement ne prennent pas en compte la plupart des éléments.

En effet, beaucoup d'entreprises ont aujourd'hui choisi d'externaliser leur Système d'Information. Parmi ces dernières, nombreuses sont celles qui font machines arrière. Pourquoi ? Simplement parce que les coûts cachés sont considérables. Les passer en revue nécessiterait l'écriture d'un autre livre... D'une certain façon, les DSI sont devenus très prudents lorsqu'il s'agit d'externalisation.

Le coût réel du Cloud Computing est très difficilement calculable. La plupart des acteurs s'accordent pour facturer selon la consommation des quatre éléments suivants :

RAM
: La RAM consommée est multipliée par le nombre d'heures où cette même RAM est utilisée.

Transfert de données
: Le nombre de données (en Mbps, Gbps) qui sortent et/ou entrent dans le nuage.

Stockage
: L'espace de stockage utilisé par mois.

Licences
: Les éventuelles licences nécessaires pour l'entreprise souhaitant utiliser le Cloud.

Il existe des variantes où le nombre de cycle CPU consommé est également facturable.

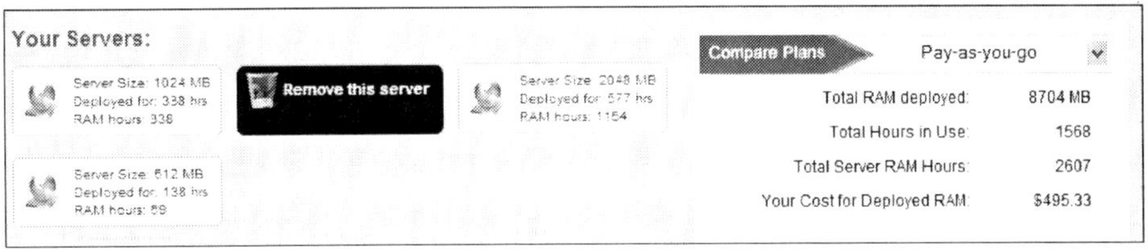

Prenons un exemple concret :

Une société souhaite avoir 1 serveur comportant 512 Mb de Ram. Sur le mois, 338 heures ont été consommées.

Coût unitaire pour 1 Gb de Ram : 0.20 € de l'heure.

Le serveur a donc un coût sur le mois de 0.5 * 338 * 0.20 = 33.8 €

D'un autre coté, le serveur stocke 50 Gb de données.

Coût unitaire pour 1 Gb de données = 0.15 € par mois.

Soit 0.15 * 50 = 7.5 €

Le serveur a reçu 8 Gb de données (ce qui représente par exemple, toutes les connexions des clients sur le mois).

Coût unitaire : 1 Gb = 0.5 €

Soit 8 * 0.5 = 4 €

En dernier lieu, le serveur comporte une licence MSSQL Workgroup édition, facturée 54 € par mois.

Ainsi, au total, l'entreprise dépensera 99.3 € par mois pour satisfaire ses clients.

Il est difficile de calculer combien cela coûterait en mode hébergé de façon classique. Tout est question d'anticipation. Le travail pour les DSI souhaitant s'ouvrir au mode du Cloud Computing, va consister à calculer à long terme le ROI de cette approche.

7.4 Avantages/inconvénients

Bien que cela dépasse largement le cadre du livre, voici un bref aperçu des avantages et inconvénients que représente aujourd'hui le Cloud Computing.

Avantages

- Permet de réduire théoriquement les coûts (réduction des effectifs, de la consommation électrique, du coût matériel, etc.).
- Permet d'éviter un grand nombre de pannes.
- Permet d'envisager des architectures hautement disponibles.

- Favoriser l'adoption de SLA et la contractualisation d'engagements sur la disponibilité des données et des systèmes.
- Permet d'anticiper les montées en charges et les contraintes utilisateurs.

Inconvénients

- Maîtrise des coûts difficilement maîtrisables.
- Peut éventuellement s'avérer peu ou pas rentable (surconsommation ponctuelle, paramètres non envisagés, coûts de licences excessifs, etc.).
- Technologiquement peu mature (la plupart des Cloud actuels ont eu des coupures générales ayant impactées tous les clients).
  Exemple : http://tinyurl.com/mpqta4
- Rend fortement dépendant du réseau. Attention à l'augmentation des « tuyaux » nécessaires pour suivre l'évolution.
- Une panne peut s'avérer rapidement catastrophique.
- La sécurité est mise à mal à tous les niveaux (confidentialité, intégrité, traçabilité, etc.).
- Rien n'indique que les prix resteront identiques dans les années à venir.

7.5 Les acteurs du marché du Cloud Computing

Il est intéressant de constater que la plupart des géants de l'informatique se sont mis à proposer leurs propres systèmes de Cloud Computing. IBM, Microsoft et Google ont annoncé qu'ils proposeraient une offre de Cloud Computing amenée à s'étoffer dans les années à venir.

Voici pour le moment ceux qui ont retenu notre attention :

- Microsoft Azure
- Amazon Elastic Compute Cloud (Amazon EC2)
- IBM Blue Cloud
- Google App Engine
- GoGrid

Le marché du Cloud Computing représente environ 56 milliards de dollars sur 2009 selon le cabinet Gartner.

8. GreenIT

8.1 Définition

Le Green Computing ou GreenIT est un concept à la base purement marketing. Ces dernières années, l'écologie s'est vue propulsée en avant par les différents médias de la planète (télévision, internet, radio, etc.). Écologie et informatique ont été pendant plusieurs années des frères ennemis. L'informatique consomme de plus en plus d'électricité, génère des centaines de millions de tonnes de déchets chaque année (pc et serveurs usagés, câbles, écrans, etc.), et prend une place considérable aussi bien chez le particulier que dans l'entreprise. Ces dernières années, la technologie a enfin permis de réduire considérablement l'empreinte écologique des Systèmes d'Information.

8.2 Quelques chiffres

On considère que les technologies de l'information consomment environ 14 % de l'électricité en France et sont responsables de 5 % des émissions de CO2.

L'électricité représente environ 10 % du budget de la DSI.

La consommation électrique des PC augmente de 5 % tous les ans.

La consommation électrique des Datacenters a augmenté de 15 % en 2008.

La facture d'électricité des ordinateurs (sur leur durée de vie) est désormais supérieure au coût d'achat.

Entre 2000 et 2005, la consommation électrique des Datacenters a plus que doublé dans le monde. Aux États-Unis, il est prouvé qu'il sera nécessaire de construire 10 nouvelles centrales pour les Systèmes d'Information d'ici 2010.

Les Datacenters gâchent 50 % de leur électricité (voir http://tinyurl.com/lzbrsb).

L'utilisation moyenne d'un serveur ne dépasse pas 6 %.

À titre d'exemple, deux requêtes sur Google consomment autant d'énergie que pour faire bouillir l'eau d'une bouilloire.

Autre exemple réellement choquant : la consommation d'énergie nécessaire pour maintenir en vie un avatar sur Second Life pendant un an serait supérieure à celle d'un Brésilien moyen, soit 1 752 kilowatts-heure !

L'industrie de l'informatique et des télécoms génère environ 2 % des émissions totales de dioxyde de carbone, soit autant de gaz à effet de serre que l'ensemble des compagnies aériennes du monde.

Entre 2001 et 2006, la facture d'électricité a augmenté de 70 % suite à la déréglementation du marché.

26% des crashs informatiques sont liés à des problèmes d'électricité.

L'agence américaine d'information sur l'énergie (EIA) estime que la consommation mondiale d'énergie pourrait croître de 57 % d'ici à 2030.

Un PC allumé inutilement coûte 19 à 30 euros par an.

Remarque

L'empreinte carbone du téléchargement d'un logiciel ou d'une œuvre numérique serait 9 fois moindre que celle d'un DVD. Un chiffre totalement oublié dans le débat sur la loi Hadopi.

8.3 Virtualisation et GreenIT

La virtualisation est en train de devenir le meilleur ami du GreenIT. Plusieurs raisons à cela :

- La virtualisation réduit considérablement le besoin en serveurs et en postes de travail.
- La virtualisation permet de concentrer sur un seul serveur plusieurs systèmes. La facture électrique est donc largement réduite.
- VMware a introduit des mécanismes permettant de gérer dynamiquement les machines virtuelles et les éteindre si ces dernières ne servent pas. (VMware DPM : *Distributed Power Management*).
- La virtualisation permet de mettre en place des terminaux légers consommant très peu par rapport à un poste de travail classique.

Voici également quelques chiffres clés permettant de se faire une idée plus précise :

- En consolidant 10 machines physiques au sein d'un même serveur, les technologies de virtualisation réduisent la facture électrique de 80 à 90 % environ.
- En moyenne, chaque serveur physique virtualisé représente une économie annuelle de 7 000 (kWh), soit 4 tonnes de CO2.
- En dix ans, VMware estime avoir permis d'économiser 39 milliards de kWh, soit environ 4 milliards d'euros.
- La virtualisation des postes de travail permet de réduire par 3 la facture d'électricité par rapport aux postes de travail classiques.
- Il est possible de calculer relativement facilement la réduction de sa consommation électrique en passant à la virtualisation.

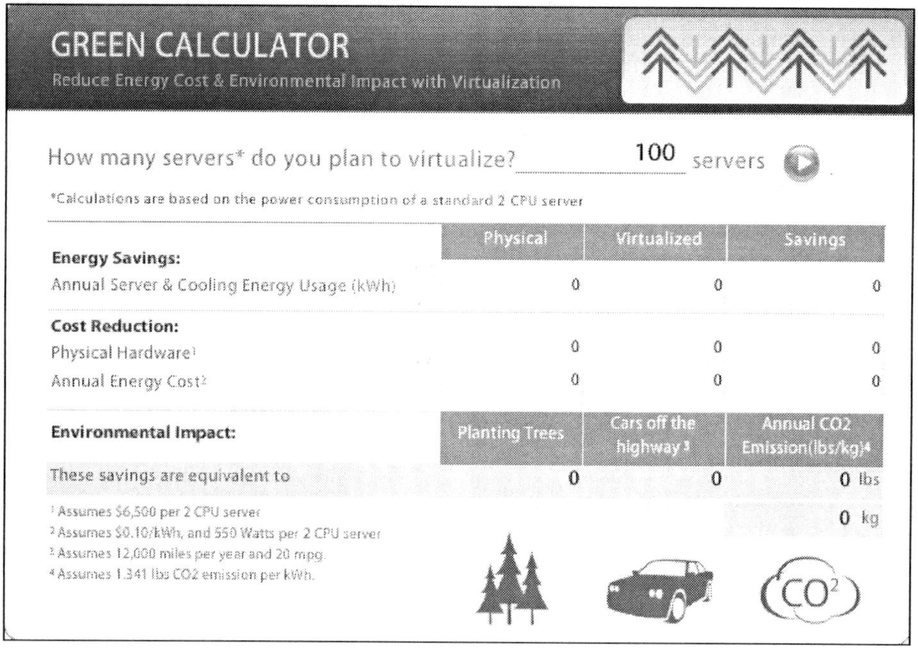

8.4 Retour d'expérience GreenIT

Contrairement aux autres retours d'expériences présents dans ce livre, l'exemple que vous trouverez ici fait partie du domaine public.

Remarque

L'auteur précise que cet exemple provient de personnes vExpert (VMware Expert) et que le groupe AGRICA est connu pour son travail dans la virtualisation.

Agrica est l'un des principaux interlocuteurs du monde agricole en matière de retraite complémentaire, d'épargne, de prévoyance santé.

Après avoir virtualisé 90 % de ses serveurs en 2007 pour mettre en place un système de PRA, Agrica a décidé en 2008 de virtualiser les postes de travail avec les outils de VMware ESX 3.5. Des terminaux type Wyse ont été déployés afin de réduire les coûts et contribuer à une démarche interne de responsabilité environnementale.

Les postes de travail conventionnels d'Agrica consommaient environ 230 kWh par an.

Les clients légers déployés par Agrica nécessitent de leur côté environ 25 kWh par an + 87 kWh par an par machine virtuelle côté serveur. L'économie d'énergie est donc conséquente, de l'ordre de 120 kWh par an.

La facture d'électricité des postes de travail est donc environ divisée par deux.

L'intérêt de l'étude consiste à inclure dans la consommation électrique, la consommation du serveur dédiée aux postes de travail virtuels. La plupart des constructeurs de terminaux légers communiquent aujourd'hui uniquement sur la consommation du terminal. Le taux de réduction est donc loin des facteurs 8 ou 10 annoncés par certains...

Il faut cependant noter que les postes de travail d'Agrica consommaient déjà très peu d'énergie. Il est considéré que globalement, un poste de travail consomme environ 400 à 500 kWh par an.

8.5 Quel avenir pour le GreenIT ?

La virtualisation va largement contribuer à une informatique plus verte. D'autres acteurs contribuent à cette tendance.

- Intel et AMD lancent de nombreux projets pour réduire la consommation électrique de leurs processeurs.
- Les terminaux légers consomment eux aussi beaucoup moins et seront de plus en plus miniaturisés.
- La norme RoHS est massivement adoptée.
- L'Environmental Protection Agency a publié récemment la norme Energy Star for Servers 1.0.
- Les différents gouvernements devraient fournir des aides pour tous ceux qui contribuent au développement durable.

Le principal problème du GreenIT consiste à prouver que l'écologie permet également de réaliser des économies. Aujourd'hui, le principal frein à l'adoption des voitures écologiques reste leur prix. Si demain, grâce à des montages fiscaux et des aides diverses, le prix de ces voitures est inférieur à ceux des voitures classiques (ce qui devient le cas avec l'écotaxe, etc.), l'engouement serait largement supérieur. En informatique, l'avantage est double. Il est possible de réaliser des économies à court et à moyen terme, mais également à l'achat.

Il va donc falloir convaincre les DSI et les acheteurs avec des arguments forts et des retours d'expérience concrets. Les aides gouvernementales et les initiatives européennes pourrait largement accélérer le phénomène.

9. Avant-première

9.1 VMware vShield

Il paraissait difficile de terminer ce livre sans parler de vShield, nouvel outil de VMware permettant de mettre en place une politique de sécurité inter VM.

VMware vShield est issu du rachat de la société Bluelane (pour preuve, on retrouve le nom Bluelane par défaut dans les machines virtuelles vShield).

Nous avons pu tester en avant première vShield afin de savoir ce qu'il en retournait. Bien que les premières impressions nous aient semblés négatives au premier abord, vShield constitue une véritable opportunité de mettre en place une infrastructure sécurisée, administrable d'un point de vue centralisé.

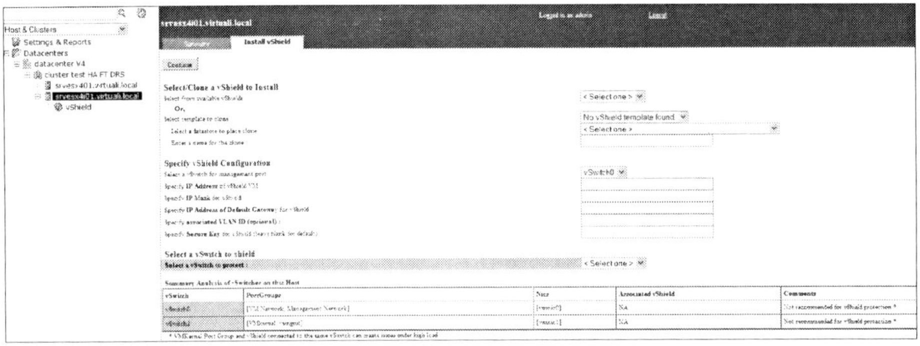

Le principe est simple. VMware vShield permet de mettre en place une politique de filtrage L2/L3/L4 entre les machines virtuelles. Bien que le produit semble pour le moment très restreint et difficilement configurable, il est évident qu'il va évoluer et devenir une brique de la sécurité des entreprises.

L'intégration avec des outils tiers reste à vérifier, notamment pour la détection d'intrusion, l'antivirus, etc. Quoi qu'il en soit, l'initiative mérite d'être soulignée.

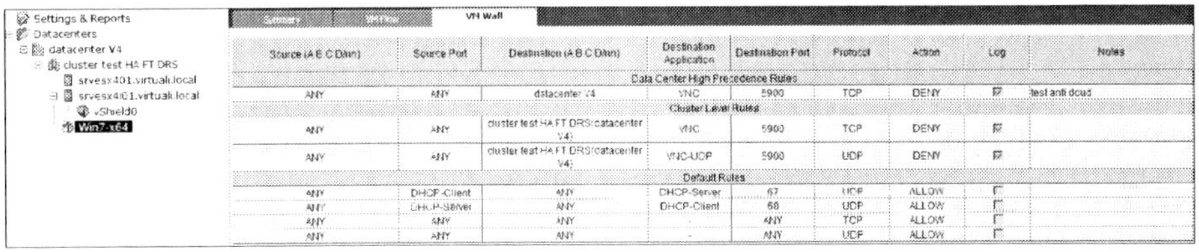

9.2 Cisco Nexus 1000v

Le Nexus 1000v permettra de résoudre toutes les problématiques liées au réseau qui étaient rencontrées jusqu'alors. Aujourd'hui, les administrateurs réseaux ne peuvent avoir une vision des machines virtuelles déployées. Ils restent bloqués au niveau du Switch virtuel. Le Nexus 1000v permettra d'aller beaucoup plus loin.

Les machines virtuelles seront connectées à un « *Distributed Virtual Switch* », qui possèdera toutes les propriétés d'un Switch classique.

Nous n'avons pas testé entièrement les fonctionnalités ni les performances du Nexus1000v. Cependant, le principe, en soit, est révolutionnaire. De plus, VMware s'est ouvert à Cisco, mais aussi aux concurrents. Les constructeurs de matériels réseaux vont donc tous apporter une réponse dans les mois qui viennent.

Il reste beaucoup de tests à effectuer et de problématiques à résoudre. L'utilisation du Nexus1000v à grande échelle n'est pas pour tout de suite. Néanmoins, il y a fort à parier que le principe va massivement être adopté dans les Datacenters virtualisés prochainement.

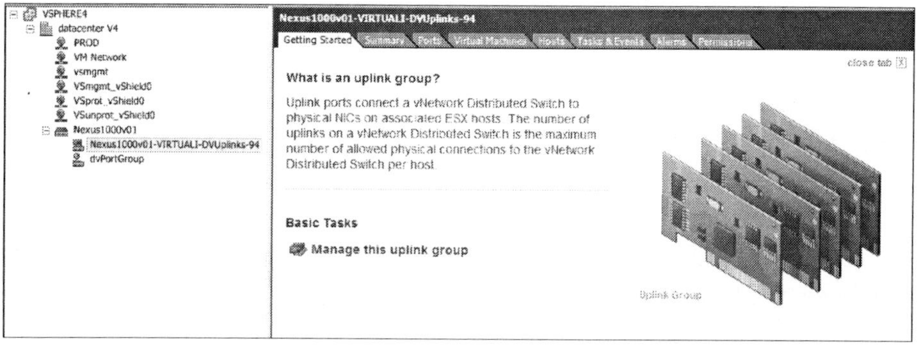

!

A

B

C

D

E

F

G

H

I

J

K

L

M

N

O

P

R

S

T

V

28741

W

X